走出閨房上學校

日治時期臺灣雲嘉地區的女子教育與社會事業圖像

蔡元隆、黃雅芳　著

推薦序

填補臺灣教育史研究的空白頁

朱啟華

　　繼《日治時期臺灣的初等教育》、《圖解臺灣教育史》二書之後，蔡元隆及黃雅芳兩位作者又將出版第三本關於臺灣教育史書籍：《走出閨房上學校——日治時期臺灣雲嘉地區的女子教育與社會事業圖像》。作者闡明寫作本書的理由，在於過去訪談經歷過這段日治時期教育的臺灣耆老們，保存作為一個臺灣人所共有的集體記憶，以免因為殘酷歲月的摧殘，成為臺灣教育史研究的空白頁。這段教育史實，作者脫離了鉅觀的研究取向，改聚焦在特定區域及性別上，亦即以雲嘉地區以及女子教育為探討主題。討論的學校有北港女子公學校、嘉義女子公學校、北港實踐女學校及嘉義家政女學校等女子學校。作者透過質性訪談的方式，訪談了曾在這些學校就讀，今日已經是白髮蒼蒼的老學生，以便瞭解當時的學習內容、以及這些學習經驗對她們的影響。由當中的訪談內容中可以看到當時女子教育的重點，在於培養能持家及家務為主的學生。所以在學習內容上，以重視品德陶冶、愛國以及與居家生活相關能力的陶冶為主。這些都已經脫離傳統女子無才便是德以及女子無須有知識的傳統中國文化思想。

　　除了上述女子學校教育之外，作者還對當時的社會環境作了詳細的描述。學校教育原本就無法脫離社會整體的運作，二者之間關係密切。所以由作者對當時雲嘉地區社會事業的描述中，可以看到當時的雲嘉早已是人文薈萃，文風鼎盛的地區。

　　值得一提的是，本書還刊登了許多珍貴的一手史料，或為相片，或為證書、或為成績單。蒐集這些都花了作者許多的時間與金錢，也印證了史學界常說的蒐集資料的工夫是：上窮碧露落下黃泉，動手動腳找資料。其次，作者也

提到當時的學校便所設計，具有現代重視衛生習慣的精神存在。實際上，如果對西洋教育史有所涉獵，就可以發現西方重要教育學者對於學生身體健康極為重視，所以嬰幼兒出生就要注意如何鍛鍊與強化他們體魄。在學校也重視學生衛生習慣的養成。作者在本書中，可以驗證了現代的衛生教育如何在學校生活具體落實的實例。

　　最後希望透過本書的出版，能使更多人瞭解臺灣在日治時期的教育實況，同時也使臺灣教育界對這段教育史有更多的關注與評價。

（本文作者為國立中正大學教育學研究所專任教授兼所長）

推薦序
從微觀的生活層面拉近現代人與歷史的距離

張淑媚

　　元隆從輔仁大學歷史系畢業後，就把自己的興趣投注在日治時期教育史的探究上。從碩論嘉義地區日治時期的初等教育為開端，這些年他的歷史研究不斷開枝散葉，從初等教育擴展到女子教育、從嘉義地區擴展到雲林地區、洋洋灑灑累積了數十篇的研究成果。

　　雖然沒有選擇繼續念博士班，但是執著在自己的教育史領域中持續耕耘，元隆早已經是一位卓然有成的文史工作者了。透過訪談耆老、作研究、出書、「日治時期臺灣教育史小辭書」的粉專上持續發表文字，甚至協助雲嘉地區的百年老校撰寫校史，這些年不斷的努力，不但得到臺灣史學者的肯定，同時也獲得嘉義市優秀青年的獎勵。

　　臺灣教育史雖然這些年跟著臺灣史的潮流發展，然而老實的說，這些遙遠的歷史多半只流傳在學術研究圈內，或是成為大學相關課堂裡教授口中引述的內容，卻引不起大多數年輕人的興趣。能夠拉近現代人和過往歷史的唯一可能，就是從巨觀的歷史論述進入到微觀的生活層面，這種新文化史的觀點，跳脫政策與體制的大型論述，而進入多元生活世界的敘說，透過微觀的角度觀看日治時期教育發生的點點滴滴。元隆這些年所努力的就是當時校園生活經驗的描述。

　　而進入這本書的撰寫，他延續了對教育文化的關注，第一部分，他進入女子教育的範疇中，想引領讀者了解雲嘉地區早年女子學校的源起、發展與變遷，透過女性耆老之口，點滴拼湊出當年女子受教的實際面貌；另一部分，則是嘉義市具公益性的社會事業的發展介紹，而元隆在最後一個單元則是將這些年陸續蒐集的照片、證書等教育相關文物加以介紹其由來。

身為元隆的碩班指導教授，我還不知道元隆的下一步會是什麼？但是我相信，他仍會繼續秉持著「再不做就來不及了」的精神，持續讓日治時期臺灣教育史的研究結實纍纍！

（本文作者為國立嘉義大學教育學研究所專任副教授）

推薦序

一本屬於大家的臺灣教育史

蔡幸伸

　　與元隆相識是在一個很神奇的情形下結緣，104年冬我因整理百年校史資料，偶然發現二二八受難的臺灣菁英潘木枝日治時期曾在水林公學校擔任老師，消息傳出記者紛紛蒞校採訪，除平面媒體外，電子報及facebook上亦有刊登，其中就有一位網友認為我們學校只提供潘木枝先賢的履歷表，如此簡單的資料毫無新聞價值；當時我就對AaRÖn Tsai這號人物感到好奇？為何敢下如此定論？可此人似乎對日治時代的人、事、物瞭若指掌，經過一番明查暗訪，終於得知AaRÖn Tsai原來就是我以前服務學校——大興國小同事黃雅芳老師的先生，經過幾次fb及line的聯繫互動，赫然發現這位年輕人真的對臺灣日治時代的初等教育有很深入的研究，而且他更熱烈的表達協助學校編輯百週年校慶特刊之意願。

　　真的是有緣千里來相會，因當時我因編輯百週年校慶特刊遇到一大瓶頸難以突破：就是日治時代的史料非常欠缺，連基本的畢業生合影都沒有，更遑論其他的影像資料，這對刊物的編輯來說是一大挑戰，可是元隆不辭辛苦來到學校協助篩選影像資料與學校現有文獻資料，並配合臺灣總督府系統及《臺灣日日新報》找尋水燦林日治時期僅存的相關官方與媒體資料，配合僅存的少數文獻將創校至光復初期的校史做串連，將水燦林國小的歷史作一完整的介紹呈現！元隆的熱情相助讓我銘感五內，所以當元隆邀請我幫他的新書《走出閨房上學校——日治時期臺灣雲嘉地區的女子教育與社會事業圖像》一書寫序時，我既感動又惶恐，只因寫推薦序的都是各界學有專精的教授或專業人士，而我只是一位有教育實務經驗的國小校長，如何能為元隆的嘔心瀝血之作錦上添花呢？

一般師範科班出身的老師，可能對於西洋教育史及中國教育史的各種學說或教育家瞭若指掌，但是對於臺灣教育史所知有限，特別是日治時期的臺灣初等教育幾乎都不暸解。概觀臺灣四百年歷史，常常都是政治支配教育發展，教育幾乎沒有主體地位，甚至在執政者的反日仇日意識型態的刻意塑造下，許多學校日治時期的校史資料都遺失，概括而言大致是淹水、戰亂等因素導致資料遺失，其實在光復初期白色恐怖時期，各校為避免一些不必要的麻煩，有的學校將日治時期一些校史資料都秘密銷毀了，導致各校所編輯的沿革有許多都是錯誤的資料，而元隆這次研究內容是屬於微觀女子教育史，需要許多在地的實證資料，而教育資料理應從學校校史資料去找尋，可是到目前為止學校所擁有的日治時代資料少之又少，地方鄉鎮志中提及有關教育內容的又往往只是些統計的量化資料，難以表述，當我知悉元隆正在研究日治時代嘉雲地區女子學校，我跟元隆提起日治後期，我們學校好多女老師都是就讀北港實踐女學校，我直覺往校史庫房去翻閱日治老履歷表，將所有老履歷表翻拍提供給元隆去做研究，並詢問是否有曾經就讀北港女子家政學校的耆老。皇天不負苦心人，在北港地區找到幾位耆老，經元隆訪談後將精華與文史資料相佐證，完成一篇日治時期北港實踐女學校的圖像，為雲林文獻留下一篇寶貴的資料。

　　拜讀元隆所著《走出閨房上學校──日治時期臺灣雲嘉地區的女子教育與社會事業圖像》一書，覺得該書突破史學艱澀語言框架，企圖創造一本屬於大家的臺灣教育史，而且文字表達淺顯易懂，讓所有讀者都能不費吹灰之力就讀懂且能深刻領會在地的、微觀的臺灣教育史的故事圖像，全書以圖文並茂的方式來呈現，讓讀者彷彿有一種回到日治時代的感覺。一手照片與文獻穿插於文字中，使數位化的文獻或文物以清晰明確的圖像呈現在讀者眼前，讓讀者感受身歷其境的氛圍與透物見史的意象，更讓整個臺灣教育史更為生動活潑，特此推薦該書。

（本文作者為雲林縣立水燦林國小校長）

推薦序
如櫻花凋謝的歷史記憶能凍結在美麗瞬間

祝若穎

　　認識元隆老師已有近十年了，當我還是臺師大教育系博士班的學生就已與他相識，當時他就對臺灣教育史有十分濃烈的興趣，並著手其研究。後來期間我至日本京都大學教育學研究科博士後千里馬後，又意外與他通上聯繫，這時的他不僅已有兩本專書及有數十篇日治時期教育史相關論文，其研究成果也陸續被嘉義縣推薦獲頒臺灣省政府績優臺灣文史教育人員等獎項。現在元隆老師又要出第三本書了，近期又以《圖解臺灣教育史》獲頒 2015 年國史館臺灣文獻館競賽榮獲優等第二名的殊榮。他長期深耕於日治時期雲嘉南地區的教育史的領域，讓我感到很佩服，為了讓臺灣這塊土地不論是人、事、物都一一保留下來，寫一本屬於大家的臺灣教育史，如同元隆老師所說：「阿公、阿媽的記憶就像是要凋謝的櫻花般，如果能透過作者的努力使其被凍結在最美麗的那一刻，不管多辛苦，作者也甘之如飴，而將這些珍貴的歷史回憶記錄下來，就成為本書的宗旨」。

　　本書的架構，第二章到第五章，分別以四篇文章探討日治時期臺灣雲嘉地區女子公學校、女子實業補習學校的開展，除了援引許多臺、日的史料外，並以透過訪談資料來佐證，如作者所說：「這八年已累計訪談日治時期的臺日籍教師或校友共計70名」。然而這些耆老因年事已高，有生理上的限制，或是親自至日本訪問耆老等，這些都增加訪問的困難度，但元隆老師都一一克服了，我們只需要拿一、二本書就可以得到這些70名耆老的回憶就覺得十分感念了。第六章關注於嘉義市社會事業的圖像。最後尚有一個「史料特輯」單元介紹日治時期教育相關及社會事業相關的一手文獻、史料或文物，可謂是元隆老師的多年收藏的精華。這本書的價值在於元隆老師引用許多彌足珍貴的一手文獻、

照片等，搭配書寫生動活潑又淺顯易懂的字句，並也有較為深入分析其歷史意義與教育啟示，帶領讀者們能深刻領會到「在地的」、「微觀的」臺灣教育史的故事圖像與意義，並讓我們這些臺灣囝仔更深刻瞭解臺灣這塊哺育成長的土地，所蘊含過去的歷史與軌跡。

我想作者與書之間是有感情交流的，尤其元隆老師總不吝於書中跟我們分享，他的親奶奶是現在最流行的「灣生」，而他外婆是畢業於日治時期嘉義家政女學校，這些對長輩的依戀，正成為他不停的找尋自己的根，也是臺灣人共同的根，這樣的火苗燃燒著他對於臺灣教育史的熱情，並成就了他的每一段尋根之旅，而我們也在他的書中一點一滴的發現到臺灣過去歷史的美好與深度。我相信每一個人都有自己的臺灣歷史，不論是我們的爸爸媽媽，或爺爺奶奶，甚至是祖先們，都代表著臺灣一段不可抹滅存在的時刻，當看完這本書，我們也對自己來一段尋根之旅吧！也許會發現許多驚喜與感動，而對於這片土地有更多不一樣的認識與發現！

（本文作者為國立清華大學學習評鑑中心專任助理研究員）

作者序

　　嚴格說來，我只是半個學術圈的業餘臺灣文史工作者，從研究所投入臺灣教育史的研究至今，整整快八年的時間，憑著一股傻勁，作自己有興趣的研究，因為對我而言，這是最幸福、快樂的一件事！時光荏苒，不知不覺也出版了三冊臺灣教育史專書及發表數十篇臺灣教育史研究論文，而把這些臺灣教育史的研究成果呈現讓臺灣人知悉，更是功德一件。這八年一路走來，秉持著謙虛的態度不斷的精進與學習，有挫折，也有榮耀，我也曾不斷問自己，得到什麼？失去了什麼？而讓我堅持走下去的理由，我想完全是「初衷」──寫一本屬於大家的臺灣教育史的動力支持我走到今日。

　　很榮幸，在2015年由嘉義縣政府推薦我為104年度臺灣省政府績優臺灣鄉土文史教育暨藝術社教有功人員表揚，而在同年更以《圖解臺灣教育史》一書榮獲國史館臺灣文獻館104年度獎勵出版文獻書刊暨推廣文獻研究優等第二名。此外，作者長年以來對臺灣教育史的研究專業獲得各方的肯定，而屢獲國立嘉義大學教育系張淑媚教授之邀請，至其開設的「教育史」課堂中擔任客座講師分享臺灣教育史相關主題，更因前述各專書所展現的歷史涵養與文史爬梳的專長，先後於2015-2016年分別受邀至嘉義縣興中國小、雲林縣水燦林國小及嘉義市大同國小百年校史編輯擔任校史顧問乙職。

　　此次很榮幸由秀威出版社臺灣文史類佑驊編輯的邀約，與雅芳主任合作編寫並委由秀威出版社出版《走出閨房上學校──日治時期臺灣雲嘉地區的女子教育與社會事業圖像》一書，此書的編寫過程中，正逢小兒牧宸來到我的生活，經常半夜在書房書寫、整理資料時，房內傳來小兒響亮的哭啼聲，但太太總是貼心的要我繼續工作，自己則一肩扛起照顧牧宸的重擔！感謝太太的體諒，讓這個全心投入文史研究的失職老爸在完成自己的志願之餘，尚有溫暖強大的家人作為後盾，所以這本書要獻給全力支持我的太太及讓我體驗生命延續美好的可愛牧宸，因為有你們，讓我更能心無旁騖的完成這本書。也感謝在編寫這本書過程中提供相關意見的朱啟華教授、張淑媚教授、蔡幸伸校長、祝若穎博士，特申謝忱。

蔡元隆　謹誌

序於　嘉義市Starbucks 2017.01.01

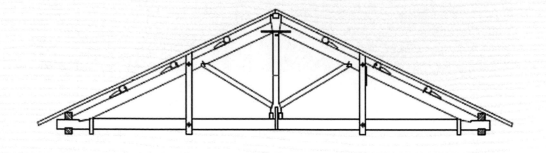

推薦序

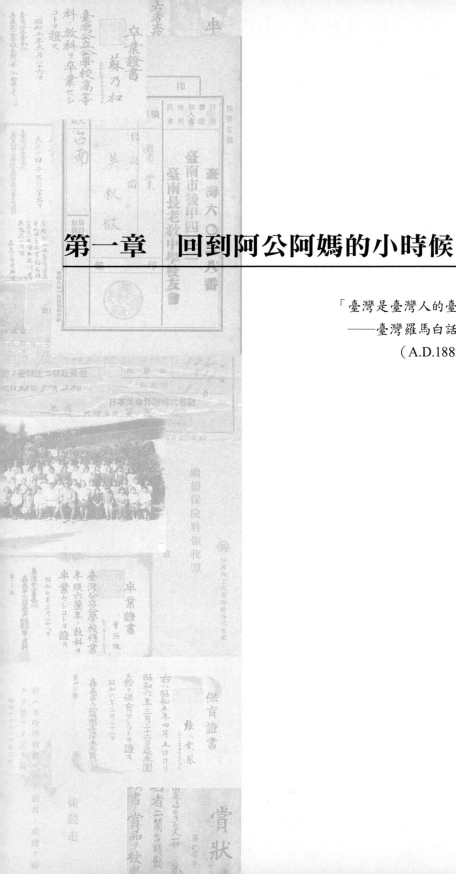

第一章　回到阿公阿媽的小時候

「臺灣是臺灣人的臺灣。」
——臺灣羅馬白話字推手蔡培火
（A.D.1889 - A.D.1983）

1.1 寫一本屬於大家的臺灣教育史

臺灣教育史在國內教育學術範疇中素來是門冷僻的知識領域，雖然國內陸續成立相關的臺灣史研究所[1]，但真正投入研究臺灣教育史這個領域的人還是寥若晨星，若僅靠相關系所的教授或碩博士生擔當重任，那恐怕是螳螂擋車、蚍蜉撼樹：一來史學基礎不夠紮實，難以深入探討並淺出推廣，二來就業不易，可說是乏人問津。再者，長期以來臺灣歷史學界並未將臺灣教育史研究視為研究重心，這樣備受冷落的「私（史）生子」，在各種史學回顧、討論歷史研究成果或現況時，幾乎都被忽視，令人不勝唏噓也甚感可惜。

林仁傑（2006）指出，早期教育史的著作撰寫方式幾乎都是偏重在「敘事史學」的寫作模式上，此等寫作的模式是侷限教育史突破的主因。彭煥勝（2009）亦指出，國內教育系所在教育史研究的方法取向上，往昔偏向以教育人物或事件的敘事演進方式，較不著重一手史料的嚴謹與可信度考證，亦忽略問題意識的歷史解釋與史識觀點，偏向於教科書的敘寫模式，較少教育專題的深度探討。洵然，此論述揭櫫了現今臺灣教育史研究上的盲點。其實周文欽、周愚文（1988）早就有所覺察：他們認為教育學者研究教育史與一般史家（特別是以考證為主者）的研究目的應有所不同。而且教育史的研究不但要符合歷

---

[1] 國內大學成立臺灣史研究所專職研究臺灣史的研究所，以國立臺灣師範大學臺灣史研究所、國立政治大學臺灣史研究所為主軸，兩間學校近年來與中央研究院臺灣史研究所陸續有合作並定期舉辦研討會。惟研究臺灣史的學者許雪姬（2014年12月）指出，國內臺灣史所的困境，因素複雜，諸如：投考臺史所博碩士班人數減少、政治干擾學術研究、臺史所或以臺灣為研究對象的所近幾年來常受到要被「合併」的威脅、臺灣史研究有零碎化之虞、必須面對中國的挑戰等。在許雪姬的論文中提到未來的臺灣史研究必須有所突破，跨界研究成果備感重要，如醫療史、體育史、環境史等，但去獨缺了臺灣教育史，確實令作者有些感傷。不過許佩賢（2014年12月）卻指出，2011-2013年來說臺灣教育史研究有不錯的成果，回顧近三年（2011-2013年）臺灣教育史研究，大概可以看到幾個方向。一是日治時期的研究，聚集了絕大多數的目光。這固然是由於日治時期日本引進近代教育，一方面殖民統治與近代價值的矛盾，另一方面日本殖民近代式的統治模式與傳統社會文化的競合過程，十分吸引人；此外，殖民政府留下為數可觀的、甚至已經整理齊備的史料方便利用，可能也是重要因素。但是，日治時期臺灣教育史，其實還有很多重要課題值得留意，從教育史關注政治史及社會史，乃至於思想史、精神史、性別史，應該還有很多研究空間。

戴寶村（2016，頁20）指出，臺灣學研究的新趨勢，最重要的除了過去就一直強調的科際整合，即結合不同學門如人類學、經濟學、政治學、社會學等的理論與方法於學術研究，新的數位科技與網際網路影響尤其深遠，如GIS技術應用於地理、歷史的研究就是重要的新境界。

史研究法的規範，更應在此基礎之上，彰顯出教育事實中的意義、特性與價值。爰此，林仁傑（2006）極力倡導臺灣教育史可嘗試從「分析史學」的角度出發，藉由運用「社會科學」的概念、方法進行研究，進而開創新局。

2014年許佩賢整理了臺灣教育史近三年（2011-2013年）的研究範疇，在「臺灣史的研究與展望研討會」論文發表中指出，大致上分為十一類：一、教育法規、制度、思想。二、日治時期的義務教育。三、公學校各科教育。四、各種學校制度。五、中高等教育。六、學校生活、校園文化。七、教育財政。八、地域教育。九、留學。十、社會教育。十一、戰後教育史。

而連續幾年的臺灣教育史研究趨勢中，許佩賢（2010年12月；2014年12日）發現，近五年來「校史」的研究成了臺灣教育史的新寵兒。作者查閱全國碩博士論文系統或是期刊系統，也發現校史研究的異軍突起，其中尤以碩博士論文產量最豐碩[2]，但對長年深耕於臺灣教育史的作者而言，想要深入探究的是—「這是對臺灣教育史有貢獻或是可以補足斷層記憶史實的研究嗎？抑或只是一堆史料文獻的盲目堆砌呢？」許佩賢的一席話回答了作者的問題，她（2014年12日）說：

> 學校史的研究，其實並不只是做一個學校的研究，而應該要問為什麼要做這個學校的研究，研究者希望透過這個學校的研究，回答什麼問題。但是，很多校史研究，經常忽略這個根本的問題。

就在看到這段文字的同時，作者的腦海中浮現英國歷史哲學家R.G. Collingwood的一番暮鼓晨鐘之語，R.G.Collingwood（1946）曾說：受過教育的每一個人都是歷史家，因為受教育的過程即包含了相當分量的歷史思考。要作為一個好的歷史家不但需要具有歷史思想的經驗，同時還要反省那經驗。作者頓時猶如醍醐灌頂般，豁然開朗，充滿了心流（flow）的高峰經驗（peak

---

[2]　本書作者之一的蔡元隆，其研究所碩士論文也是涉及部分的校史研究。詳細內容請參見蔡元隆（2008）。日治時期嘉義市公學校的思想掌控及學校生活之研究。國立嘉義大學國民教育研究所碩士論文，未出版，嘉義市。此篇碩士論文獲2007年慈林教育基金會第一屆慈河獎學金獎助碩士論文撰寫。

experience），因為作者一直以來都身體力行的在實踐許佩賢教授的那段話，並且感同身受。

　　作者反省了以往從事研究的經驗，從以日治時期公學校的研究作為碩士畢業論文，到日後與「臺灣教育史團隊」合作，陸續進行雲嘉地區教育史相關田野調查（field research）、口述歷史（oral history），建構了傳統所未重視的日治時期雲嘉地區「微觀」臺灣教育史，並陸續與「臺灣教育史團隊」合作發表相關研究成果達數十篇，部分成果更分別於2013年及2014年集結出版為《日治時期臺灣的初等教育》及《圖解臺灣教育史》[3]兩書，前者保留嘉義縣市臺灣教育史上珍貴的微觀軌跡，後者則以宏觀的角度記錄臺灣教育史的重大變革，這是作者竭盡心力對這塊哺育我成長的土地所能作的最大回饋！

　　爰此，作者一本「初衷」，想再書寫一本突破史學艱澀語言框架並屬於大家的臺灣教育史，透過這幾年更精熟的訪談技巧[4]、多元蒐集資料的方式及書寫經驗的累積，希冀可以能用淺顯易懂的文字，再書寫一本所有臺灣囝仔都能不費吹灰之力就讀懂且能深刻領會在地的、微觀的臺灣教育史的故事圖像。又因早期資訊不發達，且國內外日治時期的資料庫建置不完備，所以有關日治時期的臺灣教育史史料或文獻蒐集不易，導致當時編寫的人員無法全面蒐集到完整的史料或文獻，在編寫上有部分瑕疵或編寫錯誤，作者在本書討論的主題中也盡可能爬梳相關史料證明錯誤記載或澄清相關史實，重現歷史的原貌。

1.2　「再不寫，就來不及了！」

　　鄭麗玲在2015年出版的《躍動的青春：日治臺灣的學生生活》一書中提到：1930至1940年代的臺灣社會，應該是二十世紀臺灣的黃金時代。那個年代的活力與富足，跟現在的臺灣是如此相像，然而我們對「她」卻是如此陌生（鄭麗玲，2015）。作者深表認同，因為日本戰敗後，國民政府來臺，為了鞏

---

[3]　本書獲頒2015年國史館臺灣文獻館「104年度獎勵出版文獻書刊暨推廣文獻研究：非使用政府預算—推廣性書刊類」競賽榮獲優等第二名的殊榮。

[4]　這八年來作者已經累計訪談日治時期的臺日籍教師或校友共計70名，其中日籍教師或校友有8名。

固政權，所以全面刈除皇民化思想與產物，同時在不久後就發生二二八事件與白色恐怖事件，緊接著就進入了「戒嚴時代」，所以很多日治時期的總總知識與史實就被默默存封在那威權的箱子中。2013年5月委由五南出版社，與淑媚教授、雅芳主任共同合作的第一本臺灣教育史專書—《日治時期臺灣的初等教育：校園生活、補習文化、體罰、校園欺凌及抗拒殖民形式》出版，淑媚教授在自序中提到的一段話令作者記憶猶新：

> 雖然我在忙碌之中不時會忽略他（作者）的訊息，但是他仍然積極寫作，陸續建構了日治時期校園生活研究的廣度與深度。有時不免疑惑，為什麼還要持續投入臺灣教育史的研究？他的理由很簡單，耆老逐漸凋零，再不做就來不及了！就是這種擔心來不及的心態，才使得臺灣日治時期教育的口述史逐漸展現，也謝謝五南出版社願意提供這個機會集結出版相關研究成果。這本書的出版，不但是元隆這四年內曾經留下的心血結晶，同時更是臺灣日治時期教育研究的重要紀錄。（蔡元隆、張淑媚、黃雅芳，2013，頁6）

當作者拿到淑媚教授的自序文時，這句話深深觸動了作者「他的理由很簡單，耆老逐漸凋零，再不做就來不及了！」，作者內心的情感頓時澎湃不已，因為淑媚教授竟然記得作者當時脫口而出的這句話。這段文字，對作者而言別具意義，其中的情緒與感動不言而喻[5]，更成為作者續寫本書的原動力。

---

[5] 因為作者現年98歲的爺爺—蔡廷賢曾經跟作者分享他日治時期的求學經驗與工作經驗，一度熱淚盈眶。到近期爺爺更向作者透露了一個深藏在他心中快70多年的秘密。原來他的妻子也就是作者的親奶奶—蔡金玉，其實是個日本人，也就是現在很夯的「灣生」（台灣來的引き揚げ）。原名是「佐藤玉子」，當初因為日本戰敗，奶奶不想回日本，因為在內地奶奶完全沒有親人，在臺灣的父母親也已逝世，所以選擇繼續留在臺灣與爺爺共同生活，而依據當時的法令規定，戰敗前已經結婚而夫是臺籍、妻是日籍者，其妻得予留臺。接著奶奶也改名為「蔡金玉」。後來國民政府來臺，對消除皇民與歧視日本文化非常徹底，奶奶是日本人的事實也就不再被提起，漸漸被塵封在他們的腦海裡。聽爺爺說國民政府來臺後，如果與奶奶外出辦事，永遠只能像個啞巴一樣，只敢點頭或搖頭，因為奶奶口音中帶有濃厚的關西腔，只要一開口就會被識破是日本人。現在說起來也許覺得不可思議，但在那個動輒得咎的白色恐怖年代中，奶奶所背負的壓力可想而知，也唯有經歷過那段歲月的人，才能深切體會。其實奶奶的身分就是戰前於臺灣出生、受教，戰後少數歸化臺灣並繼續留在臺灣的日本人，也就是所謂的「灣生」，葉高華（2016）比對《臺灣省日僑遣送紀實》、《昭

回到本書的內容，關於第一節提及的林仁傑（2006）的論點，其實早在作者與淑媚教授撰寫《日治時期臺灣的初等教育：校園生活、補習文化、體罰、校園欺凌及抗拒殖民形式》一書時就已踐行「分析史學」的精神，加上作者知悉晚近歷史學界受到「新文化史」（new cultural history）的影響，亦開始著眼社會文化、生活結構中微觀的深層意義（Burke, 2004；Victoria & Hunt, 1999；葉慈瑜，2015），上述的發展概況就是林仁傑（2006）提倡「分析史學」的論點，且作者近年來觀察發現教育社會學也開始關注「文化研究」對校園中生活經驗微觀的描述及現象研究有漸漸增加的趨勢（蔡元隆、張淑媚，2011；蔡元隆、張淑媚、黃雅芳，2013），所以作者才會持續以「能動性」（agency）的方式將教育理論、社會學、歷史學、人類學的理念融入口述歷史訪談及田野調查等[6]，且近兩年來亦搭配相關國內建置日治時期的多元資料庫，及GIS（Geographic Information System）中「中央研究院百年歷史地圖WMTS服務」的地圖資料庫增加空間上的方位地圖，讓研究可以更多元性的呈現，就如同英國社會學家A. Giddens（1984）所言，有「能動性」的人在行事時有能力理解他們所為之事，在做事情時是具有意圖的，在社會生活的集體情境之中，他們無需明言就知道如何進行，因為作這些事情能動性的能力攸關個人在事件之中就是個實踐者，每個人都可以用不同的方式來行事。

　　隨著歲月的流逝，那些經歷過日治時期的耆老們終究抵擋不住歲月的摧折，也紛紛凋零，就連要把阿公、阿媽記憶的片段保留下來也愈來愈困難。職是之故，作者希望能秉持著「初衷」——再寫一本屬於大家的臺灣教育史及「能動性」的理念，去避免「再不做就來不及了」的遺憾。阿公、阿媽的記憶就像是要凋謝的櫻花般，如果能透過作者的努力使其被凍結在最美麗的那一刻，不

　　和十七年臺灣人口動態統計》及《臺灣第七次人口普查結果表》等資料粗略估計，這一批灣生約有1,242人，臺北市就占了200人，其次依序為高雄市92人、臺中市70人、臺南市59人。多於20人的地方有基隆、新竹、彰化、嘉義、南投縣仁愛鄉。多於10人的地方有北投、苗栗、豐原、員林、北斗、埔里、屏東、臺東、花蓮、玉里。而作者奶奶也就是這一批灣生們中的其中一員。

[6]　戴寶村（2016，頁21）認為，跨學科的整合有助於臺灣學的發展，任何學科如果僅是固守在自己的學科界限裡，比較難有所突破。因此，在這意義上，人類學、歷史學、地理學、政治學、經濟學、社會學等學科，都要有基本的素養，持續的連結與對話，跳脫慣性的學科本位思考模式，相信臺灣學會有令人期待的成果誕生。

管多辛苦，作者也甘之如飴，而將這些珍貴的歷史回憶記錄下來，就成為本書的宗旨。

1.3　瓜葛相連：教育與社會事業

　　明治28年（1895）年4月17日《馬關條約》簽訂後一個多月，臺灣民主國成立[7]。同年5月29日，下午2時40分，日軍現代化軍隊從北臺灣澳底登陸，臺灣正式進入日治時代（高傳棋，2015），但這樣的殖民統治模式卻沒有把臺灣人給摧毀擊垮，反而讓臺灣人的生命力與海島性格就此綻放。K. Marx曾在《德意志意識形態》（Die deutsche Ideologie）乙文中提到：「統治階級的思想在每一個時代都是領導統治地位的思想」（中共中央馬克思恩格斯列寧史達林著作編譯局編譯，2002，頁64）。信然，日本的殖民觀帶著階級的有色眼鏡治理臺灣，在殖民主義的陰謀及帝國主義擴張下，教育在傳遞知識的過程中也深受思想控制及意識型態的影響，使得教育的本質不再單純，變相成為霸權國家的一種政治手段。日本殖民臺灣時，日本帝國刻意製造一個關於論述的文化模式及合理知識的意識型態，反覆累積形式的文化定見，合理化殖民統治和殖民文化的主導，同時它已變成一種「霸權」，使被殖民者也得依靠它所提供的「知識」，來尋找被殖民的歷史、文化與身份認同（張淑媚、蔡元隆、黃雅芳，2014）。在教育方面，吳文星（2011）認為臺灣總督府當局自始即以教育作為同化和開化臺灣人的手段，建立西式的現代教育制度，透過學校教育和社會教育，灌輸現代知識和觀念。隨著初等教育設施、公學校日漸普及，使具備現代基本知識和觀念的新一代臺灣人漸次增加，也漸漸將臺灣帶往現代化國家的行列，伴隨而來的即是社會事業的逐步萌芽發展。

　　日治中期後，臺灣人武力抗日漸漸減少，相對的是愈來愈多的臺灣囡仔

---

[7]　臺灣在明治28年（1985）被日本統治前曾經出現過一個國家名為「臺灣民主國」，它是臺灣官民展開「自救」的活動，也是「亞洲第一個共和國」，總統由唐景崧擔任，但由於物資及武力不敵日本，所以他上任後十日就棄守臺灣，號稱臺灣民主國的軍隊一路挨打，終於在同年11月為日軍在火燒庄（現今屏東長治）大敗，從此臺灣的上空開始飄揚著太陽旗，正式進入日本統治的時代（張淑媚、蔡元隆、黃雅芳，2014，頁67）。。

們搖著太陽旗、唱著桃太郎さん開心上學去。或許會有部分讀者質疑，教育如何跟社會事業連結在一起？兩者之間又有何關係？關於社會事業近代化的理念是如何傳遞給臺灣囝仔的，這中間的發展其實與《公學校修身》的教科書有密不可分的關係，以學校教育當中修身科與社會事業的關係為例，早期的修身課程，鼓勵囝仔們個人應該內化「慈善」或「慈善家」的概念，但隨著大正10年（1921）社會事業振興政策後，帶著「慈善」或「博愛」的社會事業，已經轉換成「社會連帶」的趨勢（大友昌子撰、曾妙慧譯，2012）。再者，祝若穎（2004）指出，在明治37年（1904）「公學校規則」第10條中曾提及：修身科於初等科就人道的要義，漸進地教授適切地實踐近易的事項，是為對國家社會之責任義務，重視國法崇尚公德，務必助長盡力於公益的風氣。上述規則認為低年級以日常生活中「就人道的要義」作為實踐，而高年級進一步學習「對國家社會之責任義務」、「重視國法」、「崇尚公德」、「盡力於公益」。由此可知悉，修身科與社會事業有著初步的密切關係。在日本最早使用「社會事業」一詞的學者是田子一民，其指出社會事業就是以社會團結的思想為出發點，基本上是為了求得生活幸福與促進社會進步（田子一民，1922）。所以大正10年（1921）日式的社會事業概念傳入臺灣，漸漸重視臺灣的社會事業，於昭和3年（1928）創設臺灣社會事業協會，並發行《社會事業の友》刊物，作為引進新知與宣傳理念的橋樑，而臺灣社會事業最大的推手就是杵淵義房先生（林萬億，2013）。

　　社會事業的本質特點在其「公共性」，所以社會事業是指國家為了社會公益目的，由國家機關或其他組織舉辦的從事教育、交通、文化、衛生等活動的社會服務，社會事業具有維繫社會公正、體現社會公益性的作用。在現今先進的國家中，以國家的規模來建構的社會事業，須要一個官民一體的社會事業組織化，作為直接連繫國家與民眾的補助裝置，社會事業的組織化是不可或缺的。但在殖民體系下的臺灣，要完全由政府組織負擔，根本是緣木求魚，加上臺灣缺乏《救護法》的實質法源，落實社會事業的理想無疑是水中撈月，惟隨著日治中期的同化政策，日本對臺灣相關產業或物資的依賴，加上有計畫性的移民臺灣，官方開始被迫接改以官民營的方式去建設社會事業。因此社會事

業協會的成立是將殖民地體制下的社會事業官民一體化，並置於臺灣總督府的統治下，其特徵為負責推廣社會事業，以及提升社會事業水準與標準化的責任（大友昌子撰、曾妙慧譯，2012）

　　對臺灣而言，社會事業最重要的是社會事業供給對象的公共性，以國家為主體的社會事業公平、均衡地提供教育、醫療衛生等社會事業服務給民眾，才有助於實現社會和經濟的均衡發展，否則將帶來一連串的社會問題。而隨著社會事業的開展，社會事業教育的推廣成為首要任務。社會教化事業是讓民眾了解與認識需要社會事業的嶄新國家與社會理念，同時也教育民眾讓生活能配合社會的發展。以一般民眾為啟蒙對象的社會事業啟發，或是在社會方面就習慣的廢除、遵守時間、破除迷信等生活的「近代化」，即被稱為「生活改善」的教育、教化，同時也是被檢討的範疇（大友昌子撰、曾妙慧譯，2012）。由上述的論述，我們可以清楚的理解，教育與社會事業有著唇齒相依的互補關係，且暗示著兩者之間存在協調的必要性。

　　爰此，本書的架構，第一章先以導讀的方式介紹書寫本書的緣由，及作者希冀透過本書留下珍貴歷史紀錄的初衷。第二章到第五章，則分別以四篇文章探討日治時期臺灣雲嘉地區女子公學校、女子實業補習學校的開展及其各自代表的意涵：透過探討日治時期的女子教育，可知悉以往以男性為主力的社會結構，因為女子教育濫觴後，培訓出另一批新興的社會主力，為整個社會的運作注入另一股柔性的力量，使以往充滿陽剛氣息的男性社會，增添了女性特有的溫和堅毅，型塑出新時代的社會風氣。第六章則關注於嘉義市社會事業的圖像，瞭解日治時期嘉義市運作社會事業制度的主要機構與模式。最後，則以附錄的形式呈現作者多年蒐藏的日治教育相關及社會事業相關的珍貴一手文獻、史料或文物，將實體檔案數位化呈現於書本中，並說明各類文獻、史料或文物的歷史背景與作用。期盼透過這些一手文史資料的整理說明，傳遞簡單易懂的臺灣教育史知識，並讓更多臺灣囝仔了解哺育我們成長的這塊土地，所蘊含的過往歷史與軌跡。

參考文獻

中文文獻

大友昌子撰、曾妙慧譯（2012）。1921年至1933年臺灣殖民地社會事業的二重構造與貧民救助事業的擴大（頁317-472）。薛化元主編，近代化與殖民：日治臺灣社會史研究文集。臺北：國立臺灣大學出版中心

中共中央馬克思恩格斯列寧史達林著作編譯局編譯（2002）。馬克思恩格斯全集：第三卷：1842年11月~1844年8月。北京：：人民出版社。

吳文星（2011）。現代文明新體驗 臺灣人生活的現代化。臺灣學通訊，49，2-3。

周文欽、周愚文（1988）。歷史研究。載於賈馥茗、楊深坑（編），教育研究法的探討與應用（頁1-34）。臺北市：師大書苑。

林仁傑（2006）。論歷史研究的典範轉移及對教育史研究的啟示。教育研究集刊，52(3)，73-101。

林萬億（2013）。當代社會工作：理論與方法。臺北：五南。

祝若穎（2004）。臺灣日治時期公學校修身科之德育與同化的取向研究。未出版之碩士論文，國立中正大學教育研究所，嘉義。

高傳棋（2015）。1895年的臺北城—從平靜到烽火。臺灣學通訊，87，16-17。

張淑媚、蔡元隆、黃雅芳（2014）。圖解臺灣教育史。臺北：五南。

許佩賢（2014年12日）。2011-2013年臺灣史研究的回顧與展望。論文發表於中央研究院2014年臺灣史的研究與展望研討會，臺北市。

許雪姬（2014年12日）。臺灣教育史研究的回顧與展望（2011-2013年）。論文發表於中央研究院2014年臺灣史的研究與展望研討會，臺北市。

陳家豪（2013）。近代臺灣人資本與企業經營：以交通業為探討中心（1895-1954）。未出版之博士論文，國立政治大學臺灣史研究所，臺北。

彭煥勝（2009）。近60年來臺灣教育史學發展的回顧與省思。教育科學研究期刊，54(1)，1-21。

葉高華（2017）。戰後有多少日本人留在臺灣？。2017年1月3日，取自http://mapstalk.blogspot.tw/2017/01/blog-post.html

葉慈瑜（2015）。臺灣教育史研究新趨勢：微觀教育史之《日治時期臺灣的初等教育》一書評介。嘉市文教，84，78-80。

蔡元隆、張淑媚（2011）。日治時期（1937-1945）臺、日籍教師與臺灣囝仔的校園生活經驗：以嘉義市初等學校為例。嘉義研究，3，49-92。

蔡元隆、張淑媚、黃雅芳（2013）。日治時期臺灣的初等教育：校園生活、補習文化、體罰、校園欺凌及抗拒殖民形式。臺北：五南。

鄭麗玲（2015）。躍動的青春：日治臺灣的學生生活。臺北：蔚藍文化。

戴寶村（2016）。臺灣學的新興研究與新視野。臺灣學通訊，96，19-21。

日文文獻

田子一民（1922）。社會事業。東京：帝國行政學會。

英文文獻

Burke, P. (2004). What is Cultural History? Malden, MA: Polity.

Collingwood, R.G. (1946) . The Idea of History. Cambridge: Oxford University Press.

Giddens, A. (1984). The constitution of society. Berkeley and Los Angels: University of Californ ia Press.

Victoria, B. E. & Hunt, L. (1999). Beyond the Cultural Turn: New Directions in the Study of Society and Culture. Berkeley and Los Angeles, California: University of California.

第二章　男生止步：
日治時期北港女子公學校教育

「一個孩子、一位老師、一本書、
一枝筆，可以改變世界。」
　　　　　——諾貝爾獎得主 Malala
Yousafzai-December 10, 2014

2.1　北港郡北港街初等教育沿革

日治中、後期的北港郡隸屬臺南州境內，北港郡內又區分為北港街、元長庄、四湖庄、口湖庄及水林庄等地（北港郡役所編，1937，1938）。北港舊名為笨港，水陸貿易及交通往來頻繁，加上後來臺灣總督府在此興建新式糖廠，北港因此成為附近地區油、糖及農產品的集散中心，並且開始發展成現代化學校的設立據點（雲林縣政府，2002）。昭和4年（1929）北港郡的教育統計資料顯示北港郡的北港街、元長庄、四湖庄、口湖庄及水林庄共計有學齡兒童15,546人，而就學兒童僅有2,895人，平均就學率為18.62%（北港郡役所編，1938），非常低迷。一直到昭和11年（1936）至昭和12年（1937）間，四個街庄的學齡兒童才有逐步增加的趨勢。昭和11年（1936），平均就學率已稍稍提高至24.46%，又以北港街就學人數占42.62%為最高；昭和12年（1937），平均就學率也進步至26.42%，同樣以北港街就學人數占47.77%為最高（北港郡役所編，1937，1938）。

明治28年（1895）日本佔領臺灣後，臺灣總督府為了統治權的擴張與延續，陸續在臺灣島內進行教育建設，明治29年（1896）間相繼在臺灣各地設立國語傳習所，進行日語的學習與教化，斗六郡地區原本也預定於明治29年（1896）9月11日成立雲林國語傳習所，派任臺中縣支廳長宮川武行兼任所長（臺灣總督府，1896b）。惟因斗六郡地區當時民變不斷，唯恐影響日語教育的推廣與實施，經政策考量，先行將雲林國語傳習所暫設於北港郡，俟斗六地區治安較安定後，再將雲林國語傳習所遷回斗六郡地區，所以明治29年（1896）9月11日如期在北港郡的雲林國語傳習所舉行開校典禮，當日招待地方上士紳名族21人午餐，有27名學生參加且招待茶點，並於次日開始上課，（臺灣總督府，1896a）。俟雲林國語傳習所遷回斗六郡後，北港郡當地人為因應語言教育的需求，向臺灣總督府申請在北港郡設立雲林國語傳習所北港分教場[1]，爰此，

---

[1] 明治29年（1896）8月19日至9月3日，臺灣總督府因斗六郡地區治安堪憂，所以在北港郡進行暫設雲林國語傳習所的評估報告（臺灣總督府，1896a，頁3）。日治早期的北港郡是隸屬於臺中縣管

在明治30年（1897）3月10日通過申請，成立雲林國語傳習所北港分教場（泉君の日本語教育史講座，2012）。並派任原任職於苗栗國語傳習所的富田仙太郎前往北港郡地區奉准設立，並由他擔任所分教場長[2]，且教授日語。由於當時北港郡北港街在地仕紳民族性強烈，推動日語教育十分困難，所以先行延攬三位臺籍教師擔任漢語教師，以應學生需求；蔡子珊、蔡萱培、蔡然標等三位臺籍教師均為前清朝的秀才（雲林縣立南陽國民小學，1998；雲林縣北港鎮，1989）[3]。明治31年（1898）臺灣總督府將原本在明治29年（1896）全臺設立的國語傳習所一律改制為公學校，而雲林國語傳習所北港分教場則到了明治32年（1899）才正式改制為北港公學校。又昭和16年（1941）3月26日以勅令第255號修正「臺灣教育令」，將臺灣的初等教育一律改為「國民學校」，並在同年4月1日實施國民學校令，也就是將原本小學校及公學校雙軌制一律改為日治後期我們所稱的「國民學校」（蔡元隆、張淑媚，2011）。

　　明治30年（1897）至昭和20年（1945）間，臺灣總督府在臺南州北港郡北港街初等教育設置上，一共設立了三所公學校及一所小學校，日治時期該區域的初等教育制度記載與文化現象描述相當貧乏及不完整，因為大部份資料毀於末期美軍之轟炸，加上光復後去皇民化的政策導致記載十分凌亂且錯誤

轄，且雲林國語傳習所全名為國語學校雲林國語傳習所（臺灣總督府，1896b，頁586），至明治30年（1897）時才劃歸嘉義縣雲林國語傳習所，由嘉義縣辨務署長限元禎三兼任所長乙職（臺灣總督府，1897，頁647）。

[2] 在臺灣總督府的官方記載中明治30年（1897）仍將富田仙太郎登錄為苗栗國語傳習所教諭（臺灣總督府，1897，頁639），經查考其他臺灣總督府官方史冊及雲林方志史後發現，並無富田仙太郎擔任雲林國語傳習所北港分場長之記載，甚至無雲林國語傳習所北港分場任何記載，所以此段論述是有疑義的。上述之事件雖未有任何史料可以考據與記載說明，惟作者詢問過二位90歲以上曾在日治時期擔任過國民學校的臺籍教師—賴彰能與曾煥烈老師及一位98歲畢業於頂六公學校的老校友—蔡廷賢先生。他們均指出，早期公學校的分教場，常常由經驗豐富的公學校就常見了，更何況是草創時期的國語傳習所。爰此，作者依據整個脈絡合理推測應該是臺灣總督府先行指派富田仙太郎支援成立雲林國語傳習所北港分教場，加上草創時期該分教場或分教室可能非完備的教育機構，僅是一個過渡設置的臨時施教場所，所以部分未被即時記載於官方史冊中。而極有可能是因富田仙太郎已有任教四年的經驗加上先前協助表現良好，所以在明治32年（1899）改制北港公學校時被拔擢為該校校長，並被正式記載於官方史冊中。

[3] 南陽國小100週年出版的校慶紀念冊中，書老呂雲騰老師的口述歷史有疑義，其可能將雲林國語傳習所與雲林國語傳習所北港分教場之兩者混為一談，所以導致其錯認為富田仙太郎奉命設立雲林國語傳習所是正確的史實，依據臺灣總督府（1896a，頁586）《職員錄甲》記載，雲林國語傳習所的所長應為宮川武行。

百出，連學校的設立順序與名稱都記載分歧、無邏輯性，例如：光復後的資料完全缺乏北港尋常小學校的記載、北港公學校錯載為北港南公學校等。此外，因日治時期的女子教育推廣衝擊傳統的「女子無才便是德」觀念，在臺灣的教育史上有著突破且具前瞻性之意義，甚具研究價值；而三所公學校之一的北港女子公學校即是專收女童的公學校，其成立對北港地區女子教育的普及有著不可抹滅的影響性。而北港女子公學校如何影響北港地區女子教育狀況？成立始末的沿革又為何？及校園中女童的各種校園生活紀錄與教學活動也是作者所欲探討的。再者，因現今雲林縣北港鎮北辰國小（前身為北港女子公學校）本身的日治時期校史記載資料多為斷簡殘編，且當時留下來的一手史料也寥若晨星，日治時期的校園房舍建築及校園規劃的史料更是極度缺乏，故作者欲藉由本篇研究的爬梳與整理加以探討該範疇，以補足現有校史資料不足之處，還原當時的教育圖像與史實軌跡。作者欲透過文獻分析（documentary analysis）的方式，希冀透過系統化的爬梳與整理日治時期（1927-1938年間）的《臺灣日日新報》及《漢文臺灣日日新報》等報紙、臺灣省文獻委員會編印（1998）、臺灣總督府（1896a，1897，1899，1927，1938）、雲林縣文獻委員會編印（1983）、雲林縣北港鎮（1989）等相關史料及泉君の日本語教育史講座（2012）、雲林縣政府（2002）、雲林縣立南陽國民小學（1998）等研究資料整理後，以明確知悉日治時期北港郡北港街的初等教育歷史的記載及北港女子公學校的成立始末，並澄清部分關於初等教育的錯誤記載。而上述相關文獻的史學分析原則，作者採用外部考證（external criticism）以判斷資料的真偽或完整性；及對資料的內容進行內部考證（internal criticism），以確定資料內容的可靠性（蔡元隆、張淑媚、黃雅芳，2012）。杜維運（1979）指出，外部考證在處理文獻的偽造、經纂改的文獻、殘缺版本、剽竊、歪曲等問題；又內部考證是為了避免作者的無知、偏見、感官失靈、文化差異及證據殘缺所造成的錯誤紀錄（趙干城、鮑世奮譯，1990）。

作者經縝密爬梳後，北港郡北港街中的三所公學校及一所小學校成立脈絡與沿革漸漸清晰，整理如下：明治30年（1897）3月10日奉准設立，改雲林國語傳習所北港分教場。又明治32年（1899）12月22日將該雲林國語傳習所北港

圖1█ 日治時期北港公學校校園寫真
資料來源：2014年6月12日作者攝於臺灣文獻館

分教場獨立出來為北港公學校[4]（1941年北港南國民學校，現今南陽國小）（圖1）。明治45年（1912）北港尋常小學校[5]（1915年北港尋常高等小學校，1941年北港國民學校，1945年光復後廢校）。大正11年（1922）好收公學校（1941年好收國民學校，現今好收國小）。昭和2年（1927）北港女子學校（1939年宮前公學校，1941年宮前國民學校，現今北辰國小）（圖2、圖3、圖4）

---

[4] 依據雲林縣北港鎮（1989，頁455）、雲林縣立南陽國民小學（1998，頁28）、雲林縣政府（2002）、臺灣省文獻委員會編印（1998，頁525）等資料，記載稱「北港公學校」為「北港南公學校」，應該記載錯誤，而最原始出處已不可考，再由他人未經考證下轉引，導致多處引用錯誤。作者依據史學研究方法論之外部考證方式查證臺灣總督府的一手文獻，發現上述記載之「北港南公學校」確實有誤。因為臺灣總督府出版的官方資料從明治32年（1899）至昭和15年（1940）共計41本，作者以明治、大正、昭和前後年份為依據，查考後發現直到昭和16年（1941）才出現「北港南國民學校」，當時因頒布〈國民教育令〉，全臺公、小學校一律改為國民學校。所以作者認為應該是文獻因粗糙翻印及翻版導致有錯誤。亦有可能是北港公學校位於神社的最南方，當地居民為了判別學校位置而加上「南」字，習慣言談中常以「北港南公學校」稱呼，久而久之就習以為常，而有出現「南」字時，是昭和16年（1941）改制為國民學校時，因北港尋常小學校在北港公學校北邊，所以將北港公學校改為北港南國民學校，北港尋常小學校改為北港國民學校，以作為兩者之區分，不無可能。

[5] 大正1年（1912）日治時期北港尋常小學校舊址大約在今日北港鎮圓環「亞洲北港商業廣場」（圖5）及北港糖廠、雲林縣立北港中學（日治時期1939年前原為北港女子公學校舊址，1939年後改為北港實踐女學校）三角範圍內（圖6、圖7、圖8），由於當時北港糖廠與附近機場列為美軍轟炸重點目標，所以當時被轟炸得滿目瘡痍。加上光復後，日人離臺，北港人對北港尋常小學校又不熟悉，許多文獻、資料均毀於戰火祝融下，甚至它的存歿都引起北港糖廠退休員工的一番爭論（周相伶，2006）。當地的耆老林良益先生指出：「在今圓環噴水池西南旁邊另設一間『小學校』，這是供日人讀的學校，教室是日本紅磚砌成的，檜木材所建的教室，木材地板，圓拱型走廊，設備好，學習環境好」（臺灣省文獻委員會編印，1998，頁525）。再者，其位置符合周相伶（2006）研究中所提及「北港尋常小學在糖廠對面」之記錄無誤。

圖2 ▌ 日治時期北港女子公學校校園寫真
資料來源：臺灣國定古蹟編纂研究小組

圖3 ▌ 民國37年北辰國校第四屆畢業典禮教員紀念
資料來源：北港文化工作室提供

圖4▋民國38年北辰國校一年忠班修業留影
資料來源：北港文化工作室提供

圖5▋現今圓環「亞洲北港商業廣場」
資料來源：2014年5月22日作者自行拍攝

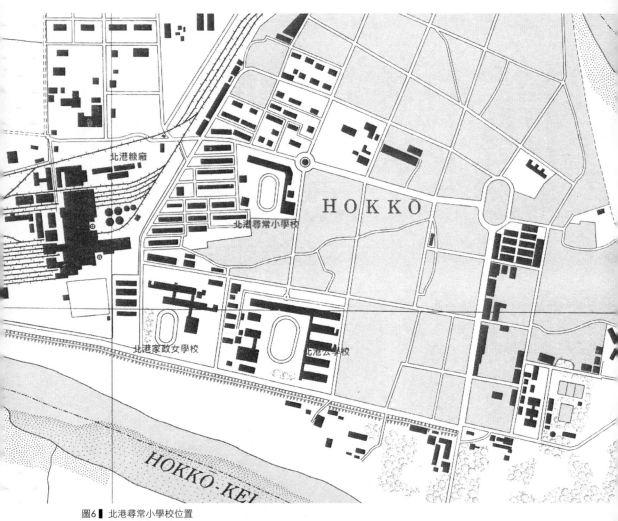

圖6 ▌北港尋常小學校位置
資料來源：修改自日治時期美軍1944年北港郡地圖

圖7▎昭和12年北港尋常小學校校內與二宮尊德銅像合照
資料來源：北港文化工作室提供

圖8▌1930年代北港尋常小學校南部旅行攝於屏東糖廠
資料來源：北港文化工作室提供

　走出閨房┻學校——日治時期臺灣雲嘉地區的女子教育與社會事業圖像

2.2　北港郡北港街第一所女子公學校誕生

一、設立背景及校名變遷

　　揆諸清代教育中，女性的教育往往是被忽視的，但是自從日本殖民後，這樣的觀念開始起了變化，「女子無才便是德」的傳統逐漸轉變，專為臺灣女囝仔設立的學校也陸續在臺灣各地設立，惟在舊傳統觀念下，早期女囝仔的就學率仍偏低（蔡元隆、黃雅芳，2014）。而當時的北港郡北港街也有相同的現象，如《北港鎮志》記載資料顯示，昭和7年（1932）學齡兒童男生2,079人、女生1,652人，就學兒童男生1,073人、女生417人。男生就學率近52%，而女生僅有25%。但到了昭和10年（1935）學齡兒童男生2,854人、女生2,020人，就學兒童男生1,624人、女生588人。男生就學率近57%，而女生也漸增近30%（雲林縣北港鎮，1989）。上述之數據相較全臺初等教育統計數據仍偏低，但卻象徵女子教育的普及逐漸開展（詳見表1）。

表1｜昭和8年及昭和10年的全臺灣地區與北港街學齡、就學數及就學率

年代	區域	學齡兒童數		就學兒童數		就學率	
		男生	女生	男生	女生	男生	女生
昭和8年（1933）	全臺灣地區[6]	23,641	22,384	20,350	19,297	86%	86%
昭和10年（1935）		25,406	23,884	22,116	20,718	87%	86%
昭和8年（1933）	北港街	2,079	1,652	1,073	417	52%	25%
昭和10年（1935）		2,854	2,020	1,624	588	57%	30%

資料來源：作者整理並修改自臺灣總督府文教局（1936，頁2-3）、臺灣總督府文教局（1938，頁2-3）、雲林縣北港鎮（1989，頁464）。

---

[6]　包含臺北州、新竹州、臺中州、臺南州、高雄州、臺東廳、花蓮港、澎湖廳等。

昭和2年（1927）4月1日，臺灣總督府在北港郡北港街上創設北港女子公學校，而在同年4月15日，由當時北港公學校撥出在籍的女囝仔，並安置到北港女子公學校就讀，共計五學級，學生數為244名，教職員6人，校長乙職由石川戈氏擔任。同年7月3日在北港女子公學校校園中的講堂舉辦開學典禮，歷時將有臺南州教育科酒井斌科長、臺南師範學校田中友二郎校長、嘉義中學三屋靜校長及北港郡役所藤黑總左衛門所長等政府官員與民眾近百餘名共襄盛舉（臺灣日日新報，1927年7月6日）。又昭和7年（1932）9月24日北港女子公學校的畢業生補習教育如期完成（漢文臺灣日日新報，1932年9月27日）。昭和13年（1938）3月6日在北港女子公學校舉辦家長會及畢業典禮，並討論北港實踐女子學校設置與校舍移撥事宜（臺灣日日新報，1938年3月8日）。

　　直到昭和14年（1939），該管轄區的學齡兒童增加及學區重新劃分，改採兼收男囝仔，所以興建新校區的校舍，昭和14年（1939）4月1日，將「北港女子」四個字更換，改稱為宮前公學校且改為男女合校制（圖9、10、11、12、13、14），並遷至現在北辰國小校址（雲林縣文獻委員會編印，1983）。宮前公學校校名改為「宮前」的最主要原因是在日本語中的「宮」是指日本式神社的意思，而當時遷入的新校址就在北港神社的附近，所以就更名為宮前公學校以符合實況（圖15、16）。從北港女子公學校的就學資料來看，從成立後經過十年時間，全校女囝仔就學人數已增加到近700多人，惟自昭和14年（1939）實施男女合校制後，女囝仔才大量驟減，僅剩300餘人，亦可能是因學區重劃，一部分女囝仔轉入他校（雲林縣北港鎮，1989），不過整體而言，初等學校畢業的人數是逐年增加的（詳見表2）。

表2｜昭和2年至昭和19年北港女子公學校（宮前國民學校）畢業人數表

年份	男生數	女生數	畢業總人數
昭和2年（1927）	0	21	21
昭和3年（1928）	0	32	32
昭和4年（1929）	0	34	34
昭和5年（1930）	0	30	30
昭和6年（1931）	0	30	30
昭和7年（1932）	0	46	46
昭和8年（1933）	0	50	50
昭和9年（1934）	0	45	45
昭和10年（1935）	0	62	62
昭和11年（1936）	0	56	56
昭和12年（1937）	0	71	71
昭和13年（1938）	0	104	104
昭和14年（1939）	0	69	69
昭和15年（1940）	85	56	141
昭和16年（1941）	181	38	219
昭和17年（1942）	95	45	140
昭和18年（1943）	127	56	183
昭和19年（1944）	136	50	186

資料來源：雲林縣北港鎮（1989，頁53-54）[7]。

---

[7] 引用之雲林縣北港鎮（1989，頁53-54）之資料，該文本的年代轉換有誤，例如誤植昭和2年為民國17年，昭和2年應為西元1927年，民國17年應為西元1928年。故昭和2年至昭和19年之民國年代均需修正。

9	10	圖9▉宮前公學校卒業紀念帖	圖11▉宮前公學校卒業式大合照
		資料來源：作者自行收藏	資料來源：作者自行收藏
11		圖10▉宮前公學校朝會升旗	圖12▉宮前公學校教師團體卒業寫真
12		資料來源：作者自行收藏	資料來源：作者自行收藏

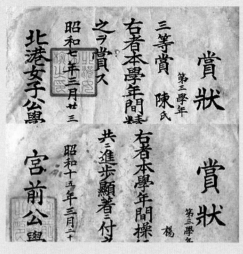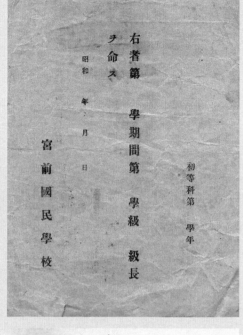

圖13▎北港女子公學校、宮前公學校賞狀
資料來源：北港文化工作室提供
圖14▎宮前國民學校空白級長狀
資料來源：雲林縣北辰國小網頁提供

13 | 14

圖15▎日治時期北港神社
資料來源：2014年6月12日作者攝於臺灣文獻館

圖16 現今北港神社鳥居位置
資料來源：2014年5月22日作者自行拍攝

　　再者，因臺灣島內昭和12年（1937）陸續施行皇民化的政策，緊接著在昭
和16年（1941）4月1日改制為宮前國民學校。同年4月19日成立臺南州北港專
修農業學校（現今雲林縣北港農工）並由先前宮前公學校的日籍校長轟武擔任
校長，但因校舍籌建不及，暫借宮前國民學校上課。最後，因二戰末期日本戰
敗，全臺日籍教師陸續被引揚回日本，宮前國民學校的最後一任日籍校長宮城
初雄也在昭和20年（1945）2月28日被遣返回日本（雲林縣北港鎮，1989）。
臺灣光復後，該校一度改劃分為臺南縣並改稱為北港鎮第二國民學校，1947年
又改稱北港鎮北辰國民學校，而民國39年（1950）的行政區域劃分中改劃回雲
林縣管轄，即現在北港鎮內的北辰國小（雲林縣文獻委員會編印，1983）。

知識小學堂

　　昭和16年（1941）轟武被派往協助成立北港專修農業學校，而國立北港高級農工職業學校網址校史及雲林縣北港鎮出版的《北港鎮志》均為錯誤記載，1941年4月19日，當時因校舍籌建不及，暫借北港女子公學校上課。正確的史實應為暫借宮前國民學校上課方為正確，因昭和16年（1941）全臺公、小學均已改制為國民學校。

二、校園生活概況

（一）修學旅行與運動會的相關活動

1.修學旅行

　　日治時期的畢業旅行稱為「修學旅行」（有時亦稱遠足、見學）[8]，是開啟學生視野的重要管道，也是一種學校活動的延伸，經由修學旅行可使學生的足跡遍及各地，最終目的是讓課堂所學之平面知識立體化（張淑媚、蔡元隆、黃雅芳，2014）。昭和2年（1927）11月16日至19日，由學校日籍訓導喜舍場永盛等人帶領高年級生約40名前往臺南、高雄、屏東等地進行修學旅行以增廣見聞（漢文臺灣日日新報，1927年11月21日）。接著，昭和6年（1931）11月7日，由臺籍訓導陳向陽等老師帶領一至四年級學生，共240名，前往嘉義進行修學旅行，參訪嘉義市博物館、神社、公園及臺灣美術展覽會，並於當日午後五點鐘返校。而五年級以上會再前往好收公學校觀看同校生參與的體育會比賽（漢文臺灣日日新報，1931年11月6日）。

　　昭和8年（1933）的14日又是囝仔最喜歡的修學旅行，連續三日，由日籍訓導柳澤信子帶領補習生50名前往阿里山修學旅行（圖17）。日籍訓導小澤蔦子則帶領五、六年級生76名，自11月14日起，連續三日前往南部修學旅行（臺灣日日新報，1933年11月21日）。服務於桃園廳桃園公學校的日籍教諭增永吉

---

[8]　關於遠足與修學旅行的定義，臺灣與日本國內大致相同，之間的差異在於實施方式的不同，而且有時候以見學為目的的校外參觀活動也會被定義為「修學旅行」（徐佑驊、林雅慧、齊藤啟介，2016，頁122）。

次郎（1912）在當時著名的《臺灣教育》所發表的〈修學旅行中の兒童の所感〉一文中指出，在修學旅行中囝仔所看到及體驗的事物，都是課本知識感受的回顧，這些感受帶給囝仔知識的滿足與體魄的鍛鍊，確實有助他們視野的開拓。旅行的過程能讓師生、同儕的關係更密切融洽，而這種較傳統的人際網絡，被視為形成臣民關係的基礎（徐佑驊、林雅慧、齊藤啟介，2016）。又江夏蒲化（1909）認為，讓囝仔們讀萬卷書，不如讓他們行萬里路，因為修學可以帶給學生的經驗與知識遠超過書本上的文字，且又可以讓囝仔在旅途中培養敏銳的觀察力，如親自感受課本知識「北暖南寒，氣候不一」的感官體驗。

圖17▌昭和8年北港女子公學校阿里山修學旅行
資料來源：北港文化工作室提供

2.運動會

　　日本統治之前，臺灣並無「體育」或「運動（sports）」的名稱，也無相關名稱的活動內容。其真正開始傳入臺灣的學校及社會實施，應是在明治28年（1895），日本佔領臺灣之後的事情（金湘斌，2007），而運動會因其具備的「新奇」與「趣味性」，在「好奇心」的驅使下，成功地吸引了臺灣人的目光，且每次參觀運動會的人潮都為數眾多。就在充滿歡樂氣氛的運動會中，開啟了臺灣人對體育運動的體會與認識，更展現出以身體活動為主體的精神，其產生的吸引力，遠超越課堂上的學習，當然也燃起臺灣人主動參與的熱情（金湘斌，2009）。昭和6年（1931）10月25日，北港女子公學校與北港公學校訂於在北港公學校舉行聯合運動會（漢文臺灣日日新報，1931年10月9日）。一般而言，運動會都會在秋天舉辦，而且聯合舉行的盛況頗為常見，主要的原因是暑夏之時是身體增長的時機，不宜多作運動，而到了涼秋之際，體重增加時，則較適宜作運動（彭城晃，1909）。

　　運動會的舉辦除了會吸引民眾圍觀之外，教育當局更是充分利用舉行運動會的期間來宣傳新學校、新教育，也使運動會增添了「教化」、「啟蒙」的功能，其教育對象不僅是學童，當然也涵括了家長與地方民眾（許佩賢，2001）。此外，舉辦運動會的教育目的，是希望在競賽中培養囝仔們展現運動家的精神：在團體競賽中可以學習互助合作，在單獨競賽中可以為了自己的榮譽而全力以赴。此外，未參加競賽的囝仔們也可以透過加油聲為自己班上同學加油打氣，營造街庄團結及鼓舞人心的氛圍，且當時的運動會都會鼓勵父母親參加，更有囝仔與父母親組隊競賽的情形，無形中也提升了親子關係的緊密度（中井一人，1925；荒津生，1939）。

（二）女子青年團與校內研習的相關活動

　　大正10年（1921）12月23日，臺南州內務部長神社柳吉向州下各郡守、市尹發布〈關於國語普及施設並青年會、處女會（女子青年團）設置標準之件〉，說明了組織成員、組織宗旨及組織經費來源，成員來自小、公學校畢業

生及同年齡以上者，並由小、公學校職員、街庄職員、警察官吏、保正、在鄉軍人及婦女會員充當指導者（臺南州共榮會，1928），換句話說，就是進行初等教育後日本國民精神的延續工作。緊接著在1930年（昭和5年）9月〈臺灣青年團訓令〉頒布後，成為全島普遍的組織，並藉此法令將全臺各式各樣的青年團名稱統一，規定男子一律稱為青年團，女子則一律稱為女子青年團。在其頒行〈青年團體設置標準〉中，以「專門修鍊青年身心，以育成忠良國民之資質」為主旨，並有五大指導要項：第一，留意國民精神之涵養，努力於品行向上；第二，陶冶振作公共心之公民性格，大興奉仕公事之風氣；第三，培養自律之精神，以馴致創造之風氣；第四，研磨實際生活所必須之知識技能，獎勵勤儉質實之風氣；第五，重視體育，增進健康，以圖改善國民體質（臺灣教育會，1939）。

　　昭和6年（1931）4月1日，在北港女子公學校內成立北港女子青年團，推廣日語及奉獻勞動於神社或天皇，北港女子青年團到了皇民化時期還演出青年劇「千人針」以鼓舞士氣與增強戰鬥意志（周婉窈，2009），而北港青年團亦參與相關的演出（圖18）。昭和6年（1931）12月12日於學校舉辦北港女子青年團團員修養與意見發表會，當日則在西洋舞蹈的表演下結束此場會議（漢文臺灣日日新報，1931年12月17日）。昭和9年（1934）2月11日，設立於北港女子公學校的北港女子青年團因奉公服務表現傑出，入選全國優良青年團，並榮獲臺灣總督府頒發獎勵金一百圓的獎助（臺灣總督府，1934），又同年女子青年團與北港女子公學校在2月14日在校園中舉辦第三屆団仔製作的小飾品零售，銷售情況十分熱絡，而所獲得之利益，一部分作為國防獻金，一部分捐贈給北港街委員助成會使用（漢文臺灣日日新報，1934年2月18日）。昭和10年（1935）2月4日，北港女子公學校與女子青年團，在校園中舉辦団仔手工製品零售，銷量長紅。並在19日將銷售的一部分金額15圓捐贈給北港街委員助成會（漢文臺灣日日新報，1935年2月22日）。

　　昭和8年（1933）6月11日，由北港女子公學校校長野野村懇擔任由臺灣教育會主辦的第一屆國語講習會主持人，主要討論北港郡內各國語講習所相關職員，且於北港女子公學校開設國語普及研究會（臺灣日日新報，1933年6月13

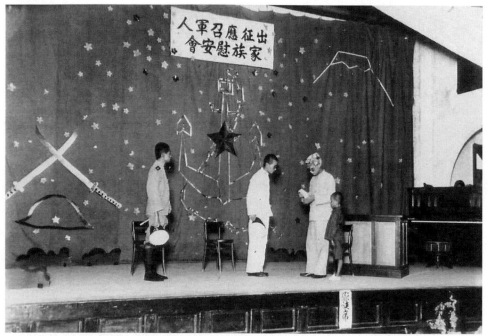

圖18 北港青年團參與出征應召軍人家族安慰會
資料來源：北港文化工作室提供

日）。接著同月的27日，學校召開第四次家長會並讓家長進行教學參觀與教師會談時間（漢文臺灣日日新報，1933年6年30日）。同年11月16日，學校承辦臺南州國語普及研究會，來賓有臺南州教育課長、各地國語講習所所長與講師、街庄長、郡市視學及相關事業等四百餘名出席。討論內容有：日語教材態度、唱歌教材等。並分兩梯次前往各國語講習所進行實地教學觀摩（漢文臺灣日日新報，1933年11月16日）。

（三）學校與教師優秀表現事蹟

昭和9年（1934）的1月20日在北港女子學校內舉辦北港郡校園農業實地的品評及褒獎授與會：第一名為北港公學校，第二名為四湖公學校，第三名為好收公學校（臺灣日日新報，1934年1月21日）。此外，當時服務於北港女子公

學校的臺籍女訓導汪乃文，自幼學習鋼琴，對樂器、作曲以及聲樂皆擅長，在該校任教時，就曾首次以風琴演奏「巴哈的賦格」，深受讚賞並引起熱烈迴響（李謁政、陳亮岑主編，2012），由此可知，臺籍女性教師音樂素養的超群表現備受肯定。昭和13年（1938）2月21日臺灣總督府報第3203號記載，任職於北港女子公學校的日籍校長轟武還親自撰寫公學校國史教育的報告資料，並入選久邇宮邦彥王教育研究論文獎勵金之名單（臺灣總督府，1938）。

2.3　北港女子公學校（宮前公學校）的房舍建築及校園規劃

　　明治34年（1901）頒布〈臺灣公學校設備規程〉，提及校舍形狀應為「長方形」，兩棟以上的建築平行並列時要有適當的間距，校舍建築主要為平屋建造，其中規定了校舍建築的形狀、基本尺寸與構造方式，並認為臺灣的學校建築應視當地條件配合氣候來作設計（陳啟仁、吳惠萍，2007年3月）。作者查考中央研究院數位文化中心提供的「北港女子公學校校舍增築及便所新築後ノ配置圖」[9]資料，發現昭和12年（1937）前北港女子公學校新築校舍工事圖形狀，教室分布位置呈現二字形，設計圖中上一排有六間教室及一間便所，下一排有八間教室及一間置物室，而上下兩排的教室排列後均為「長方形」無誤，每一間教室長9 m及寬7.5 m，依據設計圖中六百分之一的比例尺，還原後的尺寸與規定相距不大，均符合該規定之要旨。而上一排教室的上方設有一個長方形的講堂，供囝仔在雨天時體操運動使用。接著從「北港女子公學校校舍增築及便所新築後ノ配置圖」中得知兩排教室的後方（靠講堂位置）標示之虛線則為雨天排水的下水溝設置，而水溝的規畫是為了校園中要排放雨天過多的雨水而設置，這與日本殖民時期對臺灣極度重視近代化的公共衛生改善有相當大的關係，他們認為「水」是傳染病的媒介，除了重視飲用水的衛生狀況外，對使用過後的水、便所的廢水或雨水的安置亦相當重視，所以必須設置相關的排水

---

[9]　作者不詳（年代不詳）。[北港女子公學校校舍增築及便所新築後ノ配置圖]。《數位典藏與數位學習聯合目錄》。http://catalog.digitalarchives.tw/item/00/2e/99/38.html（2017/05/08瀏覽）。

溝系統，妥善引導廢水流入下水道系統中，而非置之不理或隨意排放，導致派生眾多的傳染病來源。

接著，又從中央研究院數位文化中心提供的「北港女子公學校校舍增築工事配置圖」[10]得知，昭和12年（1937）北港女子公學校將在工事設計圖中的上一排教室左側進行一間教室與一間便所的增築與修建。又從該圖中知悉新築之教室的房舍結構圖，其通風口的設計主要以通風、防濕熱及採光為主要訴求。且校舍基底以卵石層舖底而成，以減少土壤負荷，並改善土壤的承載力。王貞富（2007）指出，卵石層舖底的是基礎的載重透過卵石一定的角度，向四周擴散出去，當基礎與土壤接觸面積越大，則衍生的應變力越低、土壤之負擔也越小，由其卵石豎砌時，在應變力傳遞範圍內之面積會大於橫砌面積，上述的設計概念符合飯塚五郎藏、山室滋（1988）之日式建築以木頭架高地板通風的構造設計及卵石鋪設原理，利用木造住宅構法，在緣側基座下方，離地10cm左右設有換氣口，為防濕隔熱之用。國內學者許正傑、陳嘉基、陳興璋（2011）以數值模擬實驗日式木造建築室內自然通風效果，證實日式建築藉由合適的通風口設置，確實可降低室內溫度，增加室內的對流與通風效應。王貞富（2007）更進一步指出，卵石層舖底之功能並不單只是作為改善土壤承載能力之用，由於卵石間之空隙遠大於水分子大小，因此地下水僅能以毛細現象由卵石進入混凝土基礎，而混凝土基礎與卵石接觸面積相當小，故能進入牆體之水份並不多，顯見卵石應該也具有效隔絕地下水之功用。

日式建築的屋架有兩種款式，分別為「洋小屋」及「和小屋」兩大類，一般教室及講堂則多以「洋小屋」為主，除部分校舍興建之初以臨時性或暫借使用為訴求者，幾乎不見「和小屋」型式的校舍建築，因為「和小屋」多出現在宿舍區，如教師宿舍、學生寄宿舍等，這類的屋架是日本傳統木造建築屋頂構造的工法，其主要以垂直與水平構成樑架的屋架（蔡元隆、黃雅芳，2015）。日治時期臺灣曾發生多起嚴重之地震，造成島上人民生命及財產的龐大損失，特別以明治39年（1906）3月嘉義大地震以及昭和10年（1935）4月中部大地震

---

[10] 作者不詳（年代不詳）。[北港女子公學校校舍增築工事配置圖]。《數位典藏與數位學習聯合目錄》。http://catalog.digitalarchives.tw/item/00/2e/99/37.html（2017/05/08瀏覽）。

為日治時期規模最大的兩次烈震，也因為如此，促使了相關建築工法之修正，由於地震產生之水平作用力挑戰了舊有日式構造的結構剛度，加上日本人在明治維新之後，吸收了西方近代結構力學與相關建築工學的專業知識，修正大跨距超過15尺或深度12尺以上之屋架系統需採用洋式屋架，房屋結構也必須加附水平之火打斜撐與立面之方杖、筋違的斜撐等補強構件（蔡侑樺，2009）。由於洋小屋在構造上具有斜向構件，構造作法上主要是以穩定的三角形力學原理，且在跨距的變化上可以隨跨距大小調整組構的方式，因此相較於傳統和小屋，在抵抗側向作用力以及滿足大跨距空間上均較有優勢（陳啟仁等人，2007年3月），而比對由中央研究院數位文化中心提供的「北港女子公學校校舍增築工事配置圖」與「北港女子公學校校舍增築工事設計圖」[11]，確認北港女子公學校增建的教室及校舍採用「洋小屋」屋架款式興建而成（圖19）。

　　此外，值得一提的是校園中新式便所的設立，北港女子公學校的新式便所設立截然不同於傳統清代的蓄糞式便所（傳統茅坑）或屎尿桶（在寢室如廁）

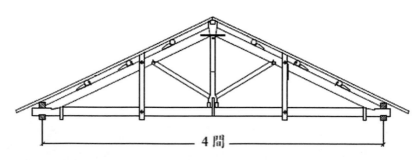

圖19▋洋小屋架三角形構圖
資料來源：陳啟仁、吳惠萍（2007年3月，頁7）

---

[11] 作者不詳（年代不詳）。[北港女子公學校校舍增築工事設計圖]。《數位典藏與數位學習聯合目錄》。http://catalog.digitalarchives.tw/item/00/2e/99/35.html（2017/05/08瀏覽）。

概念，因為日本改良式廁所被認為是改善臺灣衛生的重要因素之一：便所內設有通風採光窗，甚至便所的大便所每間皆須設排氣裝置（董宜秋，2012）。服務於臺南州臺南高等小學校長西脇金藏（1931）認為，臺灣本島是熱帶地區學校，過去的設備不夠衛生且不合乎實際。當時已引進日本境內的設備，校園的便所裝置淨化設備，希望臺灣島學校能比照設立，村落的學校在允許範圍內亦希望改成新設備，才能改善在臺灣酷熱氣候下易使糞便發酵的不衛生根源。且公學校大便所的出入口因考慮男女區別，高度要有6尺以上。小便所須有寬1尺以上，高6寸以上的踏面設計（臺灣總督府，1917）。據此，從「北港女子公學校校舍增築及便所新築後ノ配置圖」右上半部與左下半部的新築工事圖的內容觀之，可知悉北港女子公學校的便所設備相當先進亦符合西脇金藏校長的說法及《臺灣公學校規定》規定。「北港女子公學校校舍增築及便所新築後ノ配置圖」中左側上方出現一個通風的排氣裝置，從便所的旁側向上接管至外部，以達便所通風之順暢。最後「北港女子公學校校舍增築及便所新築後ノ配置圖」中校舍至廁所的通路須以連接走廊方式築之，便所與建築物按構式圖比例，原教室應該有符合至少距離三間以上之距離及不接近校舍方向的設計理念，惟因增築的狀況下須縮短教室離便所的距離。

　　最後，依據中央研究院數位文化中心提供的「宮前公學校配置圖」[12]中校舍工事圖可知悉，改制後的宮前公學校的新教室分布不同於北港女子公學校教室分布圖，而是呈現側コ字形。學校的教室數量新增至18間，「宮前公學校配置圖」平面圖中的上半部及下半部各增設有一間特殊教室。特殊教室的設置是用於歌唱、裁縫、手藝等課程之專用教室，通常學校也不一定要設置（三屋恕，1907）。而便所的數量也新增為三處，分別座落在右上、下角及左上角位置，且右上角位置上有一間便室，便室即為小便室。在工事圖中便所方面，因為宮前公學校已改為男女合校，所以便所也新增為三處，但在圖中無法得知出男女便所是否有所區隔，因按當時〈臺灣公學校規定〉規定是要男女分開設置，且關於便所與教室間的距離似乎也縮短了不少，但是仍然遵守不與教室相

---

[12] 作者不詳（年代不詳）。[宮前公學校配置圖]。《數位典藏與數位學習聯合目錄》。http://catalog.digitalarchives.tw/item/00/2e/a7/9f.html（2017/05/08瀏覽）。

連的規定。上述設計規格均符合三屋恕（1907）論述的要求。這些訊息也進一步反映了校園中硬體設備的提升與進步。

2.4　小結

　　本文以日治時期北港女子公學校為主軸，經由縝密與系統化的文獻整理後，從整體的北港郡北港街初等教育脈絡與北港女子公學校的相關史料考據，歸納出以下四項結論：

一、修正部分錯誤史實，例如北港尋常小學校的所在地位置得以確認、北港公學校錯載為北港南公學校、將雲林國語傳習所與雲林國語傳習所北港分教場之兩者混為一談等。此外，完整還原北港郡北港街中的三所公學校及一所小學校之成立脈絡與沿革。

二、初步了解北港女子公學校的校名演變及歷史沿革，分別為昭和2年（1927）4月1日創北港女子學校；昭和14年（1939）4月1日改稱宮前公學校；昭和16年（1941）4月1日改制宮前國民學校；光復後改為現今的雲林縣立北辰國民小學。

三、了解北港女子公學校校園中的修學旅行、運動會、女子青年團活動、校內研習活動及學校教師優秀表現的事蹟。

四、明確知悉北港女子公學校（宮前公學校）的房舍建築的設計模式與用途。例如：北港女子公學校增建的教室及校舍採用「洋小屋」屋架款式興建而成。而校園規劃在便所與排水溝的位置設計有其科學依據與使用上之考量。

參考文獻

中文文獻

王貞富（2007）。日治時期臺灣地區磚造建築基礎構造之研究。建築學報，61，117-134。

李謁政、陳亮岑主編（2012）。重修屏東縣志・文化型態與藝術展演篇。屏東縣：屏東縣政府。

杜維運（1979）。史學方法論。臺北：三民。

周相伶（2006）。最甜蜜的學校——糖廠小學的故事。未出版之碩士論文，私立南華大學教育社會學研究所碩士論文，嘉義。

周婉窈（2009）。臺灣歷史圖說。臺北市：聯經。

金湘斌（2007）。臺灣近代初等學校體育的開端（1895-1898）。體育學報，40(2)，109-122。

金湘斌（2009）。運動慶典的形成——日治初期臺灣公學校運動會（1895~1911）。運動文化研究，9，109-150。

徐佑驊、林雅慧、齊藤啟介（2016）日治臺灣生活事情：寫真、修學、案內。臺北：翰蘆。

張淑媚、蔡元隆、黃雅芳（2014）。圖解臺灣教育史。臺北市：五南。

許正傑、陳嘉基、陳興璋（2011）。以數值模擬探討日式木造建築室內之自然通風。文化資產保存學刊，17，31-40。

許佩賢（2001）。臺灣近代學校的誕生——日本時代初等教育體系的成立（1895-1911）。未出版之博士論文，國立臺灣大學歷史研究所博士論文，臺北。

陳啟仁、吳惠萍（2007，3月）。影響日治時期臺灣學校建築木構造屋架之變遷因子研究。論文發表於淡江大學建築學系舉辦中華民國建築學會「第十九屆第一次建築研究」成果發表會，臺北市。

雲林縣文獻委員會編印（1983）。臺灣省雲林縣志稿・卷五教育志。臺北市：成文。

雲林縣北港鎮（1989）。北港鎮志。雲林縣：作者。

雲林縣立南陽國民小學（1998）。雲林縣北港鎮南陽國民小學創校100周年校慶特刊。

　　雲林縣：作者。

雲林縣政府（2002）。從笨港到北港。雲林縣：作者。

董宜秋（2012）。帝國與便所：日治時期臺灣便所興建及污物處理。臺北市：臺灣書房。

漢文臺灣日日新報（1927年11月21日）。北港女生旅行。漢文臺灣日日新報，夕刊4版。

漢文臺灣日日新報（1931年10月9日）。北港・會事。漢文臺灣日日新報，8版。

漢文臺灣日日新報（1931年11月6日）。北港・兒童旅行。漢文臺灣日日新報，8版。

漢文臺灣日日新報（1931年12月17日）。北港・團員修養。漢文臺灣日日新報，夕刊
　　4版。

漢文臺灣日日新報（1932年9月27日）。北港・補習終了。漢文臺灣日日新報，8版。

漢文臺灣日日新報（1933年11月16日）。北港・國普研究。漢文臺灣日日新報，夕刊
　　4版。

漢文臺灣日日新報（1933年6年30日）。北港・開父兄會。漢文臺灣日日新報，夕刊4版。

漢文臺灣日日新報（1934年2月18日）。北港・製品小賣。漢文臺灣日日新報，8版。

漢文臺灣日日新報（1935年2月22日）。北港・利益寄託。漢文臺灣日日新報，12版。

臺灣省文獻委員會編印（1998）。雲林縣鄉土史料。南投縣：作者。

趙干城、鮑世奮譯（1990）。史學方法論。（原作者：R. J.Shafer）。臺北：五南。

蔡元隆、張淑媚（2011）。日治時期（1937-1945）臺日籍教師與臺灣囝仔的校園生活
　　經驗：以嘉義市初等學校為例。嘉義研究，3，49-92。

蔡元隆、張淑媚、黃雅芳（2012）。日治時期臺灣囝仔在初等學校中抗拒殖民統治的
　　形式分析：以嘉義地區為例。市北教育學刊，42，1-31。

蔡元隆、黃雅芳（2014）。日治時期嘉義市的第一所女子公學校：嘉義女子公學校。
　　嘉市文教，82，61-65。

蔡元隆、黃雅芳（2015）。日治時期嘉義市嘉義第二公學校（現今民族國小）的圖像
　　再現。嘉市文教，83，112-118。

蔡侑樺（2009）。由臺灣總督府公文檔案探究日治時期西式木屋架構造之發展歷程。
　　國立成功大學建築學系研究所博士論文，未出版，臺南市。

日文文獻

三屋恕（1907）。學校管理法（續前）。臺灣教育，60，3-9。

中井一人（1925）。運動會に就て。臺灣教育，281，33-35。

北港郡役所編（1937）。北港郡要覽・昭和12年。北港郡：作者。

北港郡役所編（1938）。北港郡要覽・昭和13年。北港郡：作者。

江夏蒲化（1909）。就修學旅行而言。臺灣教育，93，1-3。

西脇金藏（1931）。熱帶地初等教育に於ける體育に關する實際的研究頁（39-71 頁）。昭和六年三月教育研究論文。臺灣總督府編，臺北：臺灣總督府。

泉君の日本語教育史講座（2012）。泉君の日本語教育史講座別館〈臺灣南部〉（日本時代に開校した臺灣の國民小學）。2014年11月9日，取自http://idu230. blogspot.tw/search/label/%E8%87%BA%E5%8D%97%E5%B7%9E%EF%BC%88 %E9%9B%B2%E6%9E%97%E7%B8%A3%EF%BC%89?updated-max=2010-07- 17T23:51:00%2B09:00&max-results=20&start=20&by-date=false

荒津生（1939）。小公學校運動會に望む。新竹州時報，29，54-56。

彭城晃（1909）。就運動會而言。臺灣教育，92，1-2。

飯塚五郎藏、山室滋（1990）。木造住宅構法。日本：市ヶ谷出版社。

臺南州共榮會（1928）。臺南州社會教育要覽。臺南：作者。

臺灣日日新報（1922年10月13日）。職業婦人三百萬藝娼妓は除いて。臺灣日日新報，4版。

臺灣日日新報（1927年7月6日）。北港女子公學校開校式三日舉行。臺灣日日新報，夕刊2版。

臺灣日日新報（1933年6月13日）。北港・國語研究。臺灣日日新報，夕刊4版。

臺灣日日新報（1933年11月21日）。北港・修學旅行。臺灣日日新報，夕刊4版。

臺灣日日新報（1934年1月21日）。學校園品評會・一等北港公學校。臺灣日日新報，3版。

臺灣日日新報（1938年3月8日）。地方近事・北港。臺灣日日新報，8版。

臺灣教育會（1939）。臺灣教育沿革誌。臺北：作者。

臺灣總督府（1896a）。職員錄（甲）。臺北：作者。

臺灣總督府（1896b）。臺灣總督府公文類纂第30卷・雲林國語傳習所ヲ北港ニ假設認可並開所報告。臺北：作者。

臺灣總督府（1897）。職員錄（甲）。臺北：作者。

臺灣總督府（1899）。職員錄（甲）。臺北：作者。

臺灣總督府（1917）。臺灣公學校規定。臺北：作者。

臺灣總督府（1934）。臺灣總督府報第2213號。臺北州：作者。

臺灣總督府（1938）。臺灣總督府報第3203號。臺北州：作者。

臺灣總督府文教局（1936）。臺灣總督府學事第三十三年報。臺北：作者。

臺灣總督府文教局（1938）。臺灣總督府學事第三十五年報。臺北：作者。

增永吉次郎（1912）。修學旅行中の兒童の所感。臺灣教育，117，30-34。

第三章 摩登女性：
女子公學校的教育意涵

「歷史是一條河。你要看清楚，河
水怎麼流。」
　　　——臺灣獨立運動先驅 史明
　　　　　（A.D.1918－迄今）

3.1 日治時期臺灣女子公學校的設立與分布狀況

　　近代教育的特色之一即是全民皆學，不論性別、階級都是國家教育的對象。清末的臺灣已有少數西洋教會學校也有收容女性（許佩賢，2016），光緒10年（1884）和光緒13年（1887）基督教長老教會的傳教士，先後在淡水和臺南設置淡水女學堂和新樓女學校，傳教士也把新式女子教育帶進臺灣。而臺灣新式女子教育在日本殖民時期正式開花結果，除了女子教育納入學制系統外，明治30年（1897）4月，臺灣總督府在士林的國語學校第一附屬學校設置了女子分教場。次年，女子分教場改制為國語學校第三附屬學校，臺灣有了第一所公立女學校（游鑑明，2016）。明治31年（1898）公學校成立，不分男女皆可入學。但受到社會觀念或經濟狀況限制，而導致女子教育普及率不如預期理想，例如：女子不宜拋頭露面，或在學校內男女授受不親等傳統禮俗。雖然在一般的公學校中男女共同就讀，但仍然依性別分班授課，以作為區分男女受教場域的不同性，甚至專為女性設計的女子公學校也應運而生。

　　依據泉君の日本語教育史講座（2016a，2016b，2016c，2016d）統計日治時期（1898-1945）臺灣島內外（臺北州、新竹州、臺中州、臺南州、高雄州、臺東廳、花蓮港廳及澎湖廳等）共計有1,211所公學校（含分校）中[1]，而作者依據上述的資料整理後發現，關於女子公學校的紀錄其實不多，日治時期的臺北州有4所，新竹州有1所，臺中州有8所，臺南州有7所，高雄州有1所，臺東廳、花蓮港廳及澎湖廳則不曾設立相關的女子公學校（表3）。

---

[1]　泉君の日本語教育史講座（2016a，2016b，2016c，2016d）統計之資料，主要彙整自臺灣總督府文書、臺灣地方志、各縣報、廳報、州報、《臺灣總督府報》、各校校史資料、各校周年記念誌等。此資料包含蕃人公學校及蕃童教育所。

表3 │ 日治時期臺灣島內外女子公學校設立情形[2]

日治時期州廳	現今校名	日治時期校名演變
臺北州	新北市淡水區文化國小	1.淡水女子公學校（大正13年5月）★ 2.淡水西國民學校（昭和16年4月1日）
	宜蘭縣宜蘭市力行國小	1.宜蘭女子公學校（大正7年4月1日）★ 2.宜蘭市向陽國民學校（昭和16年4月1日）
	宜蘭縣羅東鎮成功國小	1.羅東女子公學校（大正10年4月24日）★ 2.曙國民學校（昭和16年4月1日）
	臺北市大同區蓬萊國小	1.大稻埕公學校女子分校（明治43年4月19日）★ 2.大稻埕女子公學校（明治44年4月16日）★ 3.臺北市蓬萊公學校（大正11年4月1日） 4.臺北市蓬萊國民學校（昭和16年4月1日）
新竹州	新竹市北區民富國小	1.新竹公學校女子部（大正5年3月31日）★ 2.新竹女子公學校（大正5年4月1日）★ 3.住吉公學校（昭和10年3月25日） 4.新竹第四公學校（昭和15年4月17日） 5.新竹市新富國民學校（昭和16年4月1日）
臺中州	臺中市北區篤行國小	1.臺中女子公學校（大正7年3月31日）★ 2.臺中市幸公學校（昭和7年4月1日） 3.臺中市幸國民學校（昭和16年4月1日）
	臺中市豐原區瑞穗國小	1.葫蘆墩女子公學校（大正7年3月31日）★ 2.豐原女子公學校（大正10年6月6日）★ 3.瑞穗公學校（昭和10年3月30日） 4.瑞穗國民學校（昭和16年4月1日）
	臺中市東勢區東勢國小	1.東勢角・女子分校（大正6年4月1日）★ 2.東勢角女子公學校（大正9年4月1日）★ 3.東勢女子公學校（大正10年4月1日）★ 4.與東勢公學校合併（昭和12年4月1日） 5.東勢國民學校（昭和16年4月1日）
	臺中市大甲區文昌國小	1.大甲女子公學校（昭和2年4月1日）★ 2.大甲南國民學校（昭和16年4月1日）
	彰化縣彰化市民生國小	1.彰化女子公學校（大正5年4月1日）★ 2.彰化市春日公學校（昭和16年3月31日） 3.彰化市春日國民學校（昭和16年4月1日）

2　打★部分為女子公學校時期。

日治時期州廳	現今校名	日治時期校名演變
臺中州	彰化縣鹿港鎮洛津國小	1.鹿港女子公學校（大正11年4月1日）★ 2.鹿港南公學校（昭和16年3月31日） 3.鹿港南國民學校（昭和16年4月1日）
	彰化縣員林鎮育英國小	1.員林女子公學校（昭和8年4月1日）★ 2.員林南公學校（昭和16年3月31日） 3.員林南國民學校（昭和16年4月1日）
	南投縣南投市平和國小	1.南投女子公學校（大正14年3月31日）★ 2.芳美公學校（昭和14年3月31日） 3.芳美國民學校（昭和16年4月1日）
臺南州	雲林縣斗六市鎮東國小	1.斗六女子公學校（大正12年4月1日）★ 2.斗六東國民學校（昭和16年4月1日）
	雲林縣西螺鎮中山國小	1.西螺女子公學校（昭和2年4月1日）★ 2.西螺東國民學校（昭和16年4月1日）
	雲林縣北港鎮北辰國小	1.北港女子公學校（昭和2年4月1日）★ 2.宮前公學校（昭和14年4月1日） 3.宮前國民學校（昭和16年4月1日）
	嘉義市大同西區國小	1.嘉義女子公學校（大正6年4月2日）★ 2.白川公學校（昭和8年4月1日） 3.嘉義市白川國民學校（昭和16年4月1日）
	嘉義縣朴子市大同國小	1.朴子女子公學校（大正12年4月1日）★ 2.大和公學校（昭和15年3月28日） 3.大和國民學校（昭和16年4月1日）
	臺南市西區成功國小	1.臺南女子公學校（大正1年3月8日）★ 2.臺南市明治公學校（昭和3年4月1日） 3.臺南市明治國民學校（昭和16年4月1日）
	臺南市麻豆區培文國小	1.蔴荳第二公學校（大正9年4月1日） 2.麻豆女子公學校（大正10年4月24日）★ 3.麻豆西公學校（昭和15年11月7日） 4.麻豆西國民學校（昭和16年4月1日）
高雄州	屏東縣屏東市仁愛國小	1.屏東公學校第一分教室（大正12年3月31日） 2.屏東女子公學校（大正13年4月1日）★ 3.屏東市大宮公學校（昭和12年4月1日） 4.屏東市大宮國民學校（昭和16年4月1日）
臺東廳、花蓮港廳及澎湖廳	無	無

資料來源：作者自行整理自泉君の日本語教育史講座（2016a，2016b，2016c，2016d）、《臺灣總督府報》及《臺灣總督府職員錄》

從表3中可看出女子公學校設立為少數的狀況，作者認該現象主要有兩個原因：第一，是因日治早期女子教育不被重視，且延續了清代「重男輕女」的觀念，衍生男女不宜共同學習，而特別另設女子公學校的狀況，例如羅東女子公學校（現今宜蘭縣羅東鎮成功國小）的設立緣由：

　　　　羅東女子公學校之設立，主要是因日人開始將男女學童區分教育，此後男女分校制度開始（羅東鎮公所，2002，頁404）。

再者，西螺女子公學校（現今雲林縣西螺鎮中山國小）也同樣是因男女分校而成立：

　　　　在民國十六年四月改名為西螺女子公學校——我們學校正式誕生了，這就是我們學校的前身。就這樣西螺街上實行男女分校就讀，全鎮的男學童都到男子公學校去讀書，而全鎮的女學生也都到女子公學校來讀書[3]。

　　而關於第二個原因，因為部分地區文風開放，女囝仔就學率相對較高，而為了紓緩一般公學校的男女囝仔數量，專設女子公學校的情形。例如彰化女子公學校（現今彰化縣彰化市民生國小）是由彰化公學校撥出女學生而成立（彰化女子公學校，1937）（圖20、圖21）；嘉義女子公學校（現今嘉義市西區大同國小）是由嘉義公學校撥出232名女學生而成立（白川公學校，1938）。再者，2002年國立臺灣歷史博物館委託中央研究院近代史研究所游鑑明教授進行「臺灣女人」研究計畫中，提到大稻埕女子公學校（現今臺北市大同區蓬萊國小）的創立：

　　　　大稻埕女子公學校，起源於1898年，最初是「大稻埕公學校女子部」，只有兩名學生，待學生逐年增加，改設女子分校，1911年正式獨立為女

---

[3] 雲林縣西螺鎮中山國小（2013）中山國小校史。2016年11月24日，取自http://www.csps.ylc.edu.tw/csps/index.html

子公學校[4]。

又如宜蘭縣史館（2012）在「阿媽的藏寶盒」的展覽中提到宜蘭女子公學校（現今臺北市大同區蓬萊國小）（圖22、圖23）的創設：

> 1918年，宜蘭地區公學校的女學生超過一定數量，因此獨立出來，成立「宜蘭女子公學校」（今宜蘭國小），是第一所專招收女學童的公學校[5]。

此外，除了女子公學校本來就有的各類學科課程外，還新增了裁縫科或家事科課程[6]。主要是因為大正11年（1922）4月1日頒布的〈臺灣公立公學校規則〉（府令第65號），其第34條規定了裁縫科及家事科，而這兩科皆規定只有女子才須修習（臺灣總督府，1922）（圖24、圖25）。再者，根據昭和11年（1936）所發行的《改訂公學校各科教授法全》，裁縫及家事科的要旨分為三項：知識技能的習得、助長興趣、婦德的養成（滝澤佳奈枝撰、曾錦鈺譯，2016）。

滝澤佳奈枝撰、曾錦鈺譯（2016）指出，家事科教材製作都會選擇適合兒童並於日常生活能夠運用的內容，教具則使用臺灣女孩的日常生活與臺灣一般家庭中廣泛使用的實用性物品。家事科除了涵蓋掃除、洗衣、打理三餐等起居相關事務，也包含老人照護、病人看護等多樣的內容（圖26、圖27）。綜上所述，作者認為女子公學校的裁縫及家事科課程，其教育本質就是要女囝仔將來成為家庭主婦後，將這些在課本中習得的現代化科學性知識與技能，運用於家

---

[4] 國立臺灣歷史博物館（2002）。臺灣女人。2016年11月24日，取自http://women.nmth.gov.tw/information_67_39799.html

[5] 宜蘭縣史館（2012）。阿媽的藏寶盒。2016年11月24日，取自http://ylhm.e-land.gov.tw/exhibition/box/p1.htm

[6] 一般公學校內的家事科課程仍然只限定於女囝仔學習。裁縫科在公學校教育課程的正式設立，是基於明治37年（1904）3月11日頒布的臺灣公學校規則改正（府令第24號）。家事科，則是基於大正1年（1912）11月28日頒布的公學校規則改正（府令第40號），將以往的裁縫科重新制定為裁縫及家事科（臺灣總督府，1912，頁115-118）。

20 | 21
—————
22
—————
23

圖20 ▌ 彰化女子公學校記念式
資料來源：彰化女子公學校（1937）
圖21 ▌ 彰化女子公學校運動會
資料來源：彰化女子公學校（1937）
圖22 ▌ 宜蘭女子公學校創立當時校舍
資料來源：宜蘭女子公學校（1939）
圖23 ▌ 宜蘭女子公學校校舍
資料來源：宜蘭女子公學校（1939）

學校家庭
通信簿
昭和五年度
西螺女子公學校第二學級
本科第一學年
第　號
通信欄
年月日
事

學業成績
身体ノ情況
校長 高瀨嘉一
保護者
住所 臺南州虎尾郡西螺街西螺十二番地
氏名 高羅漢

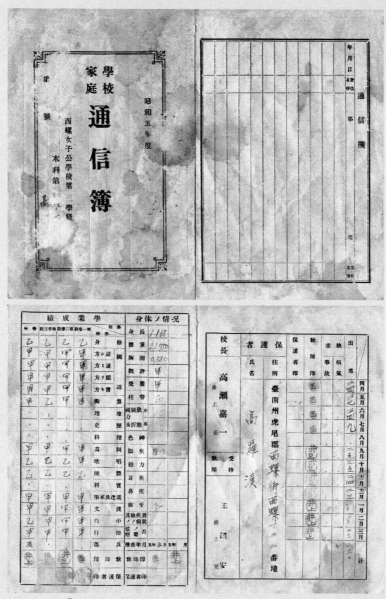

24
25
圖24▍西螺女子公學校通信簿
資料來源：作者自行收藏
圖25▍西螺女子公學校家庭通信簿內裁縫及家事成績
資料來源：作者自行收藏

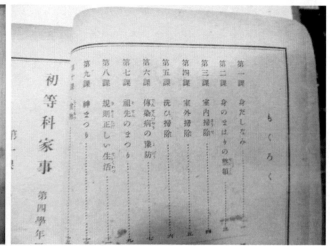

圖26 初等科家事課本
資料來源：作者自行收藏

圖27 初等科家事課本內容
資料來源：作者自行收藏

庭中，使生活習慣或家庭的部分觀念得以改善，以提升居家品質，讓家庭生活更加進步與便捷。

3.2 嘉義市第一所女子公學校的誕生

一、嘉義女子公學校時期之圖像（1917-1933）

　　嘉義女子公學校創立於大正6年（1917）4月1日，由當時嘉義公學校（現今嘉義市崇文國小）撥出全部的女囝仔，共六班計232人（均為臺籍生）[7]，

---

[7] 依據《白川公學校開校二十周年記念誌》記載嘉義女子公學校（現今嘉義市西區大同國小）是由嘉義公學校（現今嘉義市東區崇文國小）撥出232名女學生所成立，惟圖29的文獻中卻顯示嘉義女子公學校成立時，總計招收了295名女學生，兩邊文獻記載人數似乎有所出入。而作者假設有兩種可能性，第一：人數295名是正確的說法。而人數295名的理由，可能又有以下兩種解釋：其一，因為一般推論可能是因為嘉義女子公學校招收的女囝仔，並不全然來自嘉義公學校，也有來自其他公學校的女學生，但該推論可能性不高，因為大正6年（1917）以前僅有嘉義公學校一家公學校，作者認為最充分的理由應該是當年度預定入學的女學生數為63名，加上嘉義公學校撥出232名女學生共計為295名。其二，因為圖29的文獻是最原始的一手史料，內容中的人數295名亦有可能是原本預

首任校長為日籍江口保先生（白川公學校，1938）（圖28、圖29）。因當時嘉義女子公學校校舍尚未完竣，所以仍在嘉義公學校校內上課（臺灣日日新報，1917年4月12日），直到大正7年（1918）年8月21日遷入新校舍（現今嘉義市崇文國小地址）（圖30），此時由於就學囝仔驟增，大正8年（1919）年4月1日將原本嘉義公學校改制為嘉義第一公學校，並另創設嘉義第二公學校。

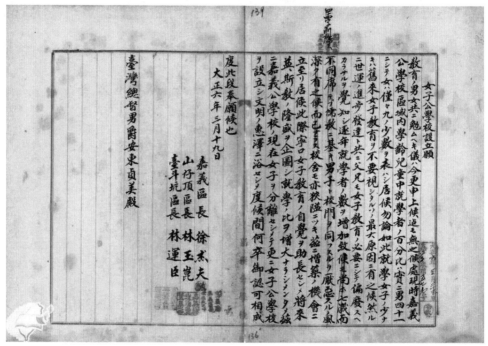

圖28 ▌ 嘉義女子公學校設立請願
資料來源：轉引自嘉義市大同國民小學編（2017，頁15）

定預撥或預計收編的人數，但實際上卻沒收編到295名。第二種，232名是正確的說法。因為依據昭和13年（1938）學校自行出版的《白川公學校開校二十周年記念誌》記載為收編232名女學生所成立。再者，嘉義市大同國小在民國66年（1977）編列的《歷年教師校友名冊》中的資料顯示（圖31、圖32），當時移撥一年級47名，二年級45名，三年級45名，四年級42名，五年級28名，六年級25名等，共計232名（不含高等科109名）（嘉義市大同國小，1977），這兩本出版品的人數吻合無誤，加上第一種可能性的第二個理由為預定收編295名，但實際上僅有232名而已。綜上所述，這兩種假設均有可能成立，因為也尚未有其他官方或學校的一手史料可以直接佐證或澄清何者為非，為秉持客觀的寫作立場，作者將可能的情況列出並合先敘明，以免產生讀者閱讀時的困擾。

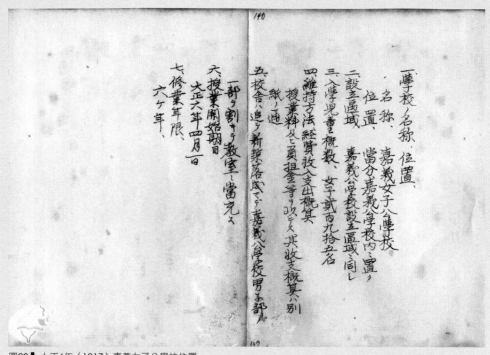

圖29 ▌ 大正6年（1917）嘉義女子公學校位置
資料來源：轉引自嘉義市大同國民小學編（2017，頁15）

圖30 ▌ 大正8年（1919）嘉義女子公學校第二回卒業紀念
資料來源：Chingchang Lin女士提供

圖31▌歷屆教師校友名冊　　　　圖32▌歷屆教師校友名冊內文
資料來源：嘉義市大同國小提供　　資料來源：嘉義市大同國小提供

　　但因為當時校園前面的大河溝附近夏天雜草叢生（舊地名稱過溝仔），地勢低漥，為一片荒野之地，基於女學生上下課的安全考量及方便性，決定與嘉義第一公學校校方協商交換校地（臺灣日日新報，1917年8月21日），所以在大正9年（1920）年3月25日又遷回嘉義第一公學校舊址（現今已搬遷的興中派出所舊址對角「丸茂百貨店」地址，為現今嘉義文化路郵局後面的建築物，業已再度重建）（圖33、圖34）。例如就讀嘉義女子公學校改稱為白川公學校第一屆的學生張茂鐘，回憶起他被學姐欺負的的情況就明確的指出嘉義女子公學校的位置：

　　我1925年出生於嘉義市，早年進入白川公學校就讀，該校前身為嘉義市女子國民學校[8]（校址為今之文化路郵政總局）。由於我是學校改制後招收的第一屆男學生，因此常受到高年級學姐的欺負（中央研究院近代

---

[8]　關於嘉義市女子國民學校的回憶應該是記憶的扭曲，正確的名稱應該為嘉義女子公學校，張茂鐘應該是將昭和16年（1941）公、小學校改制為國民學校的記憶錯植。

圖33▋丸茂百貨店名片　　　圖34▋現今已整建為小吃店
資料來源：作者自行收藏　　　資料來源：作者自行拍攝

　　史研究所，2000，頁101）。

　　而嘉義女子公學校校園中有許多活動，例如有學藝展覽會、體育會、音樂
會，甚至有囝仔最喜愛的修學旅行。大正12年（1923）3月26日上午11時前，
舉辦卒業證書授與典禮，午後1時起到隔日的時間，舉辦成學藝品展覽，作品
中造花刺繡受到熱烈歡迎（漢文臺灣日日新報，1923年3月30日）。又昭和
3年（1928）11月3日，嘉義女子公學校訂於明治節儀式慶祝完後，在學校內
進行體育會，屆時將舉辦一系列約計17種的運動競技（漢文臺灣日日新報，
1928年11月2日）。再者，隔年該校訂於2月12日午後，在校內舉辦第二屆的
學生音樂會（臺灣日日新報，1929年2月11日）。緊接著登場的就是囝仔最喜
愛的修學旅行，昭和4年（1929）12月2日，嘉義女子公學校6年級生等100名，
由江藤校長率領3名教員前往臺中、豐原、新竹、臺北及基隆等地進行5日的
修學旅行（漢文臺灣日日新報，1929年11月25日），校園中的活動可說是多采
多姿。

二、白川公學校與白川國民學校時期之圖像（1933-1945）

　　昭和8年（1933）3月28日將「嘉義女子」四個字更換，改稱為白川公學校，並於同年8月25日遷入現址（西區華明里成功街15號）（嘉義市大同國民小學，2004），又緊接著，同年9月白川公學校在白川町的新校區工事竣工，定於當日在講堂內舉辦落成典禮，會後再舉辦校內的家長會，並前往嘉義公會堂參加慶祝宴席（臺灣日日新報，1933年8月31日）。但校園中的活動並不因為改稱為白川公學校後而取消，如昭和8年（1933）6月1日下午7時，在白川公學校開設國語講習所並教授課程，當日河野教育課長及市內各公學校教員會全部列席觀摩（臺灣日日新報，1933年6月2日）。昭和14年（1939）2月19日下午1時至7時半，在校園中舉辦全校性的兒童音樂會（臺灣日日新報，1939年2月20日）。又同年11月18日下午1時，在校園中舉辦第四屆的運動會（臺灣日日新報，1939年11月17日），校園活動可說是不勝枚舉。白川公學校更曾在昭和13年（1938）出版了《白川公學校開校二十周年記念誌》乙書，記載了創校20周年來從嘉義女子公學校轉變到白川公學校之間，校園發生的重要事蹟，如運動會實況、畢業生感言或是畢業生名冊等等，當中更紀錄了許多豐富精彩的嘉義女子公學校（白川公學校）的珍貴照片（白川公學校，1938）（圖35、圖36、圖37、圖38、圖39、圖40、圖41、圖42、圖43、圖44），而更可從中央研究院數位文化中心提供的「臺南州嘉義白川公學校校舍增築工事設計圖」[9]、「嘉義白川公學校校舍增築工事設計圖」[10]與「嘉義白川公學校配地圖」[11]得知當時白川公學校的教室與校舍建築型態與學校教室在校園坐落的位置與座標（圖45）。

---

[9]　作者不詳（年代不詳）。[臺南州嘉義白川公學校校舍增築工事設計圖]。《數位典藏與數位學習聯合目錄》。http://catalog.digitalarchives.tw/item/00/2e/89/4f.html（2017/05/08瀏覽）。

[10]　作者不詳（年代不詳）。[嘉義白川公學校校舍增築工事設計圖]。《數位典藏與數位學習聯合目錄》。http://catalog.digitalarchives.tw/item/00/2e/b3/72.html（2017/05/08瀏覽）。

[11]　作者不詳（年代不詳）。[臺南州嘉義白川公學校配地圖]。《數位典藏與數位學習聯合目錄》。http://catalog.digitalarchives.tw/item/00/2e/89/4b.html（2017/05/08瀏覽）。

35	
36	37
38	

圖35▏白川公學校校舍
資料來源：白川公學校（1938）
圖36▏白川公學校開學致詞
資料來源：白川公學校（1938）
圖37▏家長會祝辭
資料來源：白川公學校（1938）
圖38▏勤續者勉勵
資料來源：白川公學校（1938）

39	40
41	42
43	44

圖39▌理科設備教室
資料來源：白川公學校（1938）
圖40▌紀念運動會開幕式
資料來源：白川公學校（1938）

圖41▌紀念運動會體操表演
資料來源：白川公學校（1938）
圖42▌紀念運動會少年團表演
資料來源：白川公學校（1938）

圖43▌校內升旗臺
資料來源：白川公學校（1938）
圖44▌校內溜滑梯
資料來源：白川公學校（1938）

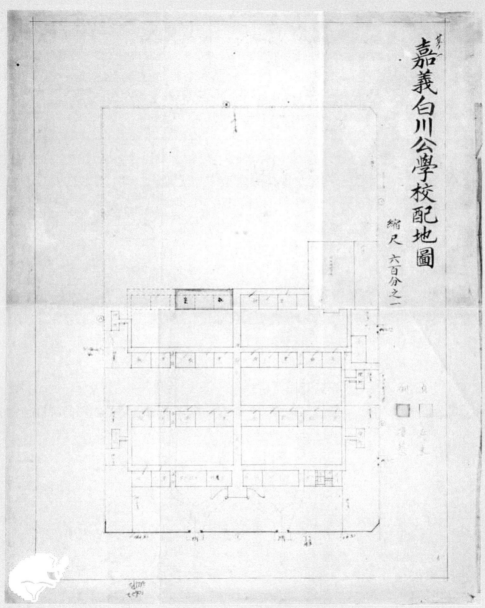

圖45 ▌嘉義白川公學校配地圖
資料來源：轉引自嘉義市大同國民小學編（2017，頁15）

少年團的性質就是現今的童子軍，日治時期嘉義市內的玉川公學校、東門公學校、白川公學校及北社尾公學校等四所公學校中只有三所成立少年團，分別是東門公學校於年昭和6年（1932）9月1日成立春日少年團、玉川公學校於昭和6年（1932）10月1日成立玉川少年團、白川公學校於昭和8年（1934）10月16日成立白川少年團。

　　最後，因臺灣島內施行皇民化的政策，加上昭和16年（1941）2月29日發佈之〈國民教育令〉，成為公學校教師檢定制度的重要分水嶺，接著3月26日以勅令第255號修正〈臺灣教育令〉，將臺灣的初等教育一律改為「國民學校」實施，並在同年4月1日實施〈國民學校令〉（佐藤源治，1943），嘉義女子公學校也於昭和16年（1941）4月1日改制為白川國民學校，此時南洋戰事已經如火如荼的開打，理所當然的要求學生營造出共赴國難的精神，白川國民學校高等科一年級的兩位學生，林昭彥、梅村嘉永兩人寫信給前方的皇軍戰士鼓舞他們，並致贈慰問袋及慰問金給前線的皇軍，一共捐納了56圓的國防獻金（臺灣日日新報，1942年10月9日）。日本戰敗後，直到光復初期，原本白川町的白川國民學校的故事就此畫下句點，其後改為大同國民學校，自此學校名稱即沿用「大同」二字為校名至今，僅學校之稱謂隨時代變遷而略有更動。

3.3　公學校制度對臺灣女性的影響及其制度下的新興產物

　　中國古代女性在男性主導的社會結構中，不但經濟自主性被剝奪，女性身體的自主性也同時被宰制，在傳統漢人文化中的父系社會中，「她」只是「他」的財產（馮偉才，2006）。但為什麼臺灣的社會結構到日治中期時，卻出現大量又多元的女性上班族？其主要原因在於─「教育」[12]。劉桂君

---

[12] 蔡蕙頻（2013，頁10、頁15）指出，基礎教育（公學校教育）的普及，促進女子教育的發展，因為教育才是讓女性從底層向上爬的階梯，經由受教機會取得知識與社會化，讓女性透過教育後在日治

（2013）指出，臺灣女性的地位，因為日本殖民政府實施新式女子教育，促使女性開始進入勞動市場。大正11年（1922）10月13日，《臺灣日日新報》曾有乙篇報導中指出，根據大正9年（1920）的調查，除了藝娼妓外，日本內地職業婦女粗估超過300萬（臺灣日日新報，1922年10月13日）。而日治時期臺灣的職業婦女人數也逐漸增加中，依據游鑑明（1995）研究指出，明治38年（1905）時，臺灣島內男女就業的人數，男性為1,081,667人，女性為311,809人。而到了大正9年（1920）時，臺灣島內男女就業的人數，男性為1,180,842人，女性為456,025人，女性的就業人數激增了近14,4216人。

換言之，臺灣島內以女性為主的上班族群也漸漸蓬勃發展。因為在臺灣清領時期的傳統觀念中，女性幾乎都被視為男性的附屬品，婚前附屬於父母親，婚後則屬於夫家，所以地位很卑微，但多數的女性的「不受教」並非拒絕受教，而是她們沒有教育的環境與觀念（蔡蕙頻，2013）。因為日治中期女子教育普及後成效不錯，透過女子教育的推廣，不僅擴大臺灣女性的知識領域與生活領域，女學生的活動範圍也得以擴大到家庭之外，甚至有機會受中等教育、實業教育或師範教育等等，也因此教育成為女性就業上的有力憑藉，協助女性走出傳統家庭經濟的範圍，爭取就業機會與獨立經濟基礎。許佩賢（2016）以作家鄭鴻生的母親施傳月為例，說明了一個只有公學校畢業的女孩子，可能連臺南也沒離開過，為了夢想，鼓足勇氣隻身前往日本學習洋裁。學成後回臺開

中期有更多的機會成為職業婦女。此外，鄭麗玲（2015，頁285）也從自己口述訪談女性耆老的經驗中認為近代女子教育的投資有很大效益，鄭麗玲指出，有位偏鄉漁村的小女孩，雖然家境不好，但因學校日籍老師拜託終於得以入學，完成學業後，由於識字又機靈，因此在高雄市西醫診所擔任櫃檯的小姐。再者，張晉芬（2009，頁4）指出，日本殖民統治者為增加生產，試圖提供一個有利於女性就業的環境。臺灣總督府推動了幾項政策，用以提升女性的市場勞動參與：如廢除纏足，鼓勵女性放足；推行女子教育，同時也興辦女學。此外，其以昭和12年（1937）的臺北市為例，指出當時的女性勞動者職業分類已達50種。這些「新興職業」依人數多寡排列依序為產婆、教師、護士、接線生、及車掌。此外，雖然人數不多，但女性已有機會擔任教師、助產士、醫師、或是民意代表。按摩師、鋼琴手、理髮師、新聞記者、廣播員、司機、木匠等工作也都有女性任職。同樣地，游鑑明（2016，頁7）也指出，昭和12年（1937）之後，因為殖民政府倡導全國總動員以及男性出征、職業空間的擴大，女子就業率顯著上升，有更多受過教育的女性投入就業市場。其中以畢業於實業補習學校的女學生就業率最高，公學校居中，高等女學校最少。最後，陳瑛珣（2014，頁104-105）的研究亦指出從1920年後，臺灣受過教育的女性擁有更好的能力，因而能夠選擇生涯發展，她們的選擇性大於過往沒有機會接受教育的女性。由此可見，公學校教育的普及大幅提升臺灣女子教育之質與量，也促成女子就業市場的新興局面。

設洋裁補習班；翌年穿著自己做的白紗禮服結婚。這些女性因接受新式教育，為自己打開一扇通往世界的窗，靠著文字的力量，她們作夢、逐夢，她們為自己、為臺灣社會、為女性寫下光輝的一頁（許佩賢，2016）。這一切的突破都要歸功於女子初等教育的濫觴與實施。

　　嘉義女子公學校是臺南州嘉義市的第一所女子公學校，此類的西方學制，對長期在清朝統治下的臺灣是陌生的，相對校園中也出現了以往在傳統書房教育的不會出現的制度與產物，例如卒業證書、修了證書、賞狀、級長狀、級長徽章與家庭通信簿等等。二戰末期，全臺機場與糖廠、酒廠及電廠全被列為美軍重點轟炸目標，戴寶村（2004）指出，美軍轟炸臺灣的投彈量以新竹2,340噸最高，而嘉義地區也將近快1,000噸。島內的重要交通運輸幾近全部被切斷，城鎮方面，基隆、新竹、嘉義、臺南、高雄也幾乎全毀；彰化、屏東、宜蘭及花蓮港半毀；臺北三分之一被破壞，僅臺中受損較輕（劉鳳翰，1997）。戴寶村（2004）以國史館出版的《日軍在臺灣（下）》一書中，統計了1943年11月25日至1945年6月30日間，美國空軍隊臺灣一共進行了74次的轟炸，其中嘉義地區就被轟炸了10次之多[13]。陳淵燦在其《古稀述懷》書中的〈五十年前的嘉義大轟炸〉乙文中提到當時的情況：

> 次日一早機群就投擲數不清的炸彈，燒夷彈、人馬殺傷彈（附有降落傘和瞬發信管，在地上成水平炸開，殺傷力很大，又稱「落下傘爆彈」），加上機槍掃射，頃刻間嘉義市已陷入一片閃光、黑煙、爆炸聲，地震般的撼動中的火海，濃煙蔽天，連續燒了三天三夜，夷為平地。從灰墟中，由文化路倖存的郵局可以一望看到距一公里之遙而屹立無恙的火車站。死傷的無辜市民不計其數。（陳淵燦，2007，頁647）

所以嘉義在二戰末期遭逢美軍的轟炸慘況也相當壯烈，因此民眾躲避空襲時，這些公學校制度下的新產物大多被遺棄或是毀於戰火中，所以上述的一手文獻

---

[13] 有關嘉義地區轟炸的次數，10次是資料中明確指出嘉義地區之範疇，因該統計表中有出現南部地區及西部沿海，作者暫時不將此類轟炸定義為嘉義地區之範疇。

留存下來的為數不多，可說是鳳毛麟角。據作者了解現今嘉義市大同國小（日治時期嘉義女子公學校）學校本身亦無保存相關完整的卒業證書、賞狀、級長狀、級長徽章與家庭通信簿等文件[14]。所以作者以自己收藏多年的嘉義女子公學校一手文獻或物件來做圖文介紹。首先為卒業證書，即是現今通稱的「畢業證書」（圖46），對當時的臺灣囝仔來說，是日治時期求學階段圓滿達成的象徵（張淑媚、蔡元隆、黃雅芳，2014），對一向不重視女子教育的傳統文化而言，更是一大突破。日治早期的初等學校卒業證書，樣式簡單，紙質也十分粗糙，甚至只用毛筆字寫著卒業人姓名、校長和校名等幾行字，四周既沒有花邊也無圖樣做裝飾，但字體大多工整有勁，到了日治後期，隨著物質條件改善，卒業證書也開始有了變化，不僅改用黑白或雙色印刷，偶爾還會有花邊或燙金飾邊的出現。

此外，尚有賞狀、級長狀（圖47、圖48）這類的證書，更是臺灣囝仔前所未見的產物，賞狀就是現在通稱的「獎狀」，有成績優良賞狀、全勤賞狀、品德賞狀等琳瑯滿目的賞狀類別，都是對臺灣囝仔優良表現的稱讚與肯定。級長就是現在通稱的「班長」乙職，當然也有副級長乙職。而透過級長狀的表揚，讓臺灣囝仔受到教師的稱讚與肯定，甚至形成臺灣囝仔間互相學習的楷模，無形中塑造了日本民族最強調的「品德教育」。除此之外，若學校經濟狀況許可，還會頒發級長章或副級長章（圖49），讓囝仔於平時或學校重要場合時佩戴，以彰顯個人榮耀，同時也間接反映出臺灣男女平等的精神開始萌芽。因為表現良好的女囝仔也可領有賞狀、級長狀等殊榮，甚至是獲得市長賞狀的榮耀（現今市長獎）（圖50），顯示女子也被鼓勵追求個人的表現與傑出成就，不再如以往被剝奪學習並壓抑自我，這是不同於清代的男尊女卑的差異。游鑑明（1988）亦指出，日治時期公學校學制採兩性單軌學制，同時容納男女童同時就學，就可視為一種對父權主義的解構，雖然當時女性就學率普遍較低，但此

---

[14] 2017年嘉義市大同國小將舉辦百年校慶，朱麗乖校長與黃淑桃主任邀請作者擔任百年校史特刊編輯的顧問。作者也趁勢瞭解該校目前對與日治時期校史史料的保存狀況，可惜保留狀況不甚理想，僅有數本學籍簿、修業臺帳較為珍貴外，關於日治時期的史料幾乎沒有存留。因此朱麗乖校長與黃淑桃主任並與作者商討，希望百年校慶當日可以借用作者關於嘉義市大同國小日治時期的相關文物或文獻作為百年校史室之展覽，讓校友與民眾可以更完備深入的了解大同國小校史之沿革。

圖46 嘉義女子公學校卒業證書
資料來源：作者自行收藏

圖47 嘉義女子公學校精勤賞狀
資料來源：作者自行收藏

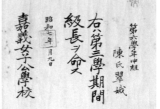

圖48 嘉義女子公學校級長任命賞狀
資料來源：作者自行收藏

圖49 嘉義白川公學校副級長章
資料來源：作者自行收藏

種制度就被視為是挑戰清代女性無受教權框架的象徵。由前述兩種現象，可說明日治時期對臺灣女子教育平等的奠基與挑戰，讓臺灣傳統男女不平等的狀況得到關注與重視。此外，校方也注重和家長的溝通聯繫，透過家庭通信簿（圖51、52），提供管道使家長暸解學生的學習狀況，雙方進行交流互動，而家庭通信簿就是類似今日的「家庭聯絡簿」，有時候又稱為通信箋、通告簿。當時的通信簿功能眾多，上面除了記載學生姓名及歷年各科成績、家長姓名及職業外，尚有記載囡仔每學年的身高、體重、健康檢查、出勤狀況與得獎事蹟等等。

另一方面，校方為了知悉每學年的畢業人數，在學校檔案中均會編列學籍簿及修業臺帳等資料，學籍簿則是與家庭通信簿配合，兩邊的資料內容原則上是吻合一致的。透過學籍簿我們可以知悉學生六年公學校的學習狀況、出席狀況、入學年份、畢業年份、各項成績及家庭的基本資料等（圖53、圖54、圖55、圖56），而修業臺帳則是類似每學年度修課人數的統計名冊記載（圖57、圖58、圖59、圖60），名冊中清楚的記載每位修業人的編號、姓名、修業年份及出生年月日，以確實掌握每學年度修習課程的人數，登載詳細的統計資料並向州政府呈報數據，作為推廣教育普及的具體數據。

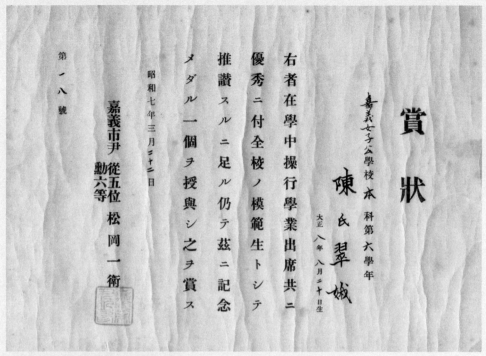

圖50▋嘉義女子公學校嘉義市市長獎賞狀
資料來源：作者自行收藏

圖51▋白川公學校家庭通信簿封面
資料來源：作者自行收藏

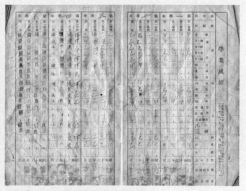

圖52▋白川公學校家庭通信簿內頁
資料來源：作者自行收藏

圖53▌白川國民學校五年義組學籍簿
資料來源：嘉義市大同國小提供

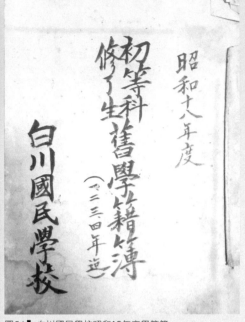

圖54▌白川國民學校昭和18年度學籍簿
資料來源：嘉義市大同國小提供

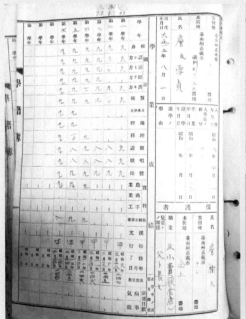

圖55▌白川國民學校學籍簿內頁資料
資料來源：嘉義市大同國小提供

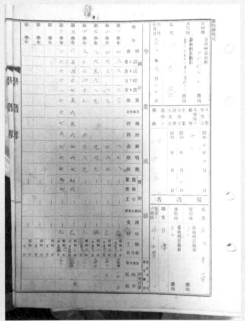

圖56▌白川國民學校學籍簿內頁資料
資料來源：嘉義市大同國小提供

圖57█白川公學校第三學年修業臺帳
資料來源：嘉義市大同國小提供

圖58█白川公學校第四學年修業臺帳
資料來源：嘉義市大同國小提供

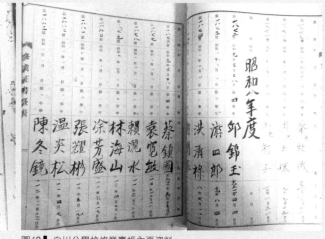

圖59█白川公學校修業臺帳內頁資料
資料來源：嘉義市大同國小提供

圖60█白川公學校修業臺帳內頁資料
資料來源：嘉義市大同國小提供

3.4 走出閨房求學去：
傳統臺灣女性受教的歷史意義與教育啟示

　　日治時期的女子教育打破傳統「女子無才便是德」、女性無受教權的框架，欲培養女性展現其自信美與賢內助的角色，這種教育方式有別於日本領臺前的傳統書房或家庭教育（陳怡君，2008）。而且要女子們不受貧富限制均走出閨房求學，對傳統臺灣的禮俗是一大挑戰，因為清代時期臺灣女性受書房教育的比率低，僅占書房總人數的0.2%（游鑑明，1988）。許佩賢（2016）指出，公學校制度，不分男女皆可入學，但受到社會觀念或經濟狀況限制，女生就學率成長的極為緩慢。游鑑明（1992，2016）更進一步分析指出，因社會傳統和陋習的束縛，例如：「重男輕女」和「男女七歲不同席」等傳統觀念影響，多數家長不願送女童上學；即使上學，也常因各種因素而輟學，例如雨天、節慶假日、交通不便、流行疫病或男囝仔戲弄；部分中下階層的女囝仔則因協助家務或參與勞動生產，經常缺席。曾就讀嘉義女子公學校的詹雪真回憶其一年級對女子就學的感受：

> 小學當老師的好像當時是日本人比較多，臺灣老師比較少。校長也絕對是日校長[15]，沒有臺灣人。……當時男老師比較多，女孩子讓她讀書的很少，家長的觀念就是女的不要再讀那麼多書（郭品瑜，2016，頁13）。

　　由此可知，舊觀念普遍認為女子是附屬品，不需要接受太多的教育，尚有纏足不便外出等原因，所以早期女囝仔就學率不高，即使學校校長、老師們前來家中苦苦勸導，願意送女兒上學的家長仍然少之又少，也因家長不重視女子教育的傳統觀念，故上學後因故輟學或退學的情形，比比皆是（蔡元隆、黃雅

---

[15] 此段訪談內容稍有疑義，因臺籍教師是有可能成為公學校（國民學校）的校長，例如曾於大正12年（1923）至大正13年（1924）服務於臺南州嘉義女子公學校、於臺南州民雄公學校擔任訓導乙職的曾柱，因教學嚴謹、表現良好，於大正14年（1925）被派往臺南州江厝店公學校接任校長乙職（嘉義縣興中國民小學，2015，頁77）。

芳，2014）。

　　日治早期的女子教育核心則是以培養女子貞順溫和的美德，主要在型塑賢妻良母和忠貞不二女國民為主要任務（陳怡君，2008）。直到1920年代大正民主的風潮興起，日本本島與臺灣島內女性意識高漲，更多的臺灣女囝仔接受公學校教育，甚至中等學校教育、師範學校教育的比例也紛紛提高。此時公學校的女生主要學習內容除了修身、國語、數學、科學、體育之外，還增加了唱歌、裁縫、種花及緞帶課程，而增設這些課程的目的則是培養家政科及手藝科的師資，除了彰顯溫柔賢淑的女性特質外，更拓展女子教育的學習廣度，在接受新式教育薰陶下，也不忘維護傳統女子德行的養成（向山斧太郎，1926）。當然隨著殖民政策的改變，進入皇民化時期後的女子教育核心，也隨之更迭，主要的目標是以服務家庭與國家為主，鼓勵婦女走出家庭，揮別過往只為家庭犧牲付出的框架，要與其他婦女共同結盟，成為國家的柔性後盾，以培養「皇國婦女」為圭臬（市川源三，1937；游鑑明，2016），且初等學校的漢語課程全面廢止。惟屏除上述帝國主義與國家政策的影響外，以客觀的角度審視日本殖民臺灣下的女子教育，日本殖民臺灣時主張男女平等，但大多仍固守傳統男主外、女主內之觀念，認為女子讀書後方能有良好之婦德，才能興國齊家、強國強種，在此基礎上即可尊重其人格，並非鼓勵女子與男子齊頭並進，在社會上一爭雌雄（李毓嵐，2009），但女子初等教育的普及確實開創了臺灣女囝仔的新思維，因為劉桂君（2013）認為日治時期的教育成為女性就業上的有力憑藉，擴大臺灣女性知識領域與生活領域，使得女性有機會走出傳統家庭經濟的範圍，爭取就業機會與獨立經濟基礎。又蔡元隆、黃雅芳（2014）在〈日治時期嘉義市的第一所女子公學校：嘉義女子公學校〉乙篇文章中以嘉義女子公學校為例說明，日治時期女子教育的興起，在女權尚未被重視的臺灣社會中，無疑是賦予女子追求學問與新生活的權益與肯定，協助以往只能在家庭中默默付出貢獻的女性，掙脫閨房的桎梏並創造全新的社會價值與地位。在吳致學（2011）與郭品瑜（2016）研究日治時期女子受教經驗的過程中，兩人均指出家庭中父母親的支持與開放性非常重要，有助於女囝仔翻轉人生，以利促成她們的社會流動（social mobility）。爰此，日本殖民臺灣時對臺灣女子教育史有

著不容忽視的貢獻，初等教育對女性知識的啟蒙、眼界的開拓及受教權權益的爭取更有著推波助瀾的突破與影響。

　　此外，以往以男性為主力的社會結構，也因為女子公學校的設立或公學校女性的就讀，培訓了另一批新興的社會主力，為整個社會的運作注入另一股柔性的力量，使以往充滿陽剛氣息的男性社會，增添了女性特有的溫和堅毅，型塑出新時代的社會風氣；而女性透過教育的啟發，也開始意識到自己對社會的重要性，並逐漸掌握自己的人生規劃，打破以往受制於家庭擺佈的傳統命運，擊碎「女子無才便是德」的窠臼，這不啻是臺灣女子教育史的一大里程碑！嘉義女子公學校的設立，正呼應了上述的時代脈動，且在嘉義市這塊土地上，見證記錄了女子教育興盛推動的關鍵歷史時刻！

參考文獻

一、中文文獻

中央研究院近代史研究所（2000）。口述歷史第十期（蘇東啟政治案件專輯）。臺北：作者。

吳致學（2011）。日治時期女子教育之生命史探究。（科技部專題研究計畫成果結案報告編號：MOST 104-2815-C-415-054-H）。臺北：中華民國行政院科技部。

李毓嵐（2009）。日治時期臺灣傳統文人的女性觀。臺灣史研究，16(1)，87-129。

宜蘭縣史館（2012）。阿媽的藏寶盒。2016年11月24日，取自http://ylhm.e-land.gov.tw/exhibition/box/p1.htm

張晉芬（2009）。臺灣女性史入門─勞動篇。未出版。

張淑媚、蔡元隆、黃雅芳（2014）。圖解臺灣教育史。臺北市：五南。

許佩賢（2016）。新教育與新女性的誕生。臺灣學通訊，94，8-9。

郭品瑜（2016）。日治時期女子初等教育之探究：以嘉義女子公學校為例。（科技部專題研究計畫成果結案報告編號：MOST 104-2815-C-415-054-H）。臺北：中華民國行政院科技部。

陳怡君（2008）。日治時期新式女子教育的滲透──以楊千鶴求學經歷為例。臺灣史料研究，31，13-44。

陳淵燦（2007）。古稀述懷。嘉義：作者。

馮偉才（2006）。如何書寫中國女性身體史──從纏足開始。二十一世紀，97，21-127。

陳瑛珣（2014）。開化意識下的日治時期臺灣女子教育政策──以彰化高女為例。藝術與文化論衡，4，91-107。

游鑑明（1988）。日據時期臺灣的女子教育（專刊20）。臺北：國立臺灣師範大學歷史研究所。

游鑑明（1992）。有關日據時期臺灣女子教育的一些觀察。臺灣史田野研究通訊，23，13-18。

游鑑明（1995）。日治時期台灣的職業婦女。國立臺灣師範大學歷史學研究所博士論文，未出版，臺北市。

游鑑明（2016）。女子教育與女性角色多元化。臺灣學通訊，94，4-7。

滝澤佳奈枝撰、曾錦鈺譯（2016）。日治時期女子教育家政科。臺灣學通訊，94，12-13。

嘉義市大同國民小學（1977）。歷屆教師校友名冊。嘉義市：作者。

嘉義縣興中國民小學（2015）。興中百年校史紀錄。嘉義縣：作者。

漢文臺灣日日新報（1923年3月30日）。諸羅特訊／學藝展覽。漢文臺灣日日新報，夕刊4版。

漢文臺灣日日新報（1928年11月2日）。諸羅／女體育會。漢文臺灣日日新報，夕刊4版。

漢文臺灣日日新報（1929年11月25日）。諸羅／女生旅行。漢文臺灣日日新報，8版。

劉桂君（2013）。1960年代《婦友》雜誌建構的現代母職論述分析。國立中山大學傳播管理研究所碩士論文，未出版，高雄市。

劉鳳翰（1997）。日軍在臺灣（下）。臺北：國史館。

蔡元隆、黃雅芳（2014）。日治時期嘉義市的第一所女子公學校：嘉義女子公學校。嘉市文教，82，61-65。

蔡蕙頻（2013）。好美麗株式會社：趣談日治時代粉領族。臺北市，貓頭鷹。

鄭麗玲（2015）。躍動的青春：日治臺灣的學生生活。臺北：蔚藍文化。

戴寶村（2004）。B29與媽祖：臺灣人的戰爭記憶。國立政治大學歷史學報，22，223-275。

羅東鎮公所（2002）。羅東鎮誌・第八篇教育篇。宜蘭縣：作者。

二、日文文獻

市川源三（1937）。女子教育の變遷・新良妻賢母說の根本に就て。臺灣婦人界，4(6)，78-79。

白川公學校（1938）。白川公學校開校二十周年記念誌。臺南州：作者。

向山斧太郎（1926）。發生的教育學說上から見た女子教育（三）。臺灣教育，294，5-9。

佐藤源治（1943）。臺灣教育の進展。臺北：臺灣出版文化株式會社。

宜蘭女子公學校（1939）。創立二十周年記念誌。臺北州宜蘭郡：作者。

泉君の日本語教育史講座（2016a）。台湾公学校名称変遷一覽。2016年11月27日，取
　　自http://www.geocities.jp/idu1952/itiran/itiran1/taipei2.htm

泉君の日本語教育史講座（2016b）。泉君の日本語教育史講座別館〈台湾南部〉
　　（日本時代に開校した台湾の國民小學）。2016年11月27日，取自http://idu230.
　　blogspot.tw/

泉君の日本語教育史講座（2016c）。泉君の日本語教育史講座別館〈台湾北部〉
　　（日本時代に開校した台湾の國民小學）。2016年11月27日，取自http://idu2302.
　　blogspot.tw/

泉君の日本語教育史講座（2016d）。戦前臺南州公学校名称変遷一覽。2016年11月27
　　日，取自http://www.geocities.jp/idu1952/itiran/itiran1/tainan.htm

彰化女子公學校（1937）。創立二十周年記念誌。臺中州：作者。

臺灣日日新報（1917年4月12日）。嘉義新設女公學。臺灣日日新報，6版。

臺灣日日新報（1917年8月21日）。女公校地決定。臺灣日日新報，5版。

臺灣日日新報（1929年2月11日）。嘉義女子公音樂會。臺灣日日新報，5版。

臺灣日日新報（1933年6月2日）。國語講習所開設。臺灣日日新報，3版。

臺灣日日新報（1933年8月31日）。白川校落成祝。臺灣日日新報，3版。

臺灣日日新報（1939年11月17日）。白川公學校運動會。臺灣日日新報，5版。

臺灣日日新報（1939年2月20日）。兒童音樂會。臺灣日日新報，5版。

臺灣日日新報（1942年10月9日）。前線將兵へ／ヨイ子供が慰問金。臺灣日日新報，
　　4版。

臺灣總督府（1912）。臺灣總督府報第87號。臺北州：作者。

臺灣總督府（1922）。臺灣總督府報第65號號外。臺北州：作者。

第四章　升學之外：
北港實踐女學校（1938-1945）

> 「歷史只有在自由的國家裏才得到真實的記錄。」
> ——法國啟蒙時代思想家Voltaire
> （A.D.1694 - A.D.1778）

4.1 瓷碗上的謎團

民國104年（2015）12月6日，作者順利的在雲林縣政府文化處與虎尾鎮公所舉辦的2015雲林研究研討會中，發表了〈日治時期北港女子公學校教育史之研究：兼論北港郡部分初等教育史實之澄清〉乙篇論文。而在研究北港女子公學校校史的過程中，作者發現了一項饒有興味的史實：就是昭和14年（1939）4月5日，北港女子公學校將「北港女子」四個字更換為「宮前」公學校，並遷至現今北辰國小校址。惟在昭和14年（1939）4月5日前，在同一番地，於昭和13年（1938）3月31日成立了「北港實踐女學校」。而令作者備感困惑的是：昭和13年（1938）4月17日《臺灣日日新報》乙篇關於北港實踐女學校[1]的報導僅提及開學典禮的日期與錄取入學之學生人數，卻沒有提及在何地舉辦？是否共用北港女子公學校之校地上課呢[2]？作者查閱了《臺灣省雲林縣志稿・卷五教育志》發現，關於雲林地區實業學校的記載僅羅列北港專修農業學校、西螺專修農業學校、斗南專修農業學校、公立斗六農業實踐女學校、虎尾專修農業學校的相關論述（雲林縣文獻委員會編印，1983），卻獨漏北港實踐女學校之記載，十分弔詭。遺憾的是，竟連雲林縣北港鎮出版的《北港鎮志》也遺漏了北港實踐女學校的存在（雲林縣北港鎮，1989）[3]。

作者爬梳臺灣省文獻委員會編印的《雲林縣鄉土史料》時，發現了北港鎮耆老林良盛的一段話：

---

[1] 日本統治臺灣後，引進近代學校體系，其主要目的是要透過學校教育培養能配合殖民地統治的人，而訓練精熟基層技術人員的實業教育體系，便是其重點之一。大正11年（1922）以後，臺灣的實業教育機關分為實業學校與實業補習學校兩類（許佩賢，2016，頁20）。許佩賢（2016，頁20）研究指出，實業補習學校主要有農業、漁業、工商及家政等數類，修業年限一年至三年皆可，工業、商業、水產業的補習學校基本上不收女生；部分農業補習學校男女兼收，但女生人數並不算多；而「家政女學校」則是專以女性為對象的實業補習學校。昭和8年（1933）至昭和18年（1943）家政女學校共設立30所學校，昭和18年（1943）招收女學生超過6,000人，女子大量進入實業補習學校，成為這時期實業補習學校成長的一大特色（范燕秋，2016，頁7）。

[2] 關於詳細的北港實踐女學校創立時之校址將於結果與討論說明之。

[3] 經作者爬梳與系統化整理各類史料後，得知正確之校史名稱演變，應為昭和13年（1938）3月31日，北港實踐女學校；昭和16年（1941）4月1日，北港家政女學校；昭和20年（1945）4月1日，北港農業實踐女學校。內文則隨年份不同，所論述的校名也隨之不同，在此合先敘明之。

此家政女光復後改為北港初中。昭和16年，成立「北港專修農業學校」，剛開始是借用北港女子公學校[4]上課，後在郊區購11甲建校舍，昭和17年才遷入新校上課（臺灣省文獻委員會編印，1998，頁256）。

依據上述史實推斷，雲林縣立北港國民中學的前身是否為北港實踐女學校（北港家政女學校）的謎團（圖61），答案已昭然若揭，再加上雲林縣立北港國民中學出版的《創校五十周年紀念專輯》，曾記載光復後有三屆北港女子家政職業學校畢業生（雲林縣立北港國民中學，1996），這三屆應該就是日治時期昭和18年（1943）至昭和20年（1945）北港家政女學校（北港農業實踐女學校）的入學學生。而由雲林縣立北港國民中學提供的資料來合理推論，圖62、圖63是學校送給畢業學生的紀念碗，烙印著「北港家政女」的字樣。換言之，雲林縣立北港國民中學本身是承認「北港家政女」的前身校史，且在校史的介紹上出現了：「該校設自日據時代，原名稱為北港家政實踐女學校」（雲林縣立北港國民中學，1996，頁1）[5]。此外，由本文的受訪者林兼子（陳玉霞）提供民國89年（2000）北港家政女學校歷屆同學會暨上原春子歡迎會合照顯示地點為雲林縣立北港國民中學，主要是要舉辦北港家政女學校歷屆的同學會，即歡迎日治時期任教於北港家政女學校的日籍教師上原春子返臺（圖64）[6]。由校方兩項強而有力的證據及三位畢業校友的口述資料佐證，作者認為北港實踐女學校（北港家政女學校）確實就是雲林縣立北港國民中學之前身無誤。

惟矛盾的是雲林縣立北港國民中學的網頁校史沿革與《創校五十周年紀念

---

[4] 正確說法應該是借用宮前公學校，而非北港女子公學校，因為昭和14年（1939）4月5日，北港女子公學校將「北港女子」四個字更換，改稱為宮前公學校且變為男女合校制，並遷至現在北辰國小校址。而舊校址則由北港家政女學校接管，並由日籍的轟武兼任校長乙職。參見黃雅芳、蔡元隆（2015年12月）。日治時期北港女子公學校教育史之研究：兼論北港郡部分初等教育史實之澄清。論文發表於「2015雲林研究研討會」，雲林縣。

[5] 此外，該日治時期校史記載經作者內部考證及外部考證後發現「北港家政實踐女學校」，應為錯誤之校名。

[6] 作者查閱臺灣總督府職員系統上資料顯示上原春子於昭和17年（1942）至昭和19年（1944）任職於臺南州北港家政女學校（臺灣總督府，1942，頁641；1944，頁254）。因臺灣總督府職員系統缺漏了昭和18年（1943），惟作者另行向其他兩位受訪者詢問是否有被上原春子教授過，受訪者林彩霞及陳素蘭均異口同聲的稱讚上原春子教學認真也對她們疼愛有加。由此可知悉上原春子昭和20年（1945）仍有任職於臺南州北港家政女學校。

圖61 ▌ 民國41年（1952）北港中學一年甲班合照
資料來源：林兼子提供

圖62 ▌ 送畢業生的瓷碗
資料來源：雲林縣立北港國民中學提供

圖63 ▌ 送畢業生的瓷碗反面烙印「北港家政女」
資料來源：雲林縣立北港國民中學提供

專輯》卻矛盾的記載著：「本校創立於民國35年（1946）4月」（雲林縣立北港國民中學，1996，頁1；雲林縣北港鎮，1989，頁478）。此番說明著實令人霧裡看花；再者，雲林縣政府出版的《從笨港到北港》及雲林縣北港鎮出版的《北港鎮志》兩本書籍的內文中，也明確的指出，雲林縣立北港國民中學創校於民國35年（1946）4月，並未從北港實踐女學校時期開始定位該校的歷史座

圖64 民國89年（2000）北港家政女學校歷屆同學會暨上原春子歡迎會合照
資料來源：林兼子提供

標（雲林縣政府，2002）。泂然，上述的錯誤記載讓北港地方教育史蒙上定位不明的陰影，甚為可惜[7]。

《臺灣日日新報》有一則新聞報導，該報導指出，昭和16年（1941）4月19日的上午10時，臺南州北港專修農業學校商借北港家政女學校的講堂舉辦開學典禮（臺灣日日新報，1941年4月19日）。由上述的報導可再次確認，北港家政女學校成立的時間比北港專修農業學校（現今國立北港高級農工職業學

---

[7] 作者曾委託雲林縣立水燦林國民小學蔡幸伸校長，前往雲林縣立北港國民中學向當時校長梁恩嘉（現任雲林縣教育處處長）請益並協尋該校是否留有相關的日治時期史料，卻發現北港國民中學歷年來對史料保存重視程度有限，加上史料流傳下來的屈指可數且保存不易，所以校方的日治時期史料寥若晨星，連最基本的學生資料—「學籍簿」也不知流散何處，甚為可惜。

校）更早，所以在時間軸上北港家政女學校是確實存在的。爰此，北港家政女學校究竟是不是雲林縣立北港國民中學的前身？成為北港國民中學校史的一大謎團。是當時編寫雲林縣志的人員未蒐集完整的史料而缺漏未記載？還是當時北港遭受美軍強烈轟炸，而導致許多日治時期的一手史料燒毀殆盡而中斷歷史的軌跡？抑或是光復初期刈除皇民化政策而導致史料的銷毀呢？上述疑問，臺灣師範大學臺灣史研究所許佩賢教授的一番話，或許可以提供一番合理的解釋：她指出，實業補習學校資料稀少的主因是因為這些學校多是由市街庄或市街庄組合設立，比起臺灣總督府層級或州廳層級，街庄層級的資料更不容易留存，因此留有許多空白（許佩賢，2013，2015）。作者認為惟有為雲林縣立北港國民中學「正名」其前身即為「北港實踐女學校」，還原歷史的真相，才能讓北港的教育史實得以澄清與修正。

　　2014年12月，許佩賢教授在「臺灣史研究的回顧與展望研討會」中發表乙篇論文指出，學校作為執行國家教育政策的機構，是教師實踐教育理念的場域，也是學生學習的具體空間，不論從哪一個角度來說，學校史必然是教育史研究關注的重點，學校史的研究，其實並不只是做一個學校的研究，而應該要問為什麼要做這個學校的研究：研究者希望透過這個學校的研究，回答什麼問題。但是，很多校史研究，經常忽略這個根本的問題（許佩賢，2014，12月）。故本文將以文獻分析法及口述歷史[8]，針對日治時期北港實踐女學校提出三個方向進行瞭解：一、日治時期北港實踐女學校的歷史沿革（修正與澄清錯誤校史）與校名變遷順序為何？二、校園中與師生的微觀互動、學習課程內容、校園活動為何？三、北港實踐女學校的學生入學、畢業狀況及在畢業後的就職狀況？

---

[8]　雖然本文的口述歷史受訪者僅有三名，在信度與效度方面可能備受質疑（因協尋過程十分艱辛，原因說明詳見註解20），惟作者希冀以初探的方式針對北港實踐女學校作一個前導性的初探研究，以作為該校校史澄清與修正的論述基礎，日後若有機會仍可透過更多畢業的校友口述訪談，補足更完備的校史史實。

4.2 「北港實踐女學校」時期的校園生活

一、校園概況

昭和13年（1938）5月1日，由市街庄組合共同決議設立「北港實踐女學校」，昭和13年（1938）4月17日一則《臺灣日日新報》新聞報導：本年度新設立的北港實踐女學校將於5月1日落成，預定在5月22日上午10時舉行開學典禮，屆時學生將協同監護人一起前往辦理報到手續。因原預定錄取的學生數為40名，惟報名人數遠遠超過，所以將在4月16日上午10時舉行入學考試，放榜後，錄取考試人員計有陳玉霞、田中靖乃等臺日籍女學生共47人通過入學考試，分別為有臺籍女學生42人，日籍女學生5人（臺灣日日新報，1938年4月17日；臺灣日日新報，1938年4月20日）。而受訪者的林兼子（陳玉霞）即為北港實踐女學校第一屆錄取人數47人的其中一人。

北港實踐女學校原先預定在昭和13年（1938）5月22日借用「北港女子公學校」場地舉辦開學典禮[9]，提前至5月11日上午11時盛大舉行開學典禮（圖61）[10]，由臺南州知事川村直岡、北港郡郡守竹中憲二及北港街街長佐佐木高景等來賓一同出席。依據臺灣公立實業補習學校規則規定，實業補習課程要教授女性學習日常生活必要的知識與技能，及國民生活必需的基礎教育養成，並兼具婦德的涵養（臺灣日日新報，1938年5月13日）。實業補習學校的學制可以讓學生選讀自己日後想從事的職業相關訓練或學習課程，而且學費比一般中等學校便宜（臺灣總督府文教局，1938）。

由圖65的昭和13年（1938）5月11日開學典禮大合照中清楚知悉，確實共有47名女學生入學，與臺南州教育課《昭和十三年版・臺南州學事一覽》的官方統計數字一致（臺南州教育課，1938）。作者經考據相關資料與林兼子（陳

---

[9] 作者訪談北港實踐女學校第一屆的林兼子（陳玉霞），她指出當時確實是在北港女子公學校內上課。爰此，確認圖65拍攝的地點是在北港女子公學校裡面（現今雲林縣北港高級中學內）。

[10] 關於原先預定5月22日舉辦開學典禮，後提前至5月11日之原因未有相關資料記載之。

圖65▌昭和13年（1938）5月11日開學典禮大合照
資料來源：北港文化工作室提供

玉霞）訪談後確認後，圖65中的教職員，右一為小堀增子，右二為宍戶忠雄，
右三為轟武，右四為曾人楷，右五無法確認身分，有可能是臨時雇教員。而林
兼子（陳玉霞）也順利的在圖65中發現其荳蔻年華的身影。其位置於最前排往
後數三排，左邊算起第八位即為林兼子（陳玉霞）本人。

　　關於北港實踐女學校的設立原因，有一段官方史料未記載的趣談，北港鎮
的耆老呂雲騰指出：

> 北港實踐女學校成立有一段曲折，當時曾人潛、蘇顯藜為官選之臺南州
> 評議員。他們二人認為北港文風很盛，要讀中學就得坐火車花一小時
> 去嘉義讀，很不方便，地方人士也陳情多年設校，但多無結果。後來他
> 們二人與臺南州知事鬧翻、拍桌，一氣就坐車回北港。知事怕他們二人

將來在評議會上反對議事，就請郡守來向他們致歉，並答應明年先設女校。所以北港實踐女子學校能設立，此二人是大功臣。此所學校不只是嘉惠北港，連鄰近的新港、溪口、六腳、元長等地也來讀（臺灣省文獻委員會編印，1998，頁256）。

由上述呂雲騰耆老的敘述內容，可以大約推知曾人潛、蘇顯黎與臺南知事爭執的時間應為昭和12年（1937）3月底前，因為北港實踐女學校在昭和12年（1937）3月31日通過設立許可（臺灣日日新報，1938年5月13日），所以昭和13年（1938）3月6日在北港女子公學校舉辦家長會及畢業典禮，並討論北港實踐女子學校設置與校舍移撥事宜[11]，且預計於昭和13年（1938）5月11日開學典禮，該學校將成為北港郡女子教育的最高教育機構（臺灣日日新報，1938年3月8日）。

在臺灣清治時期的傳統觀念中，女性幾乎都被視為男性的附屬品，婚前附屬於父母親，婚後則屬於夫家，所以地位很卑微，但多數的女性的「不受教」並非拒絕受教，而是她們沒有教育的環境與觀念（蔡蕙頻，2013）。由於舊觀念普遍認為女子是附屬品，不需要接受太多的教育及纏足不便外出等原因，所以早期公學校女囝仔就學率不高，即使學校校長、老師們前來家中苦苦勸誘，願意送女兒上學的家長仍然少之又少，故上學後因故輟學或退學的情形，比比皆是（蔡元隆、黃雅芳，2014）。直到1920年代大正民主的風潮興起，日本本島與臺灣島內女性意識高漲，更多的臺灣女囝仔接受公學校教育，甚至中等學校教育、師範學校教育的比例也紛紛提高（黃雅芳、蔡元隆，2015年12月）。實踐女學校性質上屬於「實業補習學校」，修業年限為2至3年。其教育目的在於緩和女性升學競爭的壓力，同時期望能發揮安定社會、加速同化的作用，因此課程偏重禮儀、才藝或技藝訓練及衛生觀念知識。由於教學內容貼近生活，

---

[11] 北港實踐女學校的校地，原為北港女子公學校的校地，直到昭和14年（1939），該管轄區的學齡兒童增加及學區重新劃分，改採兼收男囝仔，所以興建新校區的校舍，昭和14年（1939）4月5日，將「北港女子」四個字更換，改稱為宮前公學校且改為男女合校制，並遷至現在北辰國小校址。參見黃雅芳、蔡元隆（2015年12月）。日治時期北港女子公學校教育史之研究：兼論北港郡部分初等教育史實之澄清。論文發表於「2015雲林研究研討會」，雲林。

吸引不少人報考（蔡元隆、張淑媚、黃雅芳，2016年6月）。所以北港實踐女學校的設立顯示出北港地區女子教育的進步，北港鎮的耆老林良盛指出：

> 北港實踐女學校是在昭和16年，改為「北港家政女學校」。在日據時期，能就讀此校就等於今國中，女生能讀家政就很了不起，很受人敬慕。（臺灣省文獻委員會編印1998，頁256）

　　由此可知北港實踐女學校的設立賦予北港地區的女性更方便、更高階的受教機會，使她們不必如呂雲騰耆老所言，想接受更高一等的教育，還需花費一個多小時的車程從北港來到嘉義就讀。

二、裁縫課程與修學旅行的經驗

　　昭和13年（1938）10月29日晚上7時30分，在北港女子公學校的講堂裡，由臺南州北港實踐女學校、北港女子公學校、幼兒講習所與北港女子青年團共同舉辦慰安音樂會（臺灣日日新報，1938年11月1日）。昭和14年（1939）4月5日，北港女子公學校遷往現今雲林縣北港鎮北辰國民小學現址，並將原北港郡北港街1164番／3之校址交由北港實踐女學校接收與管理。圖66為昭和13年（1938）第一屆北港實踐女學校裁縫課程的照片，因實踐女學校習得的技能，不外乎是以烹飪、裁縫、家事為主的課程內容，作者撰寫〈日治時期嘉義家政女學校校園生活之研究〉一文時，訪談該校的臺、日籍畢業生均有提及，曾參加日式和服裁剪競賽與示範製作和服的學藝會，並且《臺灣日日新報》也曾記載過。惟因《臺灣日日新報》未有任何的北港實踐女學校裁競賽相關報導及記載，甚為可惜，僅有此張照片佐證當時的課程圖像，而關於北港實踐女學校的裁縫課程，林兼子（陳玉霞）回憶指出：

> 課程內容有教洋裁、日裁、插花、裁縫、烹飪等等很多樣的課程，都是由日籍教師教授課程的。小堀增子是教我們做衣服、繡花課程。宛

圖66 昭和13年（1938）北港實踐女學校第一屆裁縫課程照
資料來源：北港文化工作室提供

戶忠雄是教我們國語（日語）課程。轟武校長是教我們修身課程。
（A-1）

接著她針對自己非常有興趣的裁縫課程比手畫腳的說：

裁縫課時，會先製圖、畫圖再打版型，尺寸要自己量測，例如一個小鐵
環圈圈要很整齊的對齊，然後穿過小圈圈才能工整的縫紉出漂亮的裁
線。課程中每一個人要縫紉製作一套日式和服，都是由自己親手完成，
完成作品後，大家會穿上自己製作的和服作品，然後拍一張大合照。
（A-1）

許佩賢以臺北市立家政女校課程時數與內容為例指出，家政女學校（實踐女學校）課程中每週33小時中，有將近一半是裁縫手藝、家事，因為家政女學校的名稱，可以得知其與正規升學管道的高等女學校之間，兩者的區隔在於家政女學校著重家事課程；「實踐女學校」的「實踐」二字，事實上也在強調其教學目標：比起抽象的知識，更重視實際操作的課程，兩者具有同樣的意涵（許佩賢，2013，2015，2016）。圖66就是北港實踐女學校裁縫課程課後作品合照的寫真照片，而林兼子（陳玉霞）也指出照片中的男、女老師為分別為宍戶忠雄與小堀增子，她本身在圖66中的的位置為第二排左邊算起第五位，亦即在小堀增子的左邊。

　　接著，林兼子（陳玉霞）指出，小時候父親是巡查（警察）（圖67），家境小康，衣著皆有一定水準，但是她們的學校制服卻幾乎是自己一針一線縫紉完成（圖68）：

　　　　我們教室內有十五臺的ミシン（縫紉機），上課時大家輪流使用。我們學校制服都是老師教導我們，再由我們一針一針縫製出來的，連裙子也都是出自我們的巧手，只有腳上穿的女用皮鞋是向外面商家購買。（A-1）

而陳素蘭也說：

　　　　那時候有一間教室專門放縫紉機，大約有十多臺，上裁縫課時，同學都會集中到那間教室上課，學校的制服是學校日籍老師教我們制作出來的，當時非常有成就感，除了學裁縫外，還會學插花，我的插花技術也是很專業的（圖69圖、70、圖71、圖72、圖73）。（C-1）

　　由此可明確知悉北港實踐女學校的課程實用性相當高，讓女性畢業後就算不步入職場，透過實踐女學校所教授的實用技能，也能協助選擇步入家庭的女學生，立即勝任主婦職務並成為賢妻良母的典範（許佩賢，2015；臺灣日日新報，1937年3月16日；臺灣日日新報，1938年3月15日）。

67	68
	69

圖67▌昭和13年林兼子與父親合照
資料來源：林兼子提供
圖68▌昭和13年冬季一年級林兼子與同學合照
　　　（右者）
資料來源：林兼子提供
圖69▌北港家政女學校裁縫課及烹飪課
資料來源：陳素蘭提供[12]

---

[12] 關於陳素蘭提供之圖片為其自己在昭和18年（1943）3月，北港家政女學校第三回的紀念寫真帳
　　（卒業寫真帖）之內文圖片。

圖70▐ 北港家政女學校和服的姿態學習
資料來源：陳素蘭提供

圖71▐ 北港家政女學校裁縫品及插花展示
資料來源：陳素蘭提供

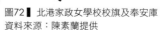

圖72▐ 北港家政女學校校旗及奉安庫
資料來源：陳素蘭提供

知識小學堂

　　奉安庫又稱奉安箱或奉安櫃，是存放御真影（日本天皇及皇后的照片）、教育敕語的保管庫。遇到重大節日才會將御真影懸掛出來展示。

圖73▋昭和15年北港家政女學校家事課程
資料來源：北港文化工作室提供

　　日治時期的畢業旅行稱為「修學旅行」，是開拓學生視野的重要管道，也是一種學校活動的延伸，經由修學旅行可使學生的足跡遍及各地，最終目的是讓課堂所學之平面知識立體化。同樣地，關於北港實踐女學校的記載，在《臺灣日日新報》的報導亦無相關報導與記載。從圖片74中標註「祝山」的2,504米的海拔地標，應可以合理的推斷為北港實踐女學校至阿里山修學旅行時所拍攝的照片[13]。惟林兼子（陳玉霞）對至阿里山修學旅行的出遊一事的記憶模糊，她指出：

---

[13] 上述的圖65、圖66、圖74均由臉書上同一人提供，惟作者認為圖74不一定是昭和13年（1938）第一屆北港實踐女學校的學生。理由如下：第一，林兼子（陳玉霞）也對阿里山修學旅行出遊一事模糊，亦無法從照片中確認自己是否在照片裡面。第二，陳素蘭所提供的卒業寫真帖中的照片及她本身的回憶，也沒有顯示曾經去過阿里山的經驗。爰此，作者為求史實的客觀性，無法明確判斷並下結論該張照片為哪一屆之學生。

我們原本卒業修學旅行是要去日本內地，就讀北港實踐女學校時，三年間，幾乎是每個月都會繳交10圓的公基金作為日後赴內地的旅費。但是後來開始大東亞聖戰（第二次世界大戰），所以後來就取消赴日本內地修學旅行。（A-1）

不過，林兼子（陳玉霞）卻回憶指出二年級遠足旅行去過的地方，她說：

我們修學旅行是坐糖廠的小火車去鹿麻產（現今嘉義縣鹿滿鄉），那邊有一條溪流，旁邊都是小碎石子，水潺潺的流過，風景非常漂亮。（A-1）

陳素蘭回憶指出：

我們要畢業時，有去北部跟南部修學旅行，聽說以前學姐要去內地（日本本島）修學旅行，但因開始戰爭了，所以就取消赴去內地修學旅行。後來都在臺灣島內修學旅行去臺北、臺中、烏山頭旅行（圖75、圖76）。（C-1）

從上述林兼子（陳玉霞）與陳素蘭的回憶中可以知悉，實踐女學校原有的修學旅行規劃是要赴日本內地進行的，惟因中日戰爭已經如火如荼的開打，加上當時的政策修正，所以才會取消。而對於修學旅行的體驗與感受，除了提供學生體驗近代休閒活動的功能外，當然也包含了增廣見聞與吸收新知的教育目的（林雅慧，2010）。服務於桃園廳桃園公學校的日籍教諭增永吉次郎在當時著名的《臺灣教育》所發表的〈修學旅行中の兒童の所感〉一文中指出，在修學旅行中囡仔所看到及體驗的事物，都是課本知識感受的回顧，這些感受帶給囡仔知識的滿足與體魄的鍛鍊，確實有助他們視野的開拓（增永吉次郎，1912）。而徐佑驊、林雅慧、齊藤啟介（2016）認為，近代學校的建立，在舉辦修學旅行活動，本質上就是國家權力介入的一種，目的是為了從內（意識）

74
├─ 75
└─ 76

圖74▋ 昭和13年（1938）北港實踐女學校阿里山
　　　修學旅行照
資料來源：北港文化工作室提供
圖75▋ 臺北修學旅行
資料來源：陳素蘭提供
圖76▋ 烏山頭旅行
資料來源：陳素蘭提供

而外（身體），將個人形塑成「國民」的過程，殖民者透過了國家權力建立近代學校，以集體教學的方式建立「規律、服從」的新意識。

三、薙刀操演與歡送出征軍人

依據文獻記載，弓道與薙刀是實業學校或家政女學校常見的體育競賽與戰事防身（孫祖玉、林品章、林廷宜，2014）。而薙刀是一種長柄大刀（圖77），女學生使用的是木製棍棒而不是真刀；女子的體育活動方面，則多了薙刀、射擊、弓道或強化健行等體能上的訓練，且在訓練時，無論師生一律赤足（游鑑明，2000）。學習薙刀道的目的是為養成日本的武士人格，薙刀的學習階段分有薙刀術的修練、身心的鍛鍊修養及德性的涵養（森美惠子，1937）。

作者統計大日武德會本部雜誌部出版之《昭和十二年武道範士教士鍊士名鑑》一書中，發現關於進階薙刀課程的教學人員，比起劍道、柔道、弓道等可說是屈指可數。不僅只有14名薙刀的範士、教士與26名的鍊士分配至日本本土之外的地區（包括朝鮮、滿洲、中國地區等），對臺灣地區更是僅指派1名高段位指導者（平岡勇三，1937）。臺灣這位唯一的薙刀教師森美惠子，也是日本本島之外唯一的1名薙刀教師任職於臺北市第二高等女學校（高木正信，1933）。而關於薙刀學習的經驗，林兼子（陳玉霞）回憶著說：

> 有教授なぎなた（薙刀），是一種長長的刀子，我們入學後一年級時就有教導我們，讓我們學習，大家排成一列，然後兩個兩個人排在一起互

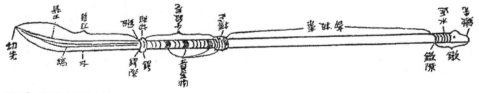

圖77▌薙刀的各部位名稱
資料來源：森美惠子（1937，頁86）

相練習砍殺，是我們學校的舞蹈女老師自己教的。上衣著日式衣服，穿
著大長黑裙。（A-1）

陳素蘭亦說：

なぎなた（薙刀）我也有學過，是學校日籍女老師教授的，那時候聽說
女學校的學生都要學なぎなた（薙刀）來保護自己。所以我很認真學
習。（C-1）

此外，女學生在師範學校、高等女學校及實業學校，有加授弓道和薙刀等
規定（蔡禎雄，1998）。但林兼子（陳玉霞）卻指出：

北港實踐女學校沒有弓道的課程，只有なぎなた（薙刀）課程，弓道是
男校才會有的課程。（A-1）

同樣的陳素蘭也指出：

印象中北港實踐女學校沒有教導我們弓道課程，我們只有學習なぎなた
（薙刀）課程。（C-1）

由於日治末期戰時的需要，女子實業學校中，規定於正科課程教授長柄
大刀（薙刀）課程（繩田忠雄，1938）（圖78），中學女學生的體能訓練由競
技訓練進入國防軍事訓練，至中日戰爭日趨緊張後，國防訓練的對象更擴及初
等學校的女學生。女學生的軍事訓練以防衛性居多（圖79），其中教導女學生
練薙刀便是不少學校的重要訓練（游鑑明，2000）。因此日治後期的體育講習
會才會將薙刀項目列入體鍊科（臺灣日日新報，1943年9月2日）。但對林兼子
（陳玉霞）的經驗而言，她並沒有弓道的學習經驗。

而隨著南洋戰事的日趨激烈，北港街上陸續有日本人被征召前往戰場，林

圖78▌1938年北港實踐女學校薙刀隊　　圖79▌北港家政女學校防火演練
資料來源：呂素麗（1995年10月2日）　　資料來源：呂素麗（1995年10月2日）

兼子（陳玉霞）回憶著說：

> 我們讀書那時候，學校的男老師都沒有被徵調出征去，因為那時候戰爭
> 還沒有很白熱化，但是後來聽說有男老師陸續被徵調上戰場去打仗。
> 那時候我們女學生沒有主動幫忙街庄上的事務，也沒有寫慰問信給軍人
> 鼓勵他們，但是有人要出征時，我們學校的老師會帶著我們列隊在街上
> 等著出征軍人，我們會搖晃著日本小國旗，歡送他們入營當兵去。那時
> 候男生出征，都要祝賀他們出征，我們都要吃白飯然後上面有一顆紅色
> 梅子的便當，不過我媽媽都會在飯底下幫我偷偷藏肉燥。因為老師會檢
> 查，不可以亂加菜。（A-1）

陳素蘭回憶其剛就讀北港實踐女學校一年級時：

> 那時候學校還沒有濃厚的戰爭煙硝味，我們還是一樣正常上課，但有時
> 候會有防災演練，徵召軍人出征是後期的事，不過當時就都會有一些軍
> 事相關活動，例如體操、種田農事、軍人戲劇、精神動員信心喊話或資
> 源回收愛國運動等（圖80、圖81、圖82、圖83）。（C-1）

圖80 ▌ 北港家政女學校體操與農事
資料來源：陳素蘭提供

圖81 ▌ 北港家政女學校針供養餘興
資料來源：陳素蘭提供

圖82 ▌ 昭和15年北港劇場（金屬）物質總動員宣導活動
資料來源：北港文化工作室提供

圖83 ▌ 北港愛國婦人會在北港推動愛國資源回收運動
資料來源：北港文化工作室提供

　　昭和16年（1941）林兼子（陳玉霞）於北港實踐女學校畢業的時候，當時征召入伍的臺日籍民眾並不多，但隨著昭和17年（1942）12月7日，日本偷襲珍珠港後，同年12月8日美國以支持同盟國的立場宣布加入第二次世界大戰，並正式對日本宣戰，此時臺灣的人民，因日本帝國主義的作祟正一步步被推向戰爭的可怕深淵。

四、學校教職員額編制與學生數

　　昭和14年（1939）北港實踐女學校舉行入學考試，而通過考試的人總計有李月春、上田和子等臺日籍女學生42人，其中臺籍女學生41人，日籍女學生1

人，入學典禮將於7日上午10時舉行（臺灣日日新報，1939年4月7日）。又於昭和15年（1940）4月3日，北港實踐女學校舉行入學考試，而通過入學考試的人總計有李碧蓮、林素貞等45人全數為臺籍學生（臺灣日日新報，1940年4月7日）。

　　作者爬梳臺灣總督府各年度出版的《臺灣總督府及所屬官署職員錄》及臺南州教育課各年度出版的《臺南州學事一覽》。整理出關於昭和13年（1938）至昭和15年（1940）北港實踐女學校的教職員名冊，如表4所示。

表4｜昭和13年（1938）至昭和15年（1940）北港實踐女學校的教職員名冊

日期	職稱	姓名	單位
昭和13年（1938）	學校長	轟武	臺南州北港實踐女學校
昭和13年（1938）	助教諭	宍戶忠雄	臺南州北港實踐女學校
昭和13年（1938）	囑託	曾人楷	臺南州北港實踐女學校
昭和13年（1938）	助教諭心得	小堀增子	臺南州北港實踐女學校
昭和14年（1939）	學校長	轟武	臺南州北港實踐女學校
昭和14年（1939）	助教諭	宍戶忠雄	臺南州北港實踐女學校
昭和14年（1939）	囑託	曾人楷	臺南州北港實踐女學校
昭和14年（1939）	教員心得	入佐房江	臺南州北港實踐女學校
昭和14年（1939）	教員心得	川田キクエ	臺南州北港實踐女學校
昭和15年（1940）	學校長	轟武	臺南州北港實踐女學校
昭和15年（1940）	教諭	入佐房江	臺南州北港實踐女學校
昭和15年（1940）	教諭	川田キクエ	臺南州北港實踐女學校
昭和15年（1940）	助教諭	宍戶忠雄	臺南州北港實踐女學校
昭和15年（1940）	囑託	曾人楷	臺南州北港實踐女學校

資料來源：作者整理自臺灣總督府臺灣總督府（1938，頁645；1939，頁694；1940，頁557）[14]。

---

[14] 人員名冊為每個年度的6月份造冊，人員名單自當年度7月1日起。依據臺南州出版的《臺南州統計要覽（昭和十三年版）》統計資料指出，至昭和12年（1937）4月底止全校教員有7人。臺籍學生115人，日籍學生32人。本年度入學49人，前年度畢業生41人。參見臺南州（1938，頁11）。臺南州統計要覽（昭和十三年版）。臺南州：臺南市。而作者依據內部考證：一，昭和12年（1937）北港實踐女學校尚未成立。第二，其在學人數與前年度畢業生數根本違背常理，第一年設立何來畢業人數？有鑑於此，臺南州編的統計數據應該是錯誤的記載。又依據臺南州出版的《臺南州統計要覽（昭和十四年版）》指出，至昭和13年（1938）4月止的資料與昭和13年（1938）臺南州教育課

此外，關於北港實踐女學校昭和13年（1938）至昭和15年（1940）的學校教職員額編制及學生入學統計資料，如表5所示。

表5｜昭和13年（1938）至昭和15年（1940）學校教職員額編制及學生入學統計資料

		昭和13年（1938）	昭和14年（1939）	昭和15年（1940）
所在地		北港郡北港街	北港郡北港街	北港郡北港街
修業年限		3年	3年	3年
年級數		1	2	3
職員	校長	1	1	1
	教諭	0	0	2
	助教諭	1	1	1
	其他	1	1	0
在學數	日籍生	5	6	2
	臺籍生	42	81	126
年度入學	日籍生	5	0	0
	臺籍生	42	42	47
畢業	臺籍生	0	0	0
	日籍生	0	0	0

資料來源：作者整理自臺南州教育課（1938，頁6；1939，頁6；1941，頁7）[15]。

在臺南州教育課的年度入學統計表中與《臺灣日日新報》的入學數只有昭和13年（1938）至昭和14年（1939）一致，而昭和15年（1940）就有出入，作者認為應以臺南州教育課的統計資料為準，因為《臺灣日日新報》雖然是官方報紙，惟其資料之引用來源不一，若有錯誤或漏寫，仍然需以官方的入學資料為準。

出版的資料一致。參見臺南州（1939，頁11）。臺南州統計要覽（昭和十四年版）。臺南州：臺南市。臺南州（1938，頁6）。臺南州統計要覽（昭和十三年版）。臺南州：臺南市。
[15] 統計資料至當年度的4月底止。

4.3 「北港家政女學校」
與「北港農業實踐女學校」時期的校園生活

一、校園概況

　　昭和15年（1940）8月18日上午6時，為鍛鍊國民的身心，鼓勵北港街上的民眾們在炎熱太陽下徒步旅行，預定從北港徒步至三條崙海水浴場（臺灣日日新報，1940年8月15日）。此外，北港郡當局也要求郡下的各街庄實施一般防空基本演練，如使用警報器傳達、通信、燈火管制等諸項演練，必要時將實施政策管制並對交通作整頓，讓民眾了解燈火管制的目的（臺灣日日新報，1939年9月19日）。此時臺灣總督府已經漸漸對臺灣宣布夜間管制令，並將臺灣作為東亞聖戰的補給站與後勤支援。昭和17年（1942）《臺灣日日新報》一則報導指出，北港郡的學校、相關單位及北港家政女學校均熱烈且忠誠的參與國防獻金奉獻給臺灣總督府軍司令部，而北港家政女學校師生也奉獻了國防獻金15圓82錢予臺灣總督府軍司令部（臺灣日日新報，1942年5月17日）。當時就讀於北港家政女學校二年級時的陳素蘭指出：

> 那時候學校會與北港女子青年團合作製作一些小生活飾品來販賣，買得
> 的錢會奉獻給街庄的長官。聽說是要轉交給皇軍買子彈的。偶爾還要配
> 合防空演習跟幫助街庄民眾烹調或裁縫之類等。（C-1）

　　臺南州北港郡皇民奉公會支會為確實落實婦道，配合北港郡中未婚的女青年隊員，由北港家政女學校的教員進行訓練講話、操練、唱歌、防空練習、急救療法、烹調實習、家政工作等相關實習的指導工作（臺灣日日新報，1944年2月8日）。昭和18年（1943），閣議決定「關於教育的戰時非常措置方策」，規定昭和19年（1944）起，男子商業補習學校轉成工業補習學校、農業補習學校或女子商業補習學校，若不能轉換者則縮小規模。在此政策下，臺灣各地的

實業補習學校開始轉變（許佩賢，2013）。昭和20年（1945），多數家政女學校皆改為農業實踐女學校，以配合帝國戰爭所需之人力及物力調配（臺灣日日新報，1944年1月31日）。昭和19年（1944）4月1日起，原本的「北港家政女學校」也按臺灣總督府的規定更名為「北港農業實踐女學校」。林彩霞指出：

> 昭和19年4月以前都還稱北港家政女學校，那一年畢業的學姐卒業證書上，都還是印「北港家政女學校」，後來我考時就改為「北港農業實踐女學校」，我一度以為是寫錯校名，隔年的三年級畢業的學姊畢業證書上是「北港農業實踐女學校」，後來才知道是臺灣總督府的意思。（B-1）

而陳素蘭也說：

> 我昭和18年3月畢業時學校還是稱「北港家政女學校」，但後來昭和20年聽說要配合相關的國家政策，要後勤的皇民也投入戰爭共赴國難，要增加農業生產人才或技術人才，所以就改成「北港農業實踐女學校」。（C-2）

關於「北港農業實踐女學校」名稱，目前未在任何官、民方的史冊、《臺灣日日新報》或《臺灣總督府報》上記載，但作者查詢昭和19年（1944）4月7日的《臺灣總督府報》後，因應「關於教育的戰時非常措置方策」制度的實施，發現曾出現過「豐原農業實踐女學校」（圖84、圖85）、「桃園農業實踐女學校」、「中壢農業實踐女學校」等校名，惟未出現「北港農業實踐女學校」（臺灣總督府，1944）。依據臺灣總督府的《臺灣總督府及所屬官署職員錄》1月份記載，還是稱「北港家政女學校」（臺灣總督府，1944b），因當時的學制，開學日為4月1日。作者仍推估「北港農業實踐女學校」校名也應為昭和19年（1944）4月1日時改稱，其理由如下：第一，作者查考雲林縣水林國民

學校的《水林國民學校教員履歷表（光復前）》名冊，比對昭和19年（1944）3月6日畢業的蔡採霞、紀雪卿、余蓮及林雪雲等人畢業時的校名仍為「北港家政女學校」；而昭和20年（1945）3月23日畢業於北港農業實踐女學校而任教於水林國民學校的女教員就有：蔡桂花（新原桂子）、許秀英等兩人（雲林縣水林國民學校，1945）（圖86及圖87）。第二，依據林彩霞口與陳素蘭的口述訪談資料應可以間接佐證「北港農業實踐女學校」的校名變更的脈絡性。第三，許佩賢（2016）研究指出，昭和19年（1944），臺灣多數家政女學校皆改為農業實踐女學校，以配合帝國戰爭所需之人力及物力調配。綜上所述，雖然目前未有史料記載，但作者合理推斷「北港農業實踐女學校」校名也應為昭和19年（1944）4月1日時所改稱。

昭和19年（1944）就讀北港農業實踐女學校的林彩霞指出：

> 當時考上北港實踐農業女學校，已經在戰爭了，但都還是會去學校上課，往往是上到一半，空襲警報響了，老師就會帶我們去疏開（疏散），那時候老師就會教我們把制服由裙裝改為束腳的モンペ（燈籠褲），因穿裙子不便逃跑。學生得一邊讀書一邊隨時應付空襲警報，像我們都疏散至現在的六腳鄉。（B-1）

圖84 ▌豐原家政女學校賞狀
資料來源：作者自行收藏

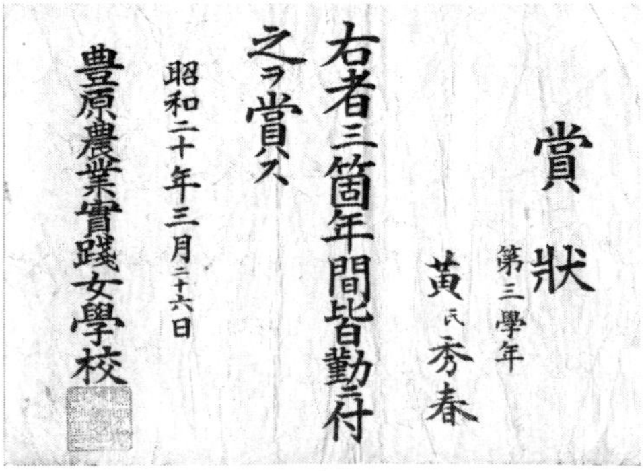

圖85 ▌豐原農業實踐女學校賞狀
資料來源：作者自行收藏

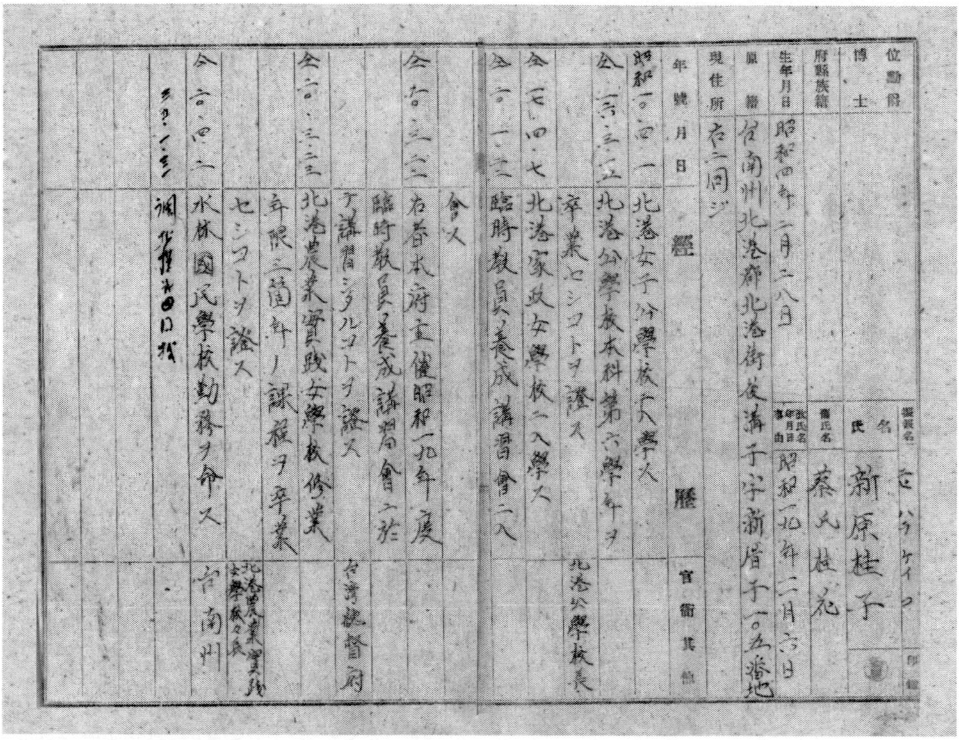

位勳爵 博士
府縣族籍
生年月日 昭和四年二月二八日
原籍 台南州北港郡北港街北港字新厝子一〇五番地
現住所 右ニ同ジ
振假名 名 新原桂子
舊氏名 蔡氏桂花
改氏名年月日事由 昭和一九年二月六日

年號月日	經歷	官衙其他
昭和一〇・四・一	北港女子公學校ニ入學ス	
仝 一六・三・二五	北港公學校本科第六學年ヲ卒業セシコトヲ證ス	北港公學校長
仝 一七・四・七	北港家政女學校ニ入學ス	
仝 一〇・一一・二二	臨時教員養成講習會ニ入會ス	
仝 二〇・三・二〇	右者本府主催昭和一九年度臨時教員養成講習會ニ於テ講習ヲ修了シタルコトヲ證ス	台灣總督府
仝 二〇・三・二三	北港農業實踐女學校修業年限二箇年ノ課程ヲ卒業セシコトヲ證ス	北港農業實踐女學校長
仝 二〇・四・一	水林國民學校勤務ヲ命ス	台南州
二〇・一・二	調 水林國民學校	

圖86▌ 蔡桂花履歷書
資料來源：雲林縣水林國民學校（1945）

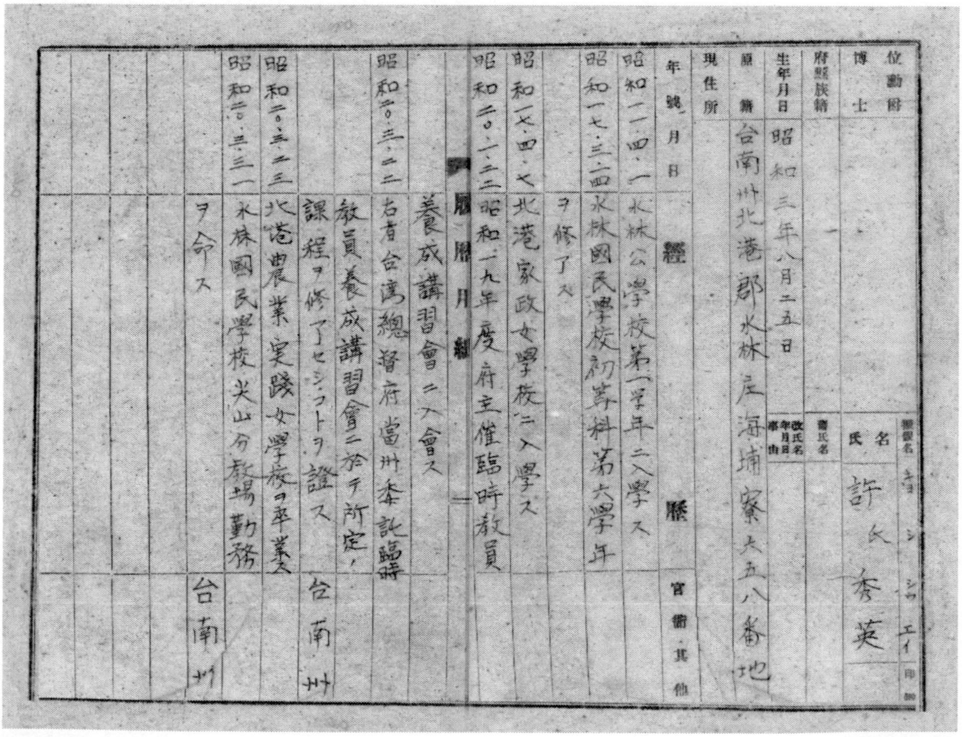

位勳爵 博士
府縣族籍
生年月日 昭和三年八月二五日
原籍 台南州北港郡水林庄海埔寮六五八番地
現住所
振假名 キョ シュウ エイ
名 許氏秀英

年號月日	經歷	官衙其他
昭和一一・四・一	水林公學校第一學年ニ入學ス	
昭和一七・三・二四	水林國民學校初等科第六學年ヲ修了ス	
昭和一七・四・七	北港家政女學校ニ入學ス	
昭和二〇・一・二二	昭和一九年度府主催臨時教員養成講習會ニ入會ス	
昭和二〇・三・二二	右者台灣總督府當州委託臨時教員養成講習會ニ於テ所定ノ課程ヲ修了セシコトヲ證ス	台南州
昭和二〇・三・二三	北港農業實踐女學校ヲ卒業ス	
昭和二〇・三・三一	水林國民學校尖山分教場勤務ヲ命ス	台南州

圖87▌ 許秀英履歷書
資料來源：雲林縣水林國民學校（1945）

昭和17年（1942）2月日本內地公布所謂婦女「標準服」多達6種形式（圖88）多半為傳統和服的改良型，半數為上衣採日本式口交叉傳統的改良式洋裝。五種形式皆為裙裝，只有「活動衣」採褲裝形式，用日本式上衣搭配在腳踝處緊縮的長褲，其實就是採西式長褲剪裁法的モンペ（燈籠褲）（洪郁如，2009）。隨著日本戰局不樂觀，基於軍事、勞務動員與躲空襲等現實需要，日本國內一般女性比較能接受的是モンペ，而且還適時融入地融入一些時尚的元素，而其他五類的標準服是不實用的（洪郁如，2009）。因為在殖民地臺灣，モンペ意在強化女性戰備精神的凝聚，遠遠高於強化行動力的服裝改革意義。所以防空訓練中，「モンペ」被視為一種後方女性動員、愛國報國的表徵（洪郁如，2009）。而林彩霞指出：

> 當時我們學校的學生並沒有參與防空救援，原本要穿的モンペ外，還需要戴上類似帽子的頭巾，然後身著國民服色（卡其色），不能太鮮豔，連學校的女老師們都換成了モンペ，都是暗色系的顏色，怕太鮮豔會被美軍飛機看見。（C-2）

陳素蘭也說：

> 要畢業那一年（昭和18年），聽說南洋戰事打得很激烈，我們都要改穿墨綠色或卡其色的國民服，女生也要換穿モンペ，這樣要疏散比較便捷。（B-2）

　　隨著日本戰局漸漸屈居劣勢，昭和18年（1943）之後，甚至出現獎勵穿著「決戰服」的呼聲逐漸取代昭和15年（1940）開始流行於臺灣的モンペ禮讚。昭和20年（1945）1月美軍為支援呂宋島登陸，再度對臺灣進行近三週的密集轟炸，自此到戰爭結束，臺灣民眾幾乎每天都在遭受空襲（張建俅，1999）。而在此時，臺灣島內的モンペ正式成為每個婦女必備的服裝。一來是疏散逃難、躲空襲行動方便；二來是實踐共赴國難的皇民精神表現。

圖88▕ 1942年婦人六種標準服
資料來源：洪郁如（2009，頁47）

　　當時日本在全臺擁有海陸軍共計35座機場，其中一座就位於北港郡附近，二戰末期全臺機場與糖廠、酒廠及電廠全被列為美軍重點轟炸目標，美軍轟炸臺灣的投彈量以新竹2,340噸最高，而北港等32個地方的投彈量也均有1,730噸上下（戴寶村，2004）。所以北港在二戰末期遭逢美軍的轟炸慘況也相當壯烈。林彩霞回憶說：

曾經看過飛機低空飛行，可能不到100公尺，非常低，在掃射北港糖廠，有的飛機在空投燒夷彈，一被炸到，用水都澆不熄，非常可怕。（B-2）

由林彩霞的口述內容及戴寶村教授提供的美軍投彈數據，除了證明了日治末期的北港確實遭受猛烈的攻擊，也見證了戰爭的無情與可怕。

二、學校教職員額編制與學生數

作者整理臺灣總督府各年度出版的《臺灣總督府及所屬官署職員錄》及昭和15年（1942年）臺南州教育課出版的年度《臺南州學事一覽》。關於昭和16年（1941）至昭和19年（1944）北港家政女學校的教職員名冊如表6所示[16]。

表6｜昭和16年（1941）至昭和19年（1944）北港家政女學校的教職員名冊

日期	職稱	姓名	單位
昭和16年（1941）	學校長	轟武	臺南州北港家政女學校
昭和16年（1941）	教諭	入佐房江	臺南州北港家政女學校
昭和16年（1941）	助教諭	宍戶忠雄	臺南州北港家政女學校
昭和16年（1941）	助教諭心得	鶴田スミエ	臺南州北港家政女學校
昭和16年（1941）	囑託	曾人楷	臺南州北港家政女學校
昭和17年（1942）	學校長	轟武	臺南州北港家政女學校
昭和17年（1942）	教諭	入佐房江	臺南州北港家政女學校
昭和17年（1942）	助教諭	宍戶忠雄	臺南州北港家政女學校
昭和17年（1942）	助教諭	上原春子	臺南州北港家政女學校
昭和17年（1942）	助教諭	松澤み津以	臺南州北港家政女學校
昭和19年（1944）	學校長	伊良皆高要	臺南州北港家政女學校
昭和19年（1944）	教諭	重田房江	臺南州北港家政女學校

---

[16] 關於昭和18年（1943）的《臺灣總督府及所屬官署職員錄》在中央研究院臺灣史研究所提供的資料中，昭和18年（1943）的資料有缺頁及資料不完整的情形。

日期	職稱	姓名	單位
昭和19年（1944）	助教諭	猪狩一	臺南州北港家政女學校
昭和19年（1944）	助教諭	上原春子	臺南州北港家政女學校
昭和19年（1944）	助教諭	松澤み津以	臺南州北港家政女學校

資料來源：作者整理自臺灣總督府（1941，頁601；1942，頁1944；1944a；頁944）。

此外，關於北港家政女學校昭和16年（1941）的學校教職員額編制及學生入學統計資料，如表7所示。

表7｜昭和16年（1941）學校教職員額編制及學生入學統計資料

		昭和16年（1941）
所在地		北港郡北港街
修業年限		3年
年級數		3
職員	校長	1
	教諭	1
	助教諭	1
	其他	1
在學人數	日籍生	1
	臺籍生	134
年度入學數	日籍生	0
	臺籍生	50
畢業數	臺籍生	37
	日籍生	2

資料來源：作者整理自臺南州教育課（1942，頁6）[17]。

昭和13年（1938）成立的北港實踐女學校，昭和16年（1941）改稱北港家政女學校（圖89、圖90），入學者幾乎都是臺灣人，每年招收40到50人，僅有

---

[17] 統計資料同樣至當年度的4月底止。臺南州教育課的統計資料只到昭和16年（1941）為止，昭和17年（1942）後則無。

昭和13年（1938）第一屆有5名日本人入學，其餘皆臺灣人。許佩賢（2016）研究指出，約三分之二的家政女學校，設於農村地區，學生也以臺灣人女性居多，顯示農村臺籍女子升學意願提高。而北港實踐女學校的學生入學數明顯以臺籍女性居多。1941年第一屆畢業生的統計，有2名升學洋裁學校，36名有職者中，1名在銀行會社，35名為公家機關約雇人員，只有1名無職或不詳（臺南州編，1943）。而在職者中就有余雪、蔡綉鸞、紀棉及林兼子（陳玉霞）等任職於臺南州水林國民學校（圖91、圖92、圖93、圖94）。

圖89 ▌ 轟武校長及玄關照景
資料來源：陳素蘭提供

圖90 ▌ 校舍及噴水池景
資料來源：陳素蘭提供

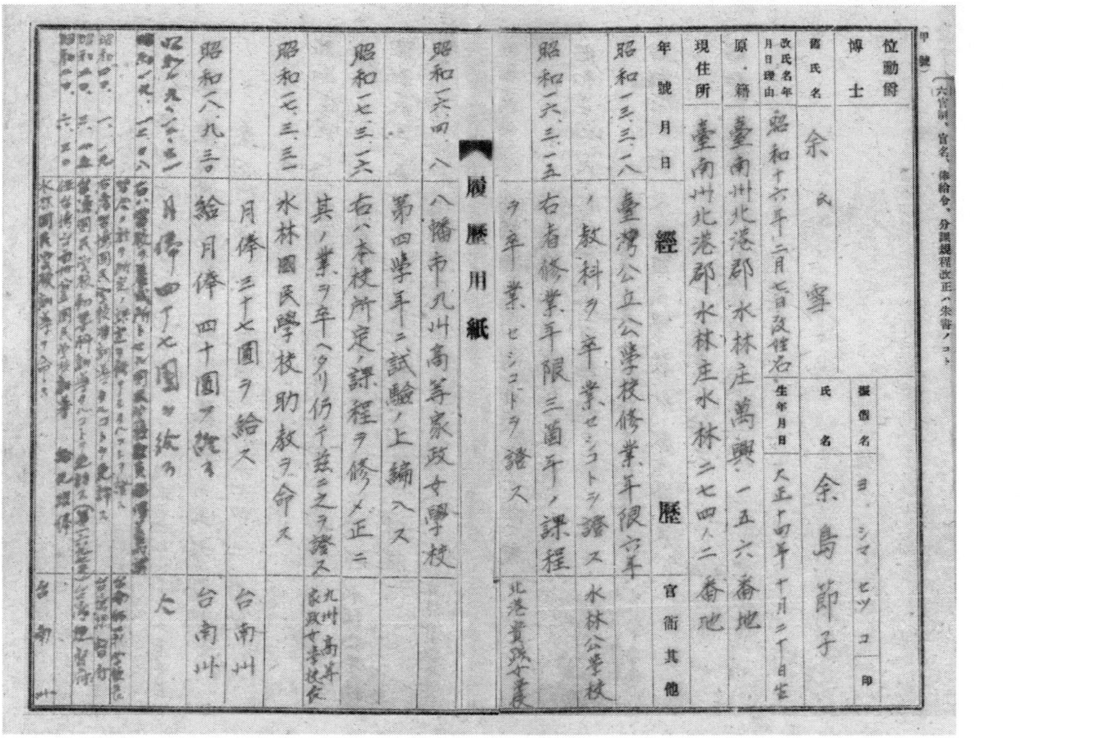

位勳爵
博士
舊氏名：余氏雪
改氏名年月日理由：昭和十六年二月七日改姓名
原籍：臺南州北港郡水林庄萬興一五六番地
現住所：臺南州北港郡水林庄水林二七四ノ二番地
振假名：ヨ シマ セツコ
氏名：余島節子
生年月日：大正十四年十月二十日生

履歷用紙

年號月日	經歷	官衙其他
昭和一三、三、一八	臺灣公立公學校修業年限六年ノ教科ヲ卒業セシコトヲ證ス	水林公學校
昭和一六、三、一五	右者修業年限三箇年ノ課程ヲ卒業セシコトヲ證ス	北港實踐女學校
昭和一六、四、八	八幡市九州高等家政女學校第四學年ニ試驗ノ上編入ス	
昭和一七、三、一六	右ハ本校所定ノ課程ヲ修メ正ニ其ノ業ヲ卒ヘタリ仍テ茲ニ之ヲ證ス	九州高等家政女學校長
昭和一七、三、三一	水林國民學校助教ヲ命ス	
	月俸三十七圓ヲ給ス	台南州
昭和一八、九、三〇	給月俸四十圓ヲ許ス	台南州
	月俸四十七圓ヲ給ス	大

圖91 ▌ 余雪履歷書
資料來源：雲林縣水林國民學校（1945）

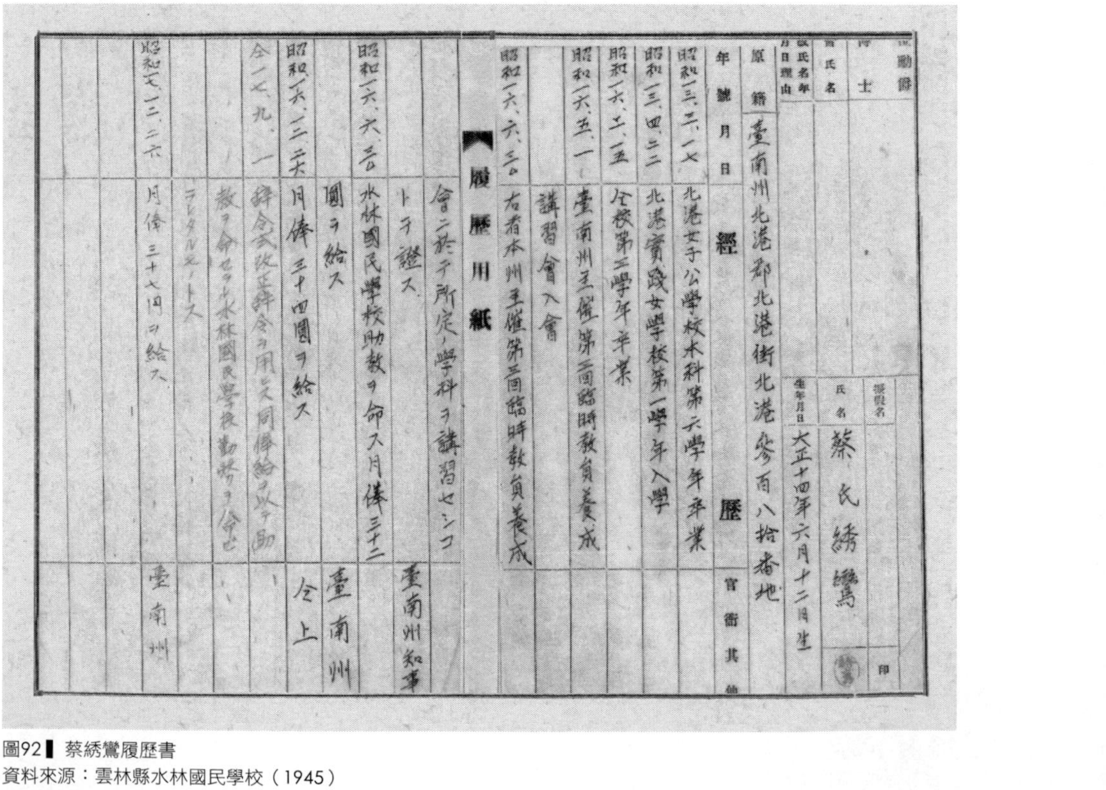

位勳爵
博士
舊氏名
改氏名年月日理由
原籍：臺南州北港郡北港街北港參百八拾番地
振假名
氏名：蔡氏綉鸞
生年月日：大正十四年六月十二日生

履歷用紙

年號月日	經歷	官衙其他
昭和一三、二、一七	北港女子公學校本科第六學年卒業	
昭和一三、四、二	北港實踐女學校第一學年入學	
昭和一六、二、一五	仝校第三學年卒業	
昭和一六、五、一	臺南州主催第二回臨時教員養成講習會入會	
昭和一六、六、三〇	右者本州主催第三回臨時教員養成會ニ於テ所定ノ學科ヲ講習セシコトヲ證ス	臺南州知事
昭和一六、六、三〇	水林國民學校助教ヲ命ス月俸三十二圓ヲ給ス	臺南州
昭和一六、一二、二六	月俸三十四圓ヲ給ス	仝上
仝一七、九、一	辭令交改正辭令ヲ用ヒ又同俸給ヲ以テ助教ヲ命ゼラル水林國民學校勤務ヲ命セラレタルモノトス	
昭和一七、一二、二六	月俸三十七円ヲ給ス	臺南州

圖92 ▌ 蔡綉鸞履歷書
資料來源：雲林縣水林國民學校（1945）

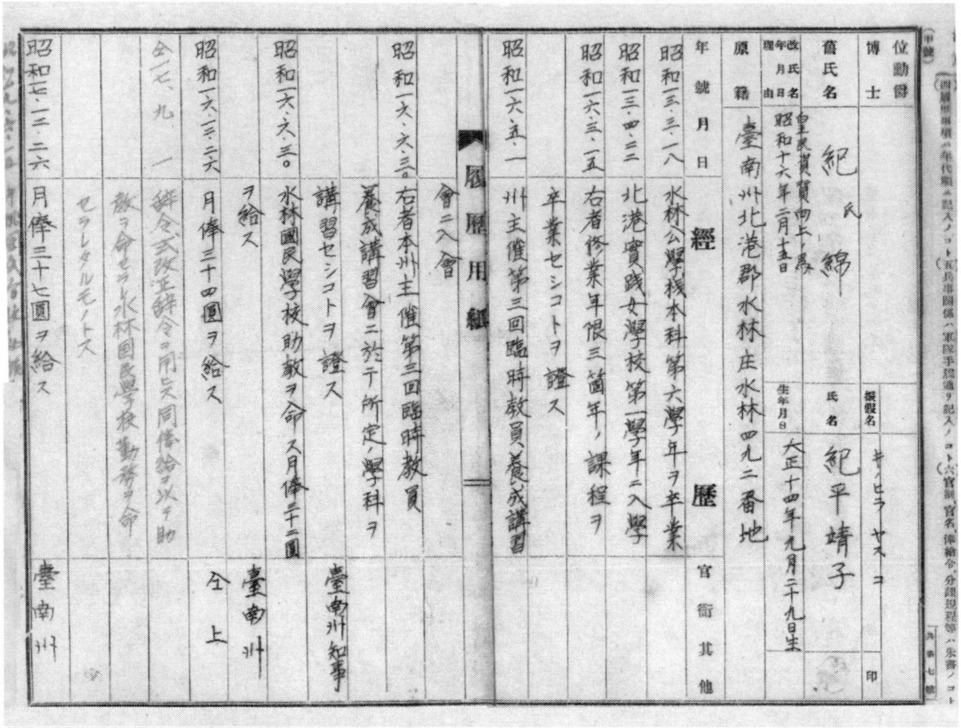

表93（紀綿履歴書）

位勳爵 博士		
舊氏名	紀氏綿	揀撰名 紀平靖子 印
改氏名月日理由	皇室貴賓ヲ以上昭和十六年二月十五日	氏名 キヒラ ヤス コ
原籍	臺南州北港郡水林庄水林四兄二番地	生年月日 大正十四年九月二十九日生

年號月日	經歷	官衙其他
昭和一六.五.一	水林公學校本科第六學年ヲ卒業	
	州主催第三回臨時教員養成講習	
昭和一六.三.一	卒業セシコトヲ證ス	臺南州知事
昭和二六.三.五	北港實踐女學校第一學年ニ入學	
昭和三.四.二	右者修業年限三簡年、課程ヲ	
	右者修業年限三簡年、課程ヲ	
	講習セシコトヲ證ス	臺南州知事
	卒業セシコトヲ證ス	
昭和一六.六.三	養成講習會ニ於テ所定ノ學科ヲ	
	右者本州主催第三回臨時教員	
昭和一六.六.三	水林國民學校助教ヲ命ス月俸十二圓	臺南州
	ヲ給ス	
昭和一六.三.六	月俸三十四圓ヲ給ス	全上
会八.九. 一	辭令式改正辭令ヲ以テ同俸給ヲ以テ助	
	教ヲ命シタル水林國民學校勤務ヲ命	
	セラレタルモノトス	
昭和二二.二六	月俸三十七圓ヲ給ス	臺南州

圖93 紀綿履歷書
資料來源：雲林縣水林國民學校（1945）

表94（林兼子（陳玉霞）履歷書）

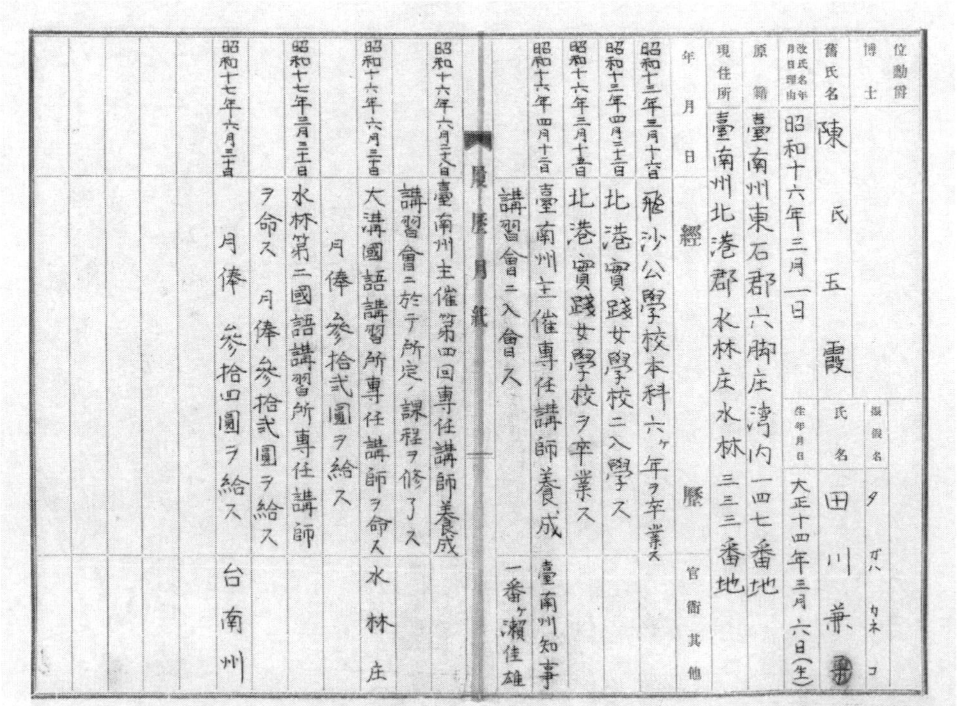

位勳爵 博士		
舊氏名	陳氏玉霞	揀撰名 田川兼子 印
改氏名月日理由	昭和十六年三月一日	氏名 タ ガハ カ ネ コ
原籍	臺南州東石郡六腳庄灣內一四七番地	生年月日 大正十四年三月六日（生）
現住所	臺南州北港郡水林庄水林三三三番地	

年月日	經歷	官衙其他
昭和六年四月十三日	飛沙公學校本科六ヶ年ヲ卒業ス	
昭和十二年三月十日	北港實踐女學校二入學ス	
昭和十二年四月二三日	北港實踐女學校ヲ卒業ス	
昭和十六年三月十六日	臺南州主催專任講師養成	
	講習會ニ入會目入ス	臺南州知事
昭和十六年六月二三日	臺南州主催第四回專任講師養成	
	講習會ニ於テ所定ノ課程ヲ修了ス	一番ヶ瀨佳雄
昭和十六年六月二三日	大溝國語講習所專任講師ヲ命ス水林庄	
	月俸 參拾貳圓ヲ給ス	
昭和十七年二月三日	水林第二國語講習所專任講師	
	ヲ命ス 月俸 參拾貳圓ヲ給ス	
昭和十七年六月二十日	月俸 參拾四圓ヲ給ス	台南州

圖94 林兼子（陳玉霞）履歷書
資料來源：雲林縣水林國民學校（1945）

三、畢業生於公學校任教職的情況：以臺南州水林國民學校為例

　　實業補習學校在日本統治後期，對臺灣人而言是十分重要的升學機關，隨著公學校就學率提升，希望接受更高教育的人也隨之增加，但其他升學機關收容量有限，實業補習學校正好滿足想升學的臺灣青年，其畢業生也相較只有公學校學歷的學生更有機會離農轉業，或在地方社會出人頭地（許佩賢，2013）。由雲林縣水燦林國民小學的《水林國民學校教員履歷表（光復前）》的一手史料中可窺見，有北港實踐女學校（北港家政女學校或北港農業實踐女學校）的第一屆至第五屆的畢業生於當時的水林國民學校擔任助教乙職[18]。昭和16年（1941）至昭和20年（1945）共計有12名畢業生任職於水林國民學校（表8）：

表8｜ 12位女教師入學、畢業學校及任教時間資料[19]

姓名	日本姓名	入學及畢業學校名稱	任職水林國民學校[19]	屆數
余雪 ★	余島節子	北港實踐女學校 （昭和13年4月22日） 至 北港實踐女學校 （昭和16年3月15日）	昭和17年3月31日	第一屆
蔡綉鸞	無	北港實踐女學校 （昭和13年4月22日） 至 北港實踐女學校 （昭和16年3月15日）	昭和16年6月30日	第一屆
紀綿	紀平靖子			
陳玉霞	田川兼子			

---

[18]　雲林縣水林國民學校，《水林國民學校教員履歷表（光復前）》。昭和16年（1941）至昭和20年（1945）間，合格教師分日籍訓導、臺籍准訓導；代用教師臺日籍一律均稱助教。參見張淑媚、蔡元隆、黃雅芳（2013）。「矛」與「盾」的衝突：論日治時期初等學校臺籍教師「隱性抗議」之意涵及其在臺灣教育史上的啟示。中等教育季刊，62(2)，61-77。

[19]　本處任教國民學校日期僅指表8的12位教師任職於水燦林國民學校之日期。

姓名	日本姓名	入學及畢業學校名稱	任職水林國民學校[19]	屆數
蔡玉荔	福重絹子	北港家政女學校 （昭和14年4月7日） 至 北港家政女學校 （昭和17年3月13日）	昭和19年3月31日	第二屆
蔡桂枝	福重淀子	北港家政女學校 （昭和15年4月） 至 北港家政女學校 （昭和18年3月15日）	昭和19年3月11日	第三屆
蔡採霞★	青山玲子	北港家政女學校 （昭和16年4月7日） 至 北港家政女學校 （昭和19年3月6日）	昭和19年3月11日	第四屆
紀雪卿★	紀本和子			
余蓮★	余島增子			
林雪雲★	林靜子		昭和20年3月31日	
許秀英	無	北港家政女學校 （昭和17年4月7日） 至 北港農業實踐女學校 （昭和20年3月22日）	昭和20年3月31日	第五屆
蔡桂花	新原桂子		昭和20年4月2日	

資料來源：作者整理自雲林縣水林國民學校（1945）。

知識小學堂

　　昭和16年（1941）第三次公布新《臺灣教育令》，同年3月1日，「國民學校令」公布實施，訓導與准訓導的稱謂沿用，免許狀的類別分為國民學校訓導、國民學校初等科訓導、國民學校專科訓導、國民學校養護訓導，准訓導方面分為國民學校准訓導與國民學校初等科准訓導共計六種。而訓導以日籍教師為主，原准訓導以臺籍教師為主。在代用教師方面，同樣是昭和16年（1941）起，臺日籍教師也全部統一更名為「助教」。

隨著南洋戰事的白熱化，臺灣總督府對臺灣人民的徵兵需求也與日俱增，臺灣民眾陸續接到徵召令，準備投入前線戰爭，而此時國民學校的男教員不管是訓導、准訓導或是助教，隨時都有可能會被徵召入營，在這契機下，更多的女性進入國民學校擔任助教乙職。林兼子（陳玉霞）指出：

　　　　我畢業後就進到水林國民學校當教員（助教），那時候女教員（助教）
　　　　很容易考，因為都沒有老師了，戰爭時國民學校的男老師都被徵召去當
　　　　兵，所以那時候女老師居多，我們北港實踐女學校畢業後去考教員，十
　　　　幾個去考，考試形式上考個試，不要太差其實都會通過。（A-1）

　　由林兼子（陳玉霞）的口述資料得知，當時因戰爭局勢吃緊，教師人力不足，要通過考試易如反掌，甚至僅為一種形式而已。從《水林國民學校教員履歷表（光復前）》的一手史料中得知昭和16年（1941）進入水林國民學校任教的助教都至少須參加一至二次的臺南州臨時教員養成及學科講習會後，再經考試即可進入國民學校任教（圖95及圖96、圖97）。

　　此外，可能是國民學校對教師的需求相當高，聘用程序甚至出現例外—「先檢定，再畢業，後任教」，例如蔡桂花於昭和20年（1945）3月23日才會從北港農業實踐女學校畢業，但其在昭和20年（1945）1月22日即加入臨時教員養成會，同年3月22日參加臺南州舉辦的臨時教員養成及學科講習後，昭和20年（1945）4月2日立即任職於水林國民學校（詳見圖86）。再者，從《水林國民學校教員履歷表（光復前）》又發現在日治後期這12名代用教師中，有蔡採霞等5位（標記★）通過臺灣總督府國民學校教員檢定，從代用教師變成正式教師。

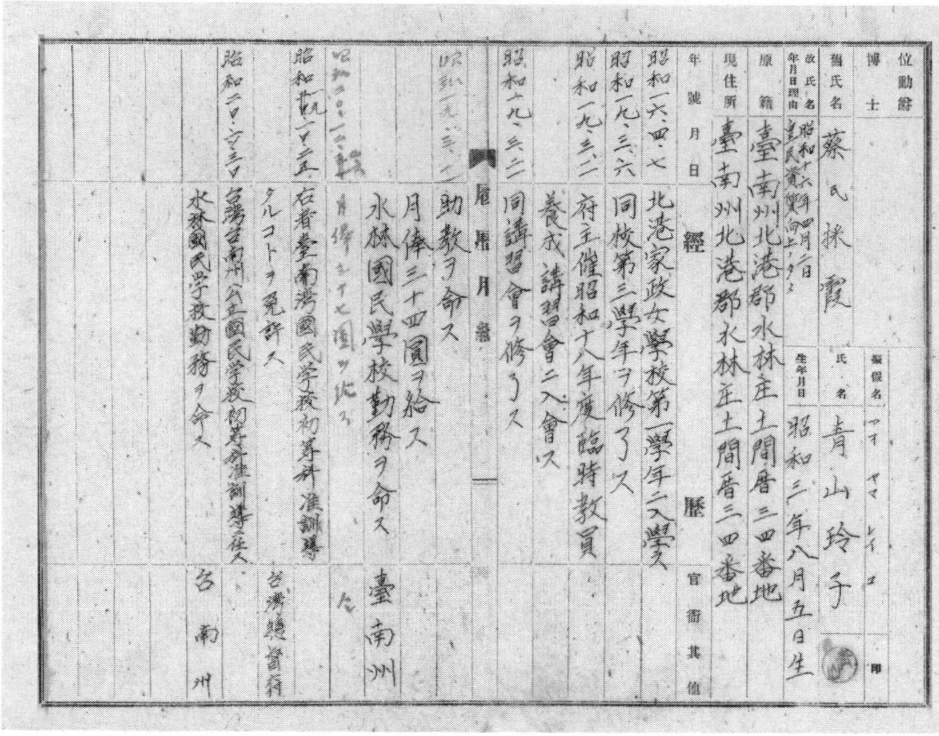

位勳爵
博士
舊氏名 蔡氏採霞
改氏名年月日理由 昭和十六年四月六日
原籍 臺南州北港郡水林庄土間厝三四番地
現住所 臺南州北港郡水林庄土間厝三四番地
振假名 アオヤマ レイコ
氏名 青山玲子
生年月日 昭和三年八月五日生

年號月日	經歷	官署其他
昭和一六、四、七	北港家政女學校第一學年ニ入學ス	
昭和一九、三、六	同校第三學年ヲ修了ス	
昭和一九、三、二	府主催昭和十八年度臨時教員養成講習會ニ入會ス	
昭和一九、五、二	同講習會ヲ修了ス	
昭和一九、五、一	助教ヲ命ス 月俸三十四圓ヲ給ス 水林國民學校勤務ヲ命ス	臺南州
昭和二〇、[illegible]	月俸五十七圓ヲ給ス	仝
昭和二〇、[illegible]	右者臺南州國民學校初等科准訓導タルコトヲ免許ス	臺灣總督府
昭和二〇、[illegible]	臺灣臺南州公立國民學校初等科准訓導ニ任ス 水林國民學校勤務ヲ命ス	臺南州

履歷用紙

圖95▌ 蔡採霞履歷書
資料來源：雲林縣水林國民學校（1945）

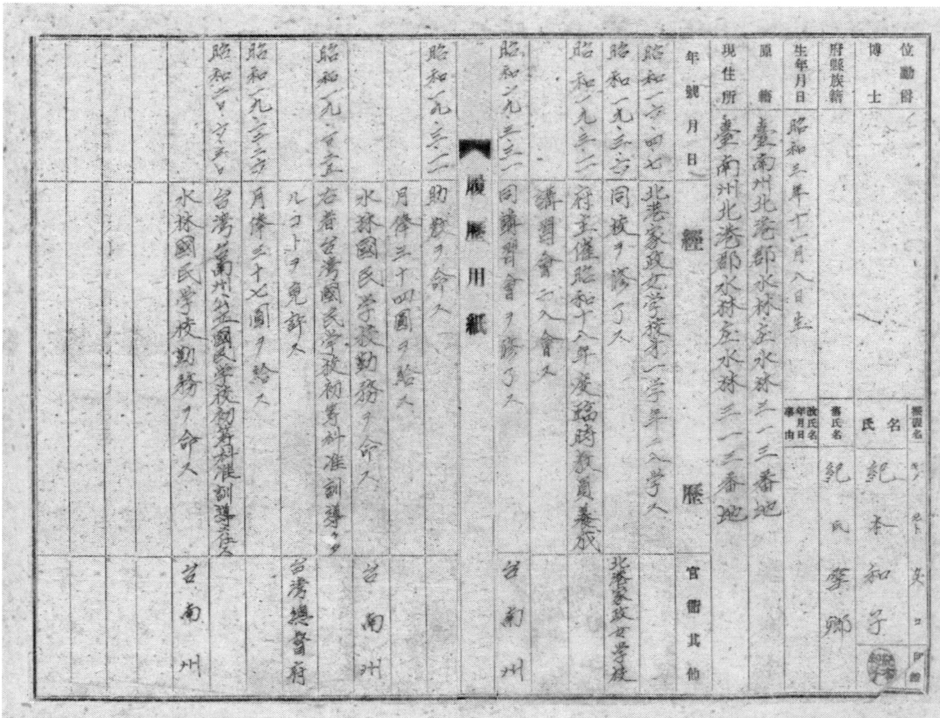

位勳爵
博士
府縣族籍
生年月日 昭和三年十一月八日生
原籍 臺南州北港郡水林庄水林三一三番地
現住所 臺南州北港郡水林庄水林三一三番地
振假名 キノモト カズコ
氏名 紀本和子
舊氏名 紀氏雪卿

年號月日	經歷	官署其他
昭和一六、四、七	北港家政女學校第一學年ニ入學ス	
昭和一九、三、六	同校ヲ修了ス	北港家政女學校
昭和一九、三、二	府主催昭和十八年度臨時教員養成講習會ニ入會ス	
昭和一九、五、一	同講習會ヲ修了ス	臺南州
昭和一九、五、一	助教ヲ命ス 月俸三十四圓ヲ給ス 水林國民學校勤務ヲ命ス	臺南州
昭和一九、[illegible]	右者臺灣國民學校初等科准訓導タルコトヲ免許ス	臺灣總督府
昭和一九、[illegible]	月俸三十七圓ヲ給ス	
昭和二〇、[illegible]	臺灣臺南州公立國民學校初等科准訓導ニ任ス 水林國民學校勤務ヲ命ス	臺南州

履歷用紙

圖96▌ 紀雪卿履歷書
資料來源：雲林縣水林國民學校（1945）

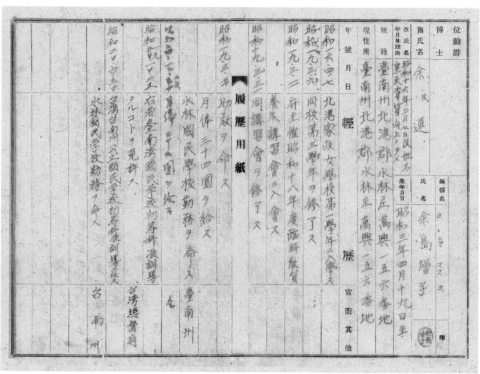

圖97　余蓮履歷書
資料來源：雲林縣水林國民學校（1945）

4.4　小結

　　女子實業補習學校的創設確實對臺灣女子教育有非常重要的影響。本文以日治時期北港實踐女學校為主軸，經由縝密與系統化的文獻整理及口述訪談內容佐證，經歸納後有五項結論：

一、北港國民中學的前身為日治時期的北港實踐女學校，其並非是光復後的民國35年（1946）4月才成立的學校，且明確掌握其創立的位置於北港女子公學校內。此外，在日治時期的校史沿革與校名更迭順序為：昭和13年（1938）3月31日，北港實踐女學校；昭和16年（1941）4月1日，北港家政女學校；昭和20年（1945）4月1日，北港農業實踐女學校。

二、課程內涵：教授洋裁、日裁、插花、裁縫、烹飪、國語、修身等課程，性質較偏實業課程的學習。關於師生間在課堂上的互動，由作者訪談資料可窺得當時日籍教師傾囊相授，女學生認真學習的校園圖像，師生間互動相當良好。

三、日治末期，女學生們有學習薙刀操演的經驗，且因躲避空襲便利性及政策的需要，教師教導學生自行修改服裝為燈籠褲，除了讓學生在行動上更加便利外，也同時展現共赴國難的皇民精神表現。

四、透過整理昭和13年（1938）至昭和16年（1941）的《臺南州學事一覽》史料彙整出學生的入學人數及畢業人數；此外，亦透過整理昭和13年（1938）至昭和19年（1944）的《臺灣總督府及所屬官署職員錄》史料還原當年的教職員名冊，系統性的呈現該時期的校園人力更迭情形。

五、以臺南州水林國民學校為例，可窺見許多畢業於北港實踐女學校的學生，參加臺南州臨時教員養成及學科講習會後，即於國民學校任教擔任助教乙職，而北港實踐女學校第一屆至第五屆的畢業生中則有12名任職於水林國民學校，相較只擁有公學校學歷的學生，工作選擇機會更多元，也證實了許佩賢教授提出的實業補習學校的學生「更有機會離農轉業，或在地方社會出人頭地」的觀點。

參考文獻

一、中文文獻

呂素麗（1995年10月2日）。闊別半世紀・北港家鄭女學校、同學再聚首。中國時報，
　　7版。

林雅慧（2010）。「修」臺灣「學」日本：日治時期臺灣修學旅行之研究。新北：國
　　立政治大學臺灣史研究所碩士論文。

洪郁如（2009）。旗袍・洋裝・モンペ（燈籠褲）：戰爭時期臺灣女性的服裝。近代
　　中國婦女史研究，17，31-66。

孫祖玉、林品章、林廷宜（2014）。日治中期臺灣印刷媒體中的現代女性圖像〉，設
　　計學報，19(3)，63-85。

徐佑驊、林雅慧、齊藤啟介（2016）。日治臺灣生活事情：寫真、修學、案內。臺
　　北：翰蘆。

張建俅（1999）。二次大戰臺灣遭受戰害之研究。臺灣史研究，4(1)，149-196。

張淑媚、蔡元隆、黃雅芳（2013）。「矛」與「盾」的衝突：論日治時期初等學校臺
　　籍教師「隱性抗議」之意涵及其在臺灣教育史上的啟示。中等教育季刊，62(2)，
　　61-77。

許佩賢（2013）。日治時期臺灣的實業補習學校。師大臺灣史學報，6，101-148。

許佩賢（2014，12月）。臺灣教育史研究的回顧與展望（2011-2013年）。論文發表於
　　「2014年臺灣史研究的回顧與展望研討會」，臺北市。

許佩賢（2015）。殖民地臺灣近代教育的鏡像：1930年代臺灣的教育與社會。臺北：
　　衛城。

許佩賢（2016）。日治時期臺灣家政女學校。臺灣學通訊，95，20-21。

范燕秋（2016）。日治時期臺灣實業教育的發展。臺灣學通訊，95，4-7。

游鑑明（2000）。日治時期臺灣學校女子體育的發展。中央研究院近代史研究所集
　　刊，33，1-75。

雲林縣文獻委員會編印（1983）。臺灣省雲林縣志稿・卷五教育志。臺北：成文。

雲林縣水林國民學校（1945）。水林國民學校教員履歷表（光復前）。雲林：未出版

手稿。

雲林縣北港鎮（1989）。北港鎮志。雲林：雲林縣北港鎮。

雲林縣立北港國民中學（1996）。創校50週年紀念專輯。雲林：雲林縣立北港國民
　　中學。

雲林縣政府（2002）。從笨港到北港。雲林：作者。

黃雅芳、蔡元隆（2015年12月）。日治時期北港女子公學校教育史之研究：兼論北港
　　郡部分初等教育史實之澄清。論文發表於「2015雲林研究研討會」，雲林。

臺灣省文獻委員會編印（1998）。雲林縣鄉土史料。南投：臺灣省文獻委員會。

蔡元隆、張淑媚、黃雅芳（2012）。日治時期臺灣囝仔在初等學校中抗拒殖民統治的
　　形式分析：以嘉義地區為例。市北教育學刊，42，1-31。

蔡元隆、張淑媚、黃雅芳（2016年6月）。日治時期嘉義家政女學校校園生活之研
　　究〉，論文發表於「2016年第七屆區域史地暨應用史學學術研討會」，嘉義。

蔡元隆、黃雅芳（2014）。日治時期嘉義市的第一所女子公學校：嘉義女子公學校。
　　嘉市文教，82，61-65。

蔡禎雄（1998）。日據時代臺灣師範學校體育發展史。臺北：師大。

蔡蕙頻（2013）。好美麗株式會社：趣談日治時代粉領族。臺北：貓頭鷹。

戴寶村（2004）。B29與媽祖：臺灣人的戰爭記憶。國立政治大學歷史學報，22，223-
　　275。

二、日文文獻

北港郡役所編（1938）。北港郡要覽。臺南州：北港郡役所。

平岡勇三（1937）。昭和十二武道範士教士鍊士名鑑。東京：大日本武德會本部雜
　　誌部。

高木正信（1933）。臺灣武道の精華。新竹：臺灣沿革史發行所。

森美惠子（1937）。薙刀道とその常識。臺灣婦人界。4(5)，8-87。

臺南州（1938）。臺南州統計要覽（昭和十三年版）。臺南州：臺南市。

臺南州（1939）。臺南州統計要覽（昭和十四年版）。臺南州：臺南市。

臺南州教育課（1938）。昭和十三年版‧臺南州學事一覽。臺南州：作者。

臺南州教育課（1939）。昭和十四年版‧臺南州學事一覽。臺南州：作者。

臺南州教育課（1941）。昭和十五年版‧臺南州學事一覽。臺南州：作者。

臺南州教育課（1942）。昭和十六年版‧臺南州學事一覽。臺南州：作者。

臺南州編（1943）。昭和十六年臺南州第二十三統計書。臺南：臺南州總務部總務課。

臺灣日日新報（1937年3月16日）。島都ニュース／臺北家女學校設立認可さる。臺灣日日新報，9版。

臺灣日日新報（1938年11月1日）。北港慰安音樂會。臺灣日日新報，5版。

臺灣日日新報（1938年3月15日）。家政女卒業式。臺灣日日新報，5版。

臺灣日日新報（1938年3月8日）。地方近事‧北港。臺灣日日新報，8版。

臺灣日日新報（1938年4月17日）。北港實踐女／二十二日に開校。臺灣日日新報，5版。

臺灣日日新報（1938年4月20日）。北港實踐女／入學式は二十二日。臺灣日日新報，5版。

臺灣日日新報（1938年5月13日）。實踐女學校開校式／十一日舉行さる。臺灣日日新報，5版。

臺灣日日新報（1939年4月7日）。實踐女の入學者。臺灣日日新報，5版。

臺灣日日新報（1939年9月19日）。北港防空訓練。臺灣日日新報，5版。

臺灣日日新報（1940年4月7日）。北港實踐女新入生。臺灣日日新報，5版。

臺灣日日新報（1940年8月15日）。炎熱下徒步旅行。臺灣日日新報，5版。

臺灣日日新報（1941年4月19日）。專修農入學式。臺灣日日新報，4版。

臺灣日日新報（1942年5月17日）。赤誠の獻金／軍司令部。臺灣日日新報，4版。

臺灣日日新報（1943年9月2日）。體鍊科講習會／三日から二週間。臺灣日日新報，2版。

臺灣日日新報（1944年1月31日）。農商業の實科に重點家政女は農業教育へ臺南州‧中等、實補校の學級增加。臺灣日日新報，2版。

臺灣日日新報（1944年2月8日）。婦道確立へ合宿訓練。臺灣日日新報，4版。

臺灣教育會（1943）。臺灣學事法規。臺北市：帝國地方行政學會發行。

臺灣總督府（1938）。臺灣總督府及所屬官署職員錄。臺北：作者。

臺灣總督府（1939）。臺灣總督府及所屬官署職員錄，臺北：作者。

臺灣總督府（1940）。臺灣總督府及所屬官署職員錄，臺北：作者。

臺灣總督府（1941）。臺灣總督府及所屬官署職員錄，臺北：作者。

臺灣總督府（1942）。臺灣總督府及所屬官署職員錄，臺北：作者。

臺灣總督府（1944a）。臺灣總督府及所屬官署職員錄，臺北：作者。

臺灣總督府（1944b）。臺灣總督府報607號，臺北：作者。

臺灣總督府文教局（1938）。臺灣總督府學事第三十五年報。臺北：作者。

增永吉次郎（1912）。修學旅行中の兒童の所感。臺灣教育，117，30-34。

繩田忠雄（1938）。劍道の理論と實際。東京：六盟館。

附錄

一、受訪者資料

本文針對三位經歷了日治時期（1938-1945年）就讀於北港實踐女學校（通稱）的畢業校友作詳細的口述歷史（表9）[20]。

表9｜三位畢業校友基本介紹

姓名	日本姓名	性別	年齡	日治就讀期間	就讀學校名稱	健康
林兼子 （陳玉霞）[21]	田川兼子	女	92	1938-1941年	北港實踐女學校	良
林彩霞	無	女	87	1944-1945年	北港農業實踐女學校	良
陳素蘭	無	女	90	1940-1943年	北港實踐女學校 （北港家政女學校）	良

資料來源：作者自行整理

二、口述歷史的編碼方式

（一）逐字稿的抄謄及整體閱讀

首先將每一份訪談錄音內容謄寫成逐字稿，成為日後閱讀及分析的文本。在謄寫逐字稿前，作者先紀錄文本編號、受訪時間及訪談地點等，謄寫時反覆

---

[20] 本文所訪談之三位北港實踐女學校所取得之口述資料十分不容易，第一，該校每一年僅招40-50名女學生，能順利畢業的學生大約為45人上下，數量不如公學校眾多，且學生來自四面八方，畢業後會回到自己的故鄉，加上本地人畢業後可能結婚而離開北港鎮等因素下，更增添協尋與連繫之難度。第二，為了提升研究的可信度，把口述者的健康狀況與精神狀態列入基本考量，因為隨著年齡增長，在生理上（視覺、聽覺、重大的身體疾病）的損壞或記憶的扭曲、失真會影響到口述的真實性，故更加深了協尋訪談對象的難度。綜上所述，本文所訪談的對象除了需有親身的經歷，更重要的是能克服生理上的限制。

[21] 林兼子女士原為日治時期新港某林姓仕族之女兒，但因當時由擔任巡查（警察）的陳姓臺灣人收養為養女，其後姓名改稱陳玉霞，而於皇民化時期改日本姓名為田川兼子，光復後陳玉霞以日治時期的日本姓名田川兼子之「兼子」兩字為名，並改回林姓，後稱林兼子。

聆聽錄音檔內容，一字不漏的將其轉化成文字。接著將謄寫完畢的文本列印之後，做每份文本初次的整體閱讀，秉持著客觀的角度視野、遠離先前刻板印象及經驗詮釋，儘量融入受訪者的情境脈絡中。

（二）進行編碼

　　三位訪談者所取得的文字資料，作者使用質性軟體ATLAS.ti 5.0版[22]作為輔助工作進行編碼。因為此次訪談類別僅有女性受訪者，故三位受訪者均以英文字代碼為之，分別獨立編號（表10）。第一位受訪者為「A」，第二位受訪者為「B」，第三位受訪者為「C」，第二碼為訪談次數，並在編碼時給予標示如「裁縫課程」，則註記為「A-1裁縫課程」。

表10｜訪談者編碼表

姓名	編碼
林兼子 （陳玉霞）	A
林彩霞	B
陳素蘭	C

資料來源：作者自行整理

---

[22] ATLAS.ti 5.0是一套質性分析軟體，其最大特色是可針對大容量文本、圖像、聲音和影片資料進行質性分析的介面。透過內建精密完善的工具幫助我們以創造性、系統化的方式對資料進行整理、整合、管理。它可以將各類資料轉換成我們所需要探討的學術知識，以有系統的及富創造性的方式來管理資料，並從資料中淬取比較探索各種資料新的可能性及關聯性，進而重新集合拼湊出新的意涵。加上質性軟體ATLAS.ti 5.0版有提供筆記本功能，故可即時在筆記欄處先記下幾點初次閱讀後作者感受到的重要訊息、評語及省思，並與之相關段落作連結，甚至可以可幫忙我們在編碼與寫完札記反思後，將每份文本中以關鍵字命名編碼部分的段落與反思的文字，全部幫我們匯整出來，讓我們方便分析與瞭解。

第五章　賢妻良母：
嘉義家政女學校（1933-1945）

「女人不是天生的，而是社會造就
出來的。」

——Simone de Beauvoir

（A.D.1908 - A.D.1986）

5.1　外婆的十八般武藝

　　兒提印象中的外婆是位十八般武藝樣樣精通的厲害人物：上一刻還在飛針走線、靈心巧手的幫我們縫補破損的衣褲，下一刻卻從廚房裡端出一道又一道的美食佳餚，三湯五割的烹飪根本難不倒她。那時還是囡仔的我們，曾經好奇的詢問這些技藝是如何獲得？向誰學習而來？她總是用和藹的眼神噙著微笑說：「都是學校教的呀！」歲月如梭，我們逐漸長大，光陰的軌跡在外婆臉上刻畫著，她的身體狀況也每況愈下。四年前外婆因為不抵病魔摧殘而過世[1]，外婆的拿手菜也就成了我們腦海裡最美的回憶。去年在整理外婆遺物時，意外發現了一本《昭和18年嘉義家政女學校卒業紀念寫真帖》，更令人驚喜的是裡頭竟然留有外婆荳蔻年華的身影，原來她當年掛在嘴邊的「學校」指的就是日治時期的嘉義家政女學校。這點燃我對嘉義家政女學校的好奇心：這到底是一間什麼樣的學校？在日治時期它扮演著怎樣的角色？在經過初步了解後，發現原來嘉義家政女學校就是嘉義市立嘉義國民中學的前身，著實令我驚訝！

　　作者在爬梳嘉義家政女學校相關資料後發現，家政女學校是屬於日治時期實業補習學校的一環，惟其又不同於一般的實業學校，所以記載相當稀少。許佩賢（2013，2015）指出，資料稀少的主要是因為實業補習學校多是市街庄或市街庄組合設立，比起臺灣總督府層級或州廳層級，街庄層級的資料更不容易留存，因此留有許多空白，故有待基礎的研究。再者，教育學術界近年來受到教育社會學關注的焦點—「文化研究」之影響，對校園中生活經驗微觀的描述及現象研究有漸漸增加的趨勢（蔡元隆、張淑媚，2011；蔡元隆、張淑媚、黃雅芳，2013）。又加上晚近歷史學界受到「新文化史」（new cultural history）的影響，亦開始著眼社會文化、生活結構中微觀的深層意義（Burke, 2004；Victoria & Hunt, 1999；葉慈瑜，2015），由於受到這三股趨勢的影響，日治時期校園中的生活經驗已經開始被重視與投入研究：從靜態的法制、教科書及課

---

[1]　因作者的舅舅不願意公布外婆姓名，基於私人隱私，再加上研究倫理之因素，故不公布外婆姓名為原則。

程內容，到動態的校園生活、跨文化體驗，這樣的研究取向與思維的改變也讓許多臺灣的教育學者、歷史學者跳脫了舊有的知識框架，對瞭解與研究臺灣教育史而言更是向前邁進一大步（蔡元隆、朱啟華，2010）。

　　長久以來作者持續關注日治時期嘉義市微觀的初等教育史，也陸續發表多篇研究論文並出版書籍。雖然受到「文化研究」與「新文化史」影響，微觀的校園生活經驗探討確實非常引人入勝，但對作者而言，瞭解嘉義家政女學校的圖像對日治時期外婆的過往校園經驗與影響，才是最終鵠的。因為作者一方面希望可以瞭解外婆在嘉義家政女學校的校園經驗，另一方面則希望能替日治時期嘉義市教育史開拓新的研究範疇（實業補習教育）與記載屬於嘉義市的教育史實。爰此，除了系統化的分析與詮釋相關的一手文獻外，更透過各種管道找到五位畢業於嘉義家政女學校的畢業校友並取得珍貴的口述訪談資料。許佩賢（2014年12月）指出，學校作為執行國家教育政策的機構，是教師實踐教育理念的場域，也是學生學習的具體空間，不論從哪一個角度來說，學校史必然是教育史研究關注的重點，學校史的研究，其實並不只是做一個學校的研究，而應該要問為什麼要做這個學校的研究，作者希望透過這個學校的研究，回答什麼問題。但是，很多校史研究，經常忽略這個根本的問題。故本文將針對日治時期嘉義家政女學校提出三個方向進行瞭解：一、日治時期嘉義家政女學校的歷史沿革與校名變遷順序為何？二、校園中師生的微觀互動、學習課程內容為何？三、日治後期校園中有何特殊活動或作為？

5.2 「嘉義女子技藝講習所」 至「嘉義女子技藝學校」的校園生活

一、「嘉義女子技藝講習所」之設立沿革

昭和8年（1933）4月1日預計在嘉義市南門町內創立嘉義女子技藝講習所，同年4月8日由共榮會嘉義支會最後決議，預定修業年限為2年[2]，作為專門教授女子家政縫紉技藝的講習所，並預定於4月10日下午1點半舉行開幕儀式（柯萬榮編，1937；嘉義市役所編，1935），原定招募40名新生，惟繳交申請書的人竟然有46名，其中包含日本人34名，臺灣人12名，非常令人意外，而這46六名中居住在嘉義市的有41名、嘉義郡1名、新營郡1名及東石郡3名（臺灣日日新報，1933年4月9日）。

臺南州嘉義尋常高等小學校的校長岸本正賢（1934）在當時頗具影響力的刊物—《臺灣教育》上的臺南州教育特輯發表了乙篇文章〈嘉義市嘉義特殊教育設施／嘉義女子技藝講習所〉，說明嘉義女子技藝講習所成立的動機、經過、學則、將來計畫及目前狀況等。岸本正賢（1934）指出，設立嘉義女子技藝講習所的主要原因有四：第一，街庄有計畫成立實業女學校的規劃，且因考量嘉義小學校女子補習科中的裁縫手藝課程教授與嘉義高等女學校重複性高，所以廢除嘉義小學校女子補習科。第二，小、公學校的畢業生升學之門狹窄，因往上一級的學校數及招收的學生人數有限，對於有心想再繼續唸書的团仔不利，加上小、公學校習得的知識技能應用在社會與家庭中可能稍嫌不足，必須提供更實用的課程知識學習對他們才有所助益。第三，嘉義市內裁縫私塾主要是以和服裁縫為主，並非是正規教育的養成，所以素質良莠不齊，加上婦女對這方面技藝的需求增多，所以專門的裁縫技藝教授機構應運而生。第四，因臺

---

[2] 修業年限應為2年方為正確，柯萬榮編（1937，頁124）記載為1年，作者採外部考證的方式更新正確資訊，因岸本正賢（1934，頁61）為嘉義女子技藝講習所的創辦所長，在《臺灣教育》刊物中〈嘉義市嘉義特殊教育設施／嘉義女子技藝講習所〉一文提及嘉義女子技藝講習所學則第3條中明文規定為2年。

灣島內的學制對臺灣人有部分的特殊限制，加上家庭觀念因素影響，所以臺灣女性升學機會不大。由此可知成立嘉義女子技藝講習所勢在必行。

在課程的教授師資安排如下：岸本正賢教導國語（日語）、算術及體育等課程；新美省音教導修身課程；杉原和久理教導和裁課程；山下澄子教導洋裁、音樂等課程；渡邊弘子教導家事課程。這些課程規劃的主要目的在逐步往女子實業教育的程度與等級邁進，以符應未來時代的需求（岸本正賢，1934）。

二、更名「嘉義女子技藝學校」原因

昭和9年（1934）3月23日以臺南州告示第53號將該講習所修業年限改為3年，並在4月1日決定將原嘉義女子技藝講習所的性質與定位重新調整，升格為臺南州嘉義女子技藝學校，並於4月10日改招收第一屆40名新生，並要求申請的學生須在3月底截止前繳交申請書（柯萬榮編，1937；漢文臺灣日日新報，1934年2月5日）。升格後的臺南州嘉義女子技藝學校（圖98），由臺南州嘉義尋常高等小學校日籍校長岸本正賢兼任第一任校長。教師群全數均為日籍教師，分別由佐伯富美子、宮本春市、山下澄子杉、原和久理等五位擔任課程教學工作（臺灣總督府，1934）。接著昭和10年（1935）招收的學生數來到91名（雷家驥總纂修，2009；嘉義市役所編，1935）。昭和11年（1936）9月18日以嘉義市報告示第11號公佈〈嘉義市女子技藝學校學則〉共計28條，規範了科目內容、授課節數、修畢業式、獎懲、學費等學校相關事項。教授課程的安排科目上有：修身公民、國語（日語）、數學、國史、體操音樂、裁縫手藝、裁縫手藝實習、家事、家事實習、日式插花、打字練習等課程[3]（嘉義市報，1936年9月18日）。上述的學校課程學習的技藝主要以裁縫、手藝或日式插花等家事為中心，教授知識技能，同時涵養國民生活必須的婦德為目的，由於嘉

---

[3] 原則上一年級、二年級及三年級的科目相同。一年級每週總授課數為32小時，但不教授日式插花、打字練習課。二年級每週授總課數為34小時，不教授打字練習，但可彈性教授插花課1小時。三年級每週總授課數為35小時，且彈性教授日式插花、打字練習課各1小時。而三年級的學生在音樂課上可以選修風琴、洋琴、三弦等其中之一（嘉義市報，1936年9月18日）。

圖98 ▋ 嘉義女子技藝學校
資料來源：嘉義市役所編（1935）

義市內的小、公學校女性畢業生，無論是日籍或臺籍，除了報考其他中等學校
或實業學校外，也會報考嘉義女子技藝學校，所以就讀人數也與日俱增，但因
家長們擔心校名為技藝學校的話，會被誤以為只教授技藝而已，而不被認為是
女子學校，所以市街庄再次決議於昭和12年（1937）2月1日更名為臺南州嘉義
家政女學校（臺灣日日新報，1937年1月28日）[4]，並於昭和12年（1937）4月5
日上午8點30分舉辦入學測驗（嘉義市報，1937年2月9日）。

---

[4] 昭和13年（1938）以後，家政女學校數量迅速增加，一直到昭和20年（1945），共成立了30所左右
    的家政女學校。昭和17年（1942）時，家政女學校有日籍學生1,757名，臺籍學生3,944名，臺籍學
    生占壓倒性多數，但臺北、新竹、臺中、嘉義等市區的家政女學校，都是以日籍學生為多數。市區
    的家政女學校，經常是為了收容無法進入高等女學校的日籍女學生而設立。而其他約三分之二的
    家政女學校，設於農村地區，學生也以臺灣女性居多，顯示農村臺籍女子升學意願提高（許佩賢，
    2016，頁20）。

5.3 「嘉義家政女學校」的校園生活

一、愛國少女團的成立、出征或戰死之軍遺慰問

昭和12年（1937）時，因愛國宗旨或精神的涵養而擔任後勤的支柱，改名後的嘉義家政女學校與愛國婦人會互為結盟，由佐伯富美子教諭等師生共50名組成，率隊成立「愛國少女團」組織並於9月23日前往嘉義公會堂舉行結盟儀式（臺灣日日新報，1937年9月23日）。昭和12年（1937）7月7日，中日戰爭爆發（七七事變），戰爭如火如荼進行，昭和13年（1938）1月中旬時，嘉義家政女學校參與愛國少女團的報國運動，至前往戰場而犧牲戰死的阿南國光、谷口達義等兩名英勇軍人的家中焚香祭拜，並派團員前往喪禮儀式弔唁，也是替他們作沉默凱旋歸來的迎送（愛國婦人會臺灣本部，1938a）。

嘉義家政女學愛國少女團在昭和13年（1938）8月陸續參與愛國運動行程，8月1日先行致贈慰問袋及慰問文給5個即將出征的皇軍，又8月5日，師生共22名持花束與喪葬禮品前往已故榮譽勇士家慰問，之間又舉辦致贈白衣勇士花束、市葬已故勇士等活動，直到8月29日又招待某軍隊並協助清洗其衣物（愛國婦人會臺灣本部，1938b），又於同年10月中又由6位嘉義家政女學校教職員及14位學生，前往在戰場中戰死的遺族家中替8位戰死者舉行慰問儀式（愛國婦人會臺灣本部，1938c）。井澤富美子回憶指出：

> 臺灣島內，日本人優先被召調去當兵，臺灣人是之後兵源不夠，才被召調的。我的堂哥也在昭和15年時被召調出征，堂哥會斜肩披上日本國旗，穿上千人針布、手拿奉公袋及出征旗，然後家族感到非常光榮再一起合影留念，還有堂哥也要自己拍一張獨照（圖99）。（E-1）

依據井澤富美子提供的照片中可以看到其堂哥的右手邊有一幅出征旗，而出征旗通常會由街坊鄰居、親朋好友或街庄長致贈，是祝賀被徵召的榮耀與

知識小學堂

　　「千人針」相傳由一千名女性每人一針、在白色棉布條上用心地繡出圖案，將她們的愛、信念與祝福透過針線贈給赴戰場的日本皇軍，並祝福皇軍武運長久。當時據說「千人針」可以避彈，而對其親屬家人而言，有更深一層的祝福與祈求平安的意涵。

皇民恩典的一種象徵，而受贈越多幅出征旗表示越光榮且越神武；出征旗的內容架構，依據作者私人收藏及過往所見之經驗，出征旗上所書寫的內容，原則上分成三個部份：第一，最上方通常會有日本國旗、日本陸軍旗或日本海軍旗交叉之繪圖。第二，中間內容字貌通常會以「祝應召某某君」或「祝出征某某君」書寫之。第三，左右方會寫上致贈者的姓名或單位。又林阿媽指出：

> 我考上嘉義家政女學校準備就讀那一年，就開始一直徵兵，隔壁的鄰居，家裡只要有二十幾歲的男人就會被徵調去南洋，收到兵單後，家中就會開始幫忙製作光榮入營徵召旗，我有幫忙作過，聽說會縫千人針、慰問袋，但是我沒縫過，聽說嘉義高等女子學校的學生會縫給要出征的戰士。（C-1）

蔡阿媽指出：「我也曾經幫忙縫過出征旗，很大一幅」（D-1）。再者，黃阿媽回憶指出：

> 我有聽說以前的學姊說，如果街庄有男人被徵調入伍，街庄長會來跟你恭喜，然後會給你兵單，出征前會辦桌請他們，表示非常榮耀為天皇而戰，是真正的皇民。（B-1）

而陳阿媽指出，她的經驗比較特別，她回憶著說：

> 我不是去慰問要出征或是弔唁為國捐軀的軍人，我是去火車站前迎接戰

死軍人的骨灰，還要手持日本國旗歡迎他們為國捐軀凱旋的歸來，那時表情都要表現出很悲傷。（A-1）

上述的嘉義火車站前迎接骨灰經驗，在蔡元隆的碩士論文〈日治時期嘉義市公學校的思想掌控及學校生活之研究〉受訪者歐識得到了印證，她說：

我印象很深刻，有去迎接骨灰，就是戰死的。他們用那個裝著（骨灰罈）然後用白布包著掛在胸前，有看到人拿著然後從火車上走下來。那時候我們就不拿國旗了，也是一樣在中山路兩旁迎接「忠魂」，等他們走過那一邊我們就敬禮。（蔡元隆，2008，頁223）

由此可知，嘉義家政女學校的學生透過愛國少女團對出征或戰死之軍遺慰問外，有時候還會去嘉義火車站前迎接戰死的皇軍骨灰。

接著昭和14年（1939）就讀於嘉義家政女學校的三年級學生沖田良子就曾在〈臺灣警察時報〉寫了乙篇文章指出，在嘉義市的武道大會上由嘉義家政女學校的女選手進行弓箭與薙刀的表演，鼓舞士氣；也會在即將出征的軍人家族慰安會上表演「荒城の月」的舞蹈，甚至會前往陸軍醫院照顧傷兵等等（沖田良子，1939）。黃阿媽補充著說：

我曾經與三年級的學姐一起去過嘉義醫院慰問過阿兵哥，寄送慰問袋給他們，還寫信鼓勵他們，醫院是位在現在文化路跟民權路那一個公園。（D-2）

而依據文獻記載弓道與薙刀是實業學校的家政女學校常見的體育競賽與戰事防身（孫祖玉、林品章、林廷宜，2014），蔡禎雄（1998）指出，女學生在師範學校、高等女學校及實業學校，得加授弓道和薙刀等規定。惟三位受訪者均無弓道的經驗，至於林阿媽、黃阿媽與井澤富美子等三人則有薙刀的相關經驗，林阿媽回憶著說：「薙刀是一種長柄木製大刀，體育課時會練習，要

軍事化訓練」（C-1）。蔡阿媽指出：「薙刀很長很長，比我身高還高」（D-2）。黃阿媽也說：

> なぎなた（薙刀）是在木棍前刻的像真刀一樣，但聽說有的是綁真刀，我曾經就練習過，大約40幾個人，排成好幾列，一個口令一個動作，非常標準，好像是青年團的軍人來指導我們的，氣氛非常嚴肅，不能嬉鬧。（B-1）

又井澤富美子回憶指出：

> 讀嘉義家政女學校時有練過薙刀隊（圖100）。它是一種長兵器，演練時要頭綁白布條，表示很有精神且威武無比，還要表演給國民學校的女學生看，作為她們的榜樣，薙刀是給女生防身及支援軍方後勤用，我身高不高，整支薙刀立起來都快要比我高一大截了。（E-1）

　　游鑑明（2000）指出，薙刀是一種長柄大刀，女學生使用的是木製棍棒而不是真刀；女子的體育活動方面，則多了薙刀、射擊、弓道或強化健行等體能上的訓練，且在訓練時，無論師生一律赤足。由於日治末期戰時的需要，女子實業學校中，規定於正科課程教授長柄大刀（薙刀）課程（繩田忠雄，1938），因此日治後期的體育講習會才會將薙刀項目列入體鍊科（臺灣日日新報，1943年9月2日）。

二、學校課程內容的應用與協助街庄家庭清洗物資

　　昭和13年（1938）時，嘉義家政女學校的女學生們，趁著暑假的時候，從7月13日起進行為期一週練習，透過她們在學校習得的家事、裁縫手藝等技能，教導街坊民眾學習如何高效清洗衣服的技能，並奉公清洗軍服，讓日本帝國出征打仗戰士都可以穿到潔淨的軍服，並給予他們慰問獻金鼓勵之（臺灣日

圖99█ 井澤富美子的堂哥出征照紀念　圖100█ 井澤富美子操演薙刀隊
資料來源：井澤富美子提供　　　　　資料來源：井澤富美子提供

日新報，1938年7月12日）。又嘉義家政女學校的學生在學校訓練與磨練了一段時間後，充分展現出前線後方女性的勤奮努力，趁著換季之際，將冬末的髒穢衣物拿出來清洗更換與縫補，學生們可以協助街坊的一般家庭進行清洗更換與修補的工作，但需要事先向學校預定時間（臺灣日日新報，1939年4月16日）。

上述中協助街庄家庭清洗物資的作為，其實就是實業補習教育的功用之一，因為她們在家政女學校習得的技能，不外乎是以烹飪、裁縫、家事為主的課程內容（圖101及圖102）。黃阿媽指出：

> 在學校中主要是學習課程烹飪、裁縫、家事等技藝，學校一段期間後就會讓我們到街庄的家庭去幫忙並宣傳家政學校，歡迎女學生來就讀，而且山下澄子老師的洋裝製作非常厲害，可以不打版，目測就看出尺寸。（B-1）

井澤富美子回憶指出：

圖101▊ 嘉義家政女學校裁縫課實景照片
資料來源：嘉義市政府（2002：頁343）
圖102▊ 嘉義家政女學校烹飪課實景照片
資料來源：作者自行收藏

那時候我擅長的裁縫技藝，都是來自學校的課程學習，我們會以愛國少女團的方式深入街坊協助她們修補家中的衣服或棉襖。至於煮菜的話我比較不擅長，可能比較沒天分吧！（E-1）

蔡阿媽指出：

學校會用團體組隊的名義去街庄幫忙，例如幫忙修補衣物或是協助打掃環境之類的活動，我的修補技術也是一流的。（D-1）

林阿媽亦指出：

學校會用愛國少女團名義到嘉義街庄去協助民眾做居家裁縫或清洗，一方面累積實務經驗，一方面可以賺錢奉獻給國家。學校說這是讓我們把學校學的理論與實務作結合。不過我裁縫技術的精進確實就是那樣累積而來的，而山下澄子老師是我的啟蒙老師，我非常景仰她。（C-1）

而陳阿媽因為更接近終戰末期，其經驗是發揮烹飪的技藝煮菜給要出征的軍人吃，她回憶著說：

有一次媽媽告訴我，隔壁的陳大哥準備出征，陳媽媽知道我唸家政女學校希望我可以煮一頓豐盛的出征餐給他兒子吃，而那時候物資已經缺乏了，我能發揮烹飪食材有限，不過我也煮出了四菜一湯，大家吃完後對我讚譽有加，我聽了非常高興，非常感謝增本光春老師的教導，他是教我烹飪的恩師。（A-1）

黃阿媽也迫不及待分享自己的經驗，她說：

我堂哥出征前的出征餐，是我幫忙阿姨張羅的，其實都是我在煮的，因

為阿姨一邊煮一邊哭，根本沒心情煮。兒子都要去南洋送死了哪還有心情煮飯，我聽了也很難過。不過吃完後，堂哥非常讚賞我的廚藝，我聽了非常感動。（B-1）

　　作者整理昭和11年（1936）9月18日公佈的第一號表「嘉義女子藝技學校學科課程及每週教授時數」及昭和16年（1941）4月7日修正後公佈的第一號表「嘉義家政女學校學科課程及每週教授時數」後發現，兩個時期的課表：裁縫手藝及家事課程（含實習）佔了非常大的比例。嘉義女子藝技學校時的每週授課時數，一至三年級每週總時數分別為32小時、34小時、35小時，而光裁縫手藝及家事課程（含實習）分別就佔了一至三年級每週時數21小時、23小時、24小時。又嘉義家政女學校時的每週授課時數，一至三年級每週總時數分別為33小時、35小時、36小時，而光裁縫手藝及家事課程（含實習）分別就佔了一至三年級每週時數19小時、21小時、23小時。嘉義家政女學校時雖然每週裁縫手藝及家事課程（含實習）授課時數有下降，但兩個時期的裁縫手藝及家事課程（含實習）課程每週時數均超過總時數五成七以上。上述的資料整理與許佩賢（2013，2015）以臺北家政女學校的裁縫手藝、家事課程時數將近總時數一半的論述不謀而合。許佩賢（2016）認為家政女學校課程的學習內容基本上是日本式生活所需的教養，畢業生通常被認為是為「未來的賢妻良母」作準備。而且日治後期為了配合國家廣播體操推展，甚至昭和16年（1941）4月7日以嘉義市告示第2號部分修正嘉義家政女學校的授課科目、課程內容及各科節數，例如將「體操音樂」改為「國操音樂」（嘉義市報，1941年4月7日）。

　　從五位受訪者的經驗而言，可以明確的知悉嘉義家政女學校的課程對她們確實影響深遠，即使畢業後不步入職場，透過家政女學校所教授的實用技能，也能讓畢業的學生嫁作人婦後可以立刻派上用場（臺灣日日新報，1937年3月16日），立即勝任主婦職務並成為賢妻良母的典範（臺灣日日新報，1938年3月15日）。

三、入學人數公布、新校舍的喬遷及畢業典禮

　　昭和14年（1939）4月5日，在臺灣日日新報公布錄取嘉義家政女學校入學之臺日籍學生手塚和子等人共計100名（嘉義市報，1939年5月1日；臺灣日日新報，1939年4月5日）。而井澤富美子就是在昭和14年（1939）考取嘉義家政女學校，她回憶指出：

> 那時候嘉義高女不好考，加上我喜歡裁縫，所以我就報考家政女學校，也很幸運的順利錄取了，但是它也不好考，因為考的人越來越多，那時候很怕自己考不上。（E-1）

　　由此可知嘉義家政女學校的考試也越來越多人報考，且錄取率不算高，因此坊間開始出版入學試題與解答書籍供想考試的學生參考與購買（圖103及圖104），可看出實業補習學校也漸漸受到重視。

　　嘉義家政女學校校舍的移轉問題一直以來都非常棘手，因為牽涉到校地買賣問題的斡旋及資金的來源，但這多年來的窘境也在同年獲得滿意的解決：昭和14年（1939）9月16日下午1點由助役川內茂義、教育課長石垣當次及校長堀之內武義等多位官員與民眾們，於山仔頂舉行嘉義家政女學校新校舍的開工祈福與祭祀等嚴肅儀式，共計花費總金額7萬5千圓並預定於同年10月底完工（臺灣日日新報，1939年9月17日）。

　　配合GIS（Geographic Information System）中「中央研究院嘉義百年歷史地圖WMTS服務」的資料庫地圖[5]，從1936年「嘉義市職業別明細圖」[6]得知日治時期嘉義女子技藝學校（嘉義家政女學校前身）坐落於南門町內，位於現今嘉義市民族國小的位置，昭和14年（1939）時才遷往嘉義市山仔頂的新校

---

[5]　近年來，地理資訊系統（GIS）在文史上的應用，讓我們得以掌握日治前後的歷史行政邊界與人口資料，並以視覺化圖象呈現人口變化與空間分布（李宗信，2012，頁12）。

[6]　中央研究院嘉義百年歷史地圖WMTS服務，1936年「嘉義市職業別明細圖」（http://gis.sinica.edu.tw/googlemap/chiayi_1936/）。

嘉義家政女學校　(1時間)

1 次ノ計算ヲシナサイ。

$$\left(\frac{5}{7} - \frac{3}{14}\right) \times \frac{2}{3} \div \frac{5}{6} \qquad 7m - 135cm + 85cm = 49mm$$

2 或工場デハ午前7時30分ニ仕事ニカカリ11時30分マデ働キ、晝休ナシ、午後0時30分カラマタ仕事ヲ始メテ5時ニ終ル、晝休ノ外ニ午前、午後共ニ15分ヅツ休ム。此ノ工場デハ午前、午後ニ各何時間働クコトニナリマスカ。

3 100ページノ本ヲ3日デ讀マウト思ツテ、初日ニ全體ノ$\frac{2}{5}$讀ミ、次ノ日ニ初日ノ$\frac{4}{5}$讀ンダ。3日目ニハ何ページ讀マネバナリマセンカ。

4 毎日5錢ヅツ貯ヘルト40日カカル金高ヲ、25日デ貯ヘルニハ毎日幾ラヅツ貯ヘレバヨイカ。

5 杉苗450本ヲ買ツタガ其ノ中1割2分ガ枯レ、3割八人ニ分ケタ。

<table>
<tr><td>103</td><td>104</td></tr>
<tr><td colspan="2" align="center">105</td></tr>
</table>

圖103▏昭和14年嘉義家政女學校考題
資料來源：新高堂編輯所（1939，頁45）
圖104▏昭和16年臺灣中等學校入學試題與解答
資料來源：新高堂編輯所（1941，頁1）
圖105▏昭和15年卒業典禮合照寫真
資料來源：作者自行收藏

圖106▌日治嘉義家政女學校校門前水池　　　　　圖107▌日治嘉義家政女學校走廊
資料來源：嘉義市政府（2002，頁343）　　　　　資料來源：嘉義市政府（2002，頁343）

址，亦即現今嘉義國中的現在位置（嘉義縣政府，1976），而同樣依據「中央
研究院嘉義百年歷史地圖WMTS服務」的資料庫地圖，1932年「嘉義市區計畫
平面圖」得知該地原本是嘉義農試所的柑橘園，且在1936年「嘉義市職業別明
細圖」中，該地也還沒劃歸入嘉義市境內。而在昭和14年（1939）時已經將山
仔頂劃歸為嘉義市境內，所以昭和14年（1939）10月後的相關報導與校園活動
都是發生於此（圖105）。

　　昭和16年（1941）4月1日時又將原本昭和12年（1937）的臺南州嘉義家
政女學校校名更名為臺南州市立嘉義家政女學校（臺灣總督府，1941）。昭
和16年（1941），在山仔頂新校舍的嘉義家政女學校預定3月18日下午2點，舉
行第六屆卒業式典禮，中松分會會長蒞臨向當年度優等的前三名畢業生頒發
獎狀及獎品以資鼓勵，畢業生共計96人，而畢業後在家幫忙的有39名，投入
職場的有18名，13名還在等錄取通知，而繼續就學的26人（愛國婦人會臺灣
本部，1941；臺灣日日新報，1941年3月19日）。而井澤富美子則是在昭和17
年（1942）3月的畢業名單中，經井澤富美子證實她畢業後立即就業進入嘉義
郵便局擔任通信事務員乙職，她說：「我畢業後，考進嘉義郵便局服務」（E-
2）。由此可知道井澤富美子就是臺灣日日新報及臺灣愛國婦人新報中報導的
投入職場的有18名的其中之一。此外，五位受訪者均指出，她們就讀時，嘉義
家政學校就已經在山仔頂的位置了（圖106及圖107、圖108、圖109）。

圖108▌昭和16年小堀老師與學生合照
資料來源：嘉義市文化局（2006，頁63）

　　嘉義家政女學校性質上屬於「實業補習學校」，修業年限為2至3年。其教育目的，在於緩和女性升學競爭的壓力，同時期望能發揮安定社會、加速同化的作用，因此課程偏重婦道禮儀、才藝或技藝訓練及衛生觀念知識。由於教學內容貼近生活，吸引了不少人報考。許佩賢（2013）整理《臺南州統計書》資料，發現以昭和16年（1941）的統計來看，嘉義家政女學校畢業生，96名有職者，有24人在銀行、公司上班，有27人為公家機關約雇人員，畢業生就職的比例很高[7]。所以說畢業於嘉義家政女學校學生就職場域多元化，並不因所學是

7　游鑑明（2016，頁7）指出，昭和12年（1937）之後，因為殖民政府倡導全國總動員以及男性出征、職業空間的擴大，女子就業率顯著上升，有更多受過教育的女性投入就業市場。其中以畢業於實業補習學校的女學生就業率最高，公學校居中，高等女學校最少。

圖109 ▌昭和18年嘉義家政女學校卒業寫真帖
資料來源：作者自行收藏

縫紉、烹飪等技藝而限制了她們日後的職業發展，就算是畢業後沒有就業，依舊可以在家擔任一個稱職的「家政婦」（かせいふ，打理家政事務的婦女），嘉義家政女學校的養成教育，讓女性在日治時期的受教經驗中受到啟蒙，打破傳統「女子無才便是德」、女性無受教權的框架，培養了女性展現其自信美與賢內助的角色。

四、節約能源、資源回收再造展覽會及共赴國難的體悟

昭和14年（1939）11月27日及28日，在嘉義家政女子學校舉辦初次的日式和服裁剪競賽與示範製作和服，並順便邀請家長及有興趣的婦人蒞臨參觀與指

教（臺灣日日新報，1939年11月27日）。井澤富美子回憶指出：

> 那時候的日式和服裁剪競賽我們一年級的沒參加，因為裁剪技術還不純熟，都是看學姐間在比賽，她們非常厲害，一下子就作出一套簡便的和服出來。我們看了都好羨慕。（E-1）

林阿媽回憶指出：

> 聽以前的學姊講日式和服裁剪以杉原和久理老師為學校為指標性人物，她的技術出神入化，而山下澄子老師雖然是洋裁的，但是對於和裁也有一定的技術水準。（C-1）

蔡阿媽也指出：

> 裁縫十分有趣，以前教裁縫的日本女老師技術非常高超，我也非常喜歡裁縫課，因為可以做漂亮的和服。（D-1）

又陳阿媽指出：「我就讀時，已經比較後期，這種奢侈的活動我沒有經歷過」（A-2）。黃阿媽也說：「讀二年級時，已經漸漸有戰爭的氣氛，學校比較少辦這種競賽，不然我真的很想參加看看」（B-1）。由陳阿媽與黃阿媽的訪談經驗中似乎可發現戰爭的煙硝味已逐漸滲入校園，而陳阿媽口中的「這種奢侈的活動」，似乎也為接下來的資源回收再造與金屬徵收的脈絡埋下伏筆。

昭和16年（1941）2月9日上午9點將在校內舉行廢物再生利用展覽會，並公開販售之。主要目的是要讓師生體悟戰時困苦的時局並提升對物資的愛護與珍惜，不管是衣服、學校用品、玩具、一般家庭用品均可透過巧思改造再生利用，開放展覽的數量高達1,600多件（臺灣日日新報，1941年2月6日）。而隔天《臺灣日日新報》再次以大篇幅報導嘉義家政女學校的活動，並指出當日廢品的活用展覽結果廣受好評，再生後的器具受到大眾喜愛也立即販售熱銷，這

對於在戰時一般家庭的食衣住行而言提供了非常重要的參考資料（臺灣日日新報，1941年2月10日）。蔡阿媽指出：「印象中有參加過資源改造，就是廢物利用的概念」（1041128訪談自蔡阿媽）。林阿媽回憶指出：

> 我印象中二年級時，有參加過一次資源再生變裝的活動，就是把一些日常不會用到的物品拿來修補與改裝，因為當時戰爭後期生活很困苦，物資缺乏，只要可以拿來改造再利用的五金物品就非常受到歡迎。（C-2）

井澤富美子也指出，昭和17年（1942）時：

> 那時候我已經是三年級了。因為已經在戰爭了，除了裁縫技術變利害以外，還要會改造各種物品來因應非常時期。例如：裁剪竹筒再套上裁縫「奉獻」繡字的布料後，變成「愛國存錢筒」，鼓勵街庄的人民捐獻國防獻金。（E-1）

而昭和14年（1939）就讀於嘉義家政女學校三年級學生的沖田良子就有一段回憶：

> 去年7月開始的每個月13日都要施行家庭廢棄品回收，例如空罐、空瓶、鐵等物品，主要是因為推行「生活中物品的不浪費，愛護資源就是愛護家庭的信念」，一年下來可以賣得80多圓。關於舊雜誌、舊報紙的回收也很重要。戰爭情勢非常緊張，若長期下來，如何共體國難則變得非常重要。（沖田良子，1939，頁143）

陳阿媽與黃阿媽不約而同的指出她們沒有參加物資改造的活動，但是對金屬回收的記憶歷歷在目，陳阿媽說：「那時候我鐵作的鉛筆盒，也差一點被拿去徵收，還好我藏得很好」（A-1）。又黃阿媽說：「那時候反正是金屬的

鍋碗瓢盆一律都被奉公單位徵收,甚至連窗戶的鐵條都被硬拔走」(B-1)。上述的現象,主要是因為武器增產的需要,昭和18年(1943)臺灣總督府依據〈國家總動員法〉之「金屬類回收令」,下令進行貴重金屬回收。昭和19年(1944)9月11日至11月4日訂為白金繳納日,如未確實繳交將受嚴重處分。回收物資十分廣泛,可見日本當時物資相當困乏(竹中信子,2001)。林阿媽接著說:

> 聽說我們家隔壁的有錢人的木材商人,也把家裡的銅製的二宮尊德像給捐奉出去,他自己都開自己玩笑說,連二宮尊德像都收到紅單(徵召令)要出征打仗去了,十分有趣。(C-2)

李品寬在(2009)《日治時期臺灣近代紀念雕塑人校之研究》碩士論文中,蒐集與分析了《臺灣日日新報》與臺灣總督府相關資料發現,臺灣總督府為了建造砲彈與飛機,紛紛向臺灣人民強行徵收各類金屬,就連日本人最敬重的二宮尊德、楠木正成及臺人敬重的「君之代少年」詹德坤銅像也紛紛被國家徵收再利用。由此可知當時臺灣總督府對金屬物徵收的強制性與迫切性。

嘉義家政女學校也曾被臺南州廳指定於昭和17年(1942)2月27日,在嘉義市召開實業補習學校研究發表會(臺灣日日新報,1942年2月25日)。當時正值大東亞戰爭時期,當時的女性須具備基本的裁縫、家事等知識技能並成為有婦德的皇國婦女,且嘉義家政女學校透過農業實習地種植甘藷、蔬菜等自給自足,讓在前線殺戮征戰的皇軍們不用擔心。更於這一年的5月開始由校長堀之內武義帶領師生陸續拿起鋤頭在農試嘉義支所的1,500坪的實習農業地下田耕作,讓學生在課堂中習得的理論與實務作最好的驗證,也種出品質優良的甘藷、蓖麻、蔬菜等作物,更體認農事的辛苦,甚至將這些作物拿到市場上販賣,共賣得55圓50錢的好價錢,並將這些費用以學校的名義捐給嘉義市役所作為國防獻金,以激勵女學生的愛國情操與皇民奉公的表現(臺灣日日新報,1942年10月27日)。上述的這一件校長親身帶領學生耕種的活動,林阿媽有深刻的印象,林阿媽激動的說:

那時候堀之內武義校長親自帶我們下田耕種，鼓勵我們要自立自強，不要讓前線的皇軍擔心，我們是優秀的皇國婦女，學校教給我們的技藝除了足夠讓我們生存外，還要竭盡所能減輕為國打仗軍人的負擔，要把剩餘的菜拿去賣，將賣得的錢捐給國防買槍砲彈，我們聽了都很感動。（C-2）

　　從林阿媽的口述經驗證實了臺灣日日新報在昭和17年（1942）10月27日的這乙篇振奮人心的報導，由校長率先帶頭耕作，營造國家有難，全國皇民需要共赴國難的精神。臺灣人在日益緊繃的情勢下被編入各種愈趨嚴密的奉公單位與組織中，擔負起納捐、勞動奉公、金屬品回收、提供軍需物資等義務，成為為「聖戰」奉獻的一份子（陳涵郁，2011）。

5.4　「嘉義商業實踐女學校」與光復初期的校名變遷

　　昭和18年（1943）4月1日又再次更名回臺南州嘉義家政女學校。隨著戰事的擴大，臺灣總督府為求提高社會生產力，要求位於全臺境內家政女學校，改辦轉型為商業學校[8]，所以昭和19年（1944）4月1日又改稱為嘉義商業實踐女學校，由日籍校長松元輝興擔任校長乙職（臺灣總督府，1944）。此時關於學校的報紙報導也隨之減少，因為全國上下節約物資，除非是重要戰爭新聞或是戰事捷報，才會在報紙上大幅報導。陳淵燦在其《古稀述懷》一書中的〈五十

---

[8] 昭和11年（1936）起，由於臺灣成為日本帝國南進基地，殖民政府在臺灣推動皇民化政策及工業化發展。為因應戰時所需的人力資源，殖民政府大幅擴充實業教育，實業學校數量與學生人數快速增加。在戰爭時期，臺灣實業教育擴展主要反映在各種實業學校逐年增設，以及實業補習學校的快速成長，使臺灣人接受實業教育的人數大幅增加，其中特點有二：一是昭和11年（1936）之後學校數從39校增至86校，學生人數從4000餘人激增至1,6000餘人，成長達四倍之多。二是1936年之後，農業與商業補習學校成長緩慢，家政女學校及工業補習學校快速成長。昭和8年（1933）至昭和18年（1943）家政女學校共設立30所學校，昭和18年（1943）招收女學生超過6000人，女子大量進入實業補習學校，成為這時期實業補習學校成長的一大特色（范燕秋，2016，頁7）。戰爭末期，日本政府規定男子商業補習學校轉型成工業補習學校、農業補習學校或女子商業補習學校，若不能轉型者則縮小規模。在此政策下，昭和19年（1943），臺灣多數家政女學校皆改為農業實踐女學校，以配合帝國戰爭所需之人力及物力調配（許佩賢，2016，頁21）。

年前的嘉義大轟炸〉一文中提到當時的情況：

> 次日一早機群就投擲數不清的炸彈，燒夷彈、人馬殺傷彈（附有降落傘和瞬發信管，在地上成水平炸開，殺傷力很大，又稱「落下傘爆彈」），加上機槍掃射，頃刻間嘉義市已陷入一片閃光、黑煙、爆炸聲，地震般的撼動中的火海，濃煙蔽天，連續燒了三天三夜，夷為平地。從灰燼中，由文化路倖存的郵局可以一望看到距一公里之遙而屹立無恙的火車站。死傷的無辜市民不計其數。（陳淵燦，2007，頁647）

上述陳淵燦的回憶裡，轟炸地區主要是針對嘉義市區及火車站進行轟炸，但黃阿媽回憶學校會要求作消防演練情形，她說：「會在板子上鋪滿稻草，然後做個紅記號，接傳水桶向記號處潑灑，表示滅火」（B-2）。接著陳阿媽說：

> 那時候學校有要我們練習救火的演練，雖然我們學校在山仔頂，偏山區，但有提水桶爬梯子到屋頂撲火，從爬梯、接傳水桶、以布及水滅火，紮實的演練消防技巧我印象深刻。（A-2）

林阿媽也說：

> 學校的老師會指導我們作消防演練，要把土裝入布袋中變沙包，消防演練時要使用。還有防護訓練，三個人一組，一個同學要充當受傷者，兩個人要包紮受傷者，並練習抬擔架的操作，老師都會要求我們作確實。（C-2）

由此可知，嘉義家政女學校的學生也針對當時美軍轟炸引起的火災作預防性的演練與教導，讓學生從基本觀念做起，必要時可以進入街庄協助救火的行列，避免大部分的祝融之災，落實共赴國難與皇民婦女的精神。

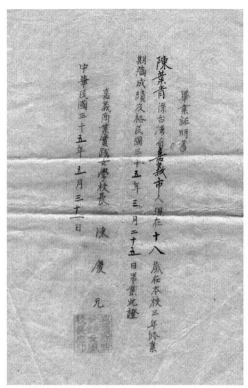

圖110▋陳慶元擔任校長時畢業證書
資料來源：作者自行收藏

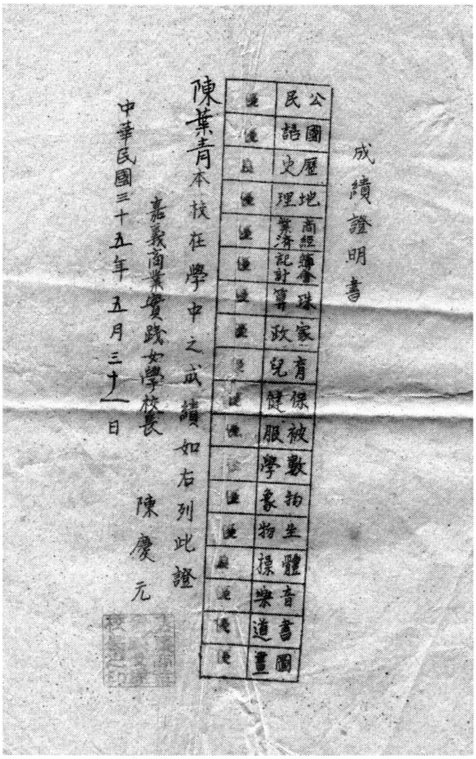

圖111▋陳慶元擔任校長時成績證明書
資料來源：作者自行收藏

　　昭和20年（1945）5月中旬，第二次世界大戰已漸漸進入尾聲，但校園中仍然瀰漫著帝國主義，歡送臺、日籍教師出征的場景也不時上演。惟好景不常，日軍在南洋戰事節節敗退，在美國向日本廣島丟下原子彈不久後，昭和20年（1945）年8月15日，裕仁天皇向全國發表了錄音廣播的「玉音放送」，對日本民眾宣布戰敗且無條件投降，並於同年9月2日簽署投降書。臺灣這塊福爾摩沙寶島終於回歸中國的懷抱，卻也開啟了臺灣囡仔的另一個時代命運。光復後，先行由日治時期在嘉義市白川國民學校（現今大同國小）擔任資深訓導的陳慶元暫時代理嘉義商業實踐女學校校長乙職（圖110及圖111），陳阿媽回憶指出：

那時候日本戰敗，我已經二年級，但因後來都在躲空襲，所以也沒啥上課，時間到就到指定地點避難，隔年馬上復學並在1946年5月完成學業，我畢業那時候還是叫嘉義商業實踐女學校。很開心終於畢業，戰爭也結束了。（A-2）

其後又改回嘉義市立女家政學校，並同樣任命由陳慶元為該校第一任校長。接著民國35年（1946）8月17日又改稱嘉義市立初等中學，此次更名使學校可以兼收男學生，惟隔年教育政策改變，該校又改回僅能招收女學生（嘉義市政府，2002）。

民國38年（1949）8月1日又改稱嘉義市立女子初等中學。不料民國39年（1950）8月1日校名再度變動，新校名為嘉義市立初等中學，又可再次招收男學生。民國39年（1950）因嘉義市劃歸嘉義縣行政區，故於10月25日校名又變動為嘉義縣立初等中學。民國45年（1956）8月1日配合完全中學的教育政策，因而改制為嘉義縣立嘉義中學，並設置高初中部。民國57年（1968）因應九年國民義務教育政策實施，再次改制為嘉義縣立嘉義國民中學，並且僅招收女學生。現今嘉義市立嘉義國民中學的名稱底定，則是在民國71年（1987）7月1日，因為當時升格為省轄市（嘉義市政府，2002；嘉義市政府教育局，1999）。

5.5　小結

日治時期女子教育的興起，在女權尚未被重視的臺灣初期社會，無疑是賦予女子追求學問與新生活的權益，女性除了在家庭中默默付出貢獻外，也可以走出閨房的桎梏並創造全新的社會價值與地位。女子實業補習學校的誕生確實對臺灣女子教育有非常重要的影響。本文以日治時期嘉義家政女學校為主軸，經由縝密與系統化的文獻整理及口述訪談內容佐證，經歸納後有五項結論：
一、日治時期嘉義家政女學校的歷史沿革，最早是昭和8年（1933）4月1日創立嘉義女子技藝講習所，接著昭和9年（1934）2月1日升格為臺南州嘉義

女子技藝學校。又昭和12年（1937）2月1日再次更名為臺南州嘉義家政女學校。昭和16年（1941）4月1日，改稱為臺南州市立嘉義家政女學校。昭和18年（1943）4月1日，又改回為臺南州嘉義家政女學校。最後昭和19年（1944）4月1日又改稱為嘉義商業實踐女學校。

二、昭和14年（1939）10月以前，嘉義女子技藝學校（其前身為嘉義女子技藝講習）位於嘉義市南門町內，亦即現今嘉義市民族國小位置。昭和14年（1939）10月時嘉義家政女學校在山仔頂的新校舍完成後立即喬遷。

三、由一手史料與口述訪談內容得知，嘉義家政女學校的科目及課程為：修身公民、國語（日語）、數學、國史、國操音樂、裁縫手藝（含實習）、家事（含實習）、日式插花、打字練習等課程等課程的教授；且學生對老師不管是裁縫或烹飪技藝都非常推崇與尊敬，師生間互動良好，甚至連校長也不例外。

四、嘉義家政女學校時期成立了嘉義家政女學校愛國少女團，以學校名義慰問出征或戰死之軍遺，還透過在學校習得的裁縫、家事技能，深入街庄的家庭幫助他們清洗物資，把實業補習教育的精神發揮得淋漓盡致。

五、嘉義家政女學校致力推廣節約能源、資源回收再造並開辦再造展覽會，深獲民眾及官方好評，由於表現優異，被指定召開實業補習學校研究發表會分享之，且學校配合政策積極從事農事，並將其賣得的金錢與資源回收再造展覽會販得的收入捐奉給國家當國防獻金，更針對美軍轟炸引起的火災作預防與演練，以達充實救災人力之目的。

參考文獻

一、中文文獻

江文瑜（1996）。口述史學。載於胡幼惠主編，質性研究：理論、方法及本土女性研究案例（頁249-269）。臺北：巨流。

李宗信（2012）臺灣歷史人口統計資料GIS建置與應用。臺灣學通訊，69，12。

李品寬（2009）。日治時期臺灣近代紀念雕塑人校之研究。未出版之碩士論文，立臺灣師範大學臺灣史研究所，臺北。

金柏全（2008）。日治時期臺灣實業教育之變遷。未出版之碩士論文，國立臺灣學歷史學研究所，臺北。

范燕秋（2016）。日治時期臺灣實業教育的發展。臺灣學通訊，95，4-7。

孫祖玉、林品章、林廷宜（2014）日治中期臺灣印刷媒體中的現代女性圖像。設計學報，19(3)，63-85。

許佩賢（2013）。日治時期臺灣的實業補習學校。師大臺灣史學報，6，101-148。

許佩賢（2014年12月）。臺灣教育史研究的回顧與展望（2011-2013年）。論文發表於2014年臺灣史研究的回顧與展望研討會，臺北。

許佩賢（2015）。殖民地臺灣近代教育的鏡像：1930年代臺灣的教育與社會。臺北：衛城。

許佩賢（2016）。日治時期臺灣家政女學校。臺灣學通訊，95，20-21。

陳涵郁（2011）。戰時臺灣兒童的時局認識（1937~194年初）：以學校教育、玩具及紙芝居為中心的探討。臺灣歷史，2，199-225。

陳淵燦（2007）。古稀述懷。嘉義：作者。

游鑑明（2000）。日治時期臺灣學校女子體育的發展。中央研究院近代史研究所　集刊，33，1-75。

黃雅芳、蔡元隆（2015，12月）。日治時期北港女子公學校教育史之研究：兼論北港郡部分初等教育史實之澄清。論文發表於「2015雲林研究研討會」，雲林。

楊祥銀（1997）。口述史學。臺北：揚智。

葉慈瑜（2015）。臺灣教育史研究新趨勢：微觀教育史之《日治時期臺灣的初等教

　　育》一書評介。嘉市文教，84，78-80。

雷家驥總纂修（2009）。嘉義縣志‧教育志。嘉義縣：嘉義縣政府。

嘉義市文化局（2006）。嘉義寫真第四輯。嘉義：作者。

嘉義市政府（2002）。嘉義市志‧卷六‧教育志（下）。嘉義：作者。

嘉義市政府教育局（1999）。嘉義市教育概況。嘉義：作者。

嘉義縣政府（1976）。嘉義縣志‧卷四：教育志。嘉義縣：嘉義縣政府。

漢文臺灣日日新報（1934年02月05日）。嘉義／技校募生，8版。

褚晴暉（2012）。從「臺灣總督府臺南專修工業學校」回顧「成大附工」早期之歷
　　史。國立成功大學校刊，236，14-20。

蔡元隆（2008）。日治時期嘉義市公學校的思想掌控及學校生活之研究。未出版碩士
　　論文，國立嘉義大學國民教育研究所，嘉義。

蔡元隆、朱啟華（2010）。臺灣日治時期初等學校課後補習經驗初探。嘉大教育研究
　　學刊，25，95-117。

蔡元隆、張淑媚（2011）。日治時期（1937-1945）臺、日籍教師與臺灣囝仔的校園生
　　活經驗：以嘉義市初等學校為例。嘉義研究，3，49-92。

蔡元隆、張淑媚、黃雅芳（2013）。日治時期臺灣的初等教育：校園生活、補習文
　　化、體罰、校園欺凌及抗拒殖民形式。臺北：五南。

蔡禎雄（1998）。日據時代臺灣師範學校體育發展史。臺北：師大。

蘇虹敏（2010）。臺灣農業職業教育研究——以國立關西高農為例（1924-1968）。未
　　出版之碩士論文，國立中央大學歷史研究所碩士，桃園。

二、日文文獻

王榮（2001）。日本統治時代臺湾の実業補習学校について。東洋史訪，7，23-35。

竹中信子（2001）。植民地台湾の日本女性生活史. 3昭和篇（上）。日本：東京都。
　　吳文星（2001）。日本統治前期の臺湾実業教育の建設と資源開発——政策面を
　　中心として。日本臺湾学会報，3，103-120。

沖田良子（1939）。兵隊さん有難う／全島女学生慰問文／出征家族や白衣の兵隊さ
　　んを舞踊で慰問。臺灣警察時報，285，142-143。

岸本正賢（1934）。嘉義市嘉義特殊教育設施‧嘉義女子技藝講習所【臺南州教育特

輯，10月號】。臺灣教育，375，58-65。

柯萬榮編（1937）。臺南州教育誌。臺南市：昭和新報社臺南支局。

愛國婦人會臺灣本部（1938a）。嘉義市分會。臺灣愛國婦人新報，101，36-38。

愛國婦人會臺灣本部（1938b）。嘉義市分會－八月中。臺灣愛國婦人新報，108，27-
　　30。

愛國婦人會臺灣本部（1938c）。嘉義市分會－十月中。臺灣愛國婦人新報，110，27-
　　29。

愛國婦人會臺灣本部（1941）。嘉義市分會－三月中。臺灣愛國婦人新報，139，41-43。

新高堂編輯所（1939）。[昭和十四年度]台灣各中等學校入學試驗問題集。臺北：新
　　高堂書店。

新高堂編輯所（1941）。[昭和十六年度]臺灣各中等學校入學試驗問題及解答。臺北：
　　新高堂書店。

嘉義市役所編（1935）。嘉義市制五周年記念誌。嘉義：作者。

嘉義市報（1936年9月18日）。嘉義市報第218號・嘉義市告示第11號。嘉義市：作者。

嘉義市報（1937年2月9日）。嘉義市報第227號・募集要項。嘉義市：作者。

嘉義市報（1939年5月1日）。嘉義市報第268號・學事事項。嘉義市：作者。

嘉義市報（1941年4月7日）。嘉義市報第330號・嘉義市告示第2號。嘉義市：作者。

臺灣日日新報（1933年4月9日）。女子技藝講習所開所式。臺灣日日新報，3版。

臺灣日日新報（1937年1月28日）。嘉義女子技藝學校／家政女學校と改稱／父兄、生
　　徒の望成り二月から。臺灣日日新報，5版。

臺灣日日新報（1937年3月16日）。島都ニュース，臺北家女學校設立認可さる。臺灣
　　日日新報，9版。

臺灣日日新報（1937年9月23日）。家政女學校に子女團を組織。臺灣日日新報，5版。

臺灣日日新報（1938年3月15日）。家政女卒業式。臺灣日日新報，5版。

臺灣日日新報（1938年7月12日）。地方近事／嘉義／洗濯洗張り實習。臺灣日日新
　　報，8版。

臺灣日日新報（1939年11月27日）。嘉義家政女の和裁競技會。臺灣日日新報，4版。

臺灣日日新報（1939年4月16日）。更衣季をとらへて／家政女が街頭進出／市民の註
　　文に應じて洗濯洗張の實習。臺灣日日新報，9版。

臺灣日日新報（1939年4月5日）。嘉義家政女學校校舍新築に著手竣工は九月上旬

頃。臺灣日日新報，5版。

臺灣日日新報（1939年9月17日）。家政女上棟式。臺灣日日新報，5版。

臺灣日日新報（1941年2月10日）。廢品活用の好資料／家政女の展覽會大成功。臺灣日日新報，4版。

臺灣日日新報（1941年2月6日）。廢品更生展／九日家政女で開催。臺灣日日新報，4版。

臺灣日日新報（1941年3月19日）。嘉義家政女卒業式。臺灣日日新報，4版。

臺灣日日新報（1942年10月27日）。逞し嘉義家政女／健氣な制服の處女／農民に劣らぬ農業經營／實を結んだお金は獻金。臺灣日日新報，4版。

臺灣日日新報（1942年2月25日）。實業補習校研究發表會。臺灣日日新報，4版。

臺灣日日新報（1943年9月2日）。體鍊科講習會／三日から二週間。臺灣日日新報，2版。

臺灣總督府（1934）。臺灣總督府及所屬官署職員錄。臺北：作者。

臺灣總督府（1941）。臺灣總督府及所屬官署職員錄。臺北：作者。

臺灣總督府（1944）。臺灣總督府報第610號。臺北州：作者。

臺灣總督府文教局（1938）。臺灣總督府學事第三十五年報。臺北市：作者。

繩田忠雄（1938）。劍道の理論と實際。東京：六盟館。

三、英文文獻

Burke, P. (2004). What is Cultural History? Malden, MA: Polity.

Victoria, B. E. & Hunt, L. (1999). Beyond the Cultural Turn: New Directions in the Study of Society and Culture. Berkeley and Los Angeles, California: University of California.

附錄

一、受訪者資料

　　本文針對五位經歷了日治時期（1939-1945年）就讀於嘉義家政學校的畢業校友作詳細的口述歷史（初訪人數為10人，最後訪談人數5人）[9]，其中一位口述受訪者為日籍的井澤富美子女士，惟因涉及研究倫理議題，口述歷史的臺籍受訪者大部份不願意透露真實姓名，爰此，在尊重受訪者及便利編碼下，四位臺籍畢業校友的基本資料中則以匿名的方式呈現之，另一名日籍的口述受訪者井澤富美子則同意以真實姓名呈現之（表11）。

表11｜五位畢業校友基本介紹

姓名	性別	年齡	就讀期間	就讀學校名稱	健康狀況
陳阿媽	女	86	1944-1945年	嘉義商業實踐女學校	良好
黃阿媽	女	87	1943-1945年	嘉義家政女學校（嘉義商業實踐女學校）	良好
林阿媽	女	88	1942-1945年	嘉義家政女學校（嘉義商業實踐女學校）	良好
蔡阿媽	女	88	1942-1945年	嘉義家政女學校（嘉義商業實踐女學校）	良好
井澤富美子[10]	女	92	1939-1942年	嘉義家政女學校	良好

資料來源：作者自行整理

---

[9] 本文所訪談之五位嘉義家政女學校所取得之口述資料十分不容易，第一，該校每一年招100名女學生，能順利畢業的學生大約為90人上下，數量不如公學校眾多，且學生來自四面八方，畢業後會回到自身的故鄉，加上本地人畢業後可能結婚而離開嘉義市等因素下，協尋與連繫的難度都相當高。第二，為了提升研究的可信度，把口述者的健康狀況與精神狀態列入基本考量，因為隨著年齡增長，在生理上（視覺、聽覺、重大的身體疾病）的損壞或記憶的扭曲、失真會影響到口述的真實性，故更加深了協尋訪談對象的難度。綜上所述，本文所訪談的人均受完六年的公學校教育，具有一定的學識教育，且至少都有85歲以上，加上要有親身的體驗與想法，使得受訪的人數從初訪的11人驟降為最後的5人。

[10] 關於日籍受訪者井澤富美子部分，作者先行透過各種管道，2015年11月中旬取得井澤富美子的連絡

二、口述歷史的編碼方式

（一）逐字稿的抄謄及整體閱讀

　　首先將每一份訪談錄音內容謄寫成逐字稿，成為日後閱讀及分析的文本。在謄寫逐字稿前，作者先紀錄文本編號、受訪時間及訪談地點等，謄寫時，接著反覆聽錄音檔內容，一字不漏的將其轉化成文字。接著將謄寫完畢的文本列印之後，做每份文本初次的整體閱讀，秉持著客觀的角度視野、遠離先前刻板印象及經驗詮釋，盡量融入受訪者的情境脈絡中。

（二）進行編碼

　　五位訪談者所取得的文字資料，作者使用質性軟體ATLAS.ti 5.0版[11]作為輔助工作進行編碼。因為此次訪談類別僅有女性受訪者，故五位受訪者均以英文字代碼為之，分別獨立編號（表12）。第一位受訪者為「A」，第二位受訪者為「B」，第三位受訪者為「C」，以此類推之。第二碼為訪談次數，並在編碼時給予標示如「軍人出征」則註記為「A-1軍人出征」。

表12｜訪談者編碼表

姓名	編碼
陳阿媽	A
黃阿媽	B
林阿媽	C
蔡阿媽	D
井澤富美子	E

資料來源：作者自行整理

方式，2015年12月先以越洋電話向其說明來意並取得其同意，在2016年過年期間赴日本旅遊並順道親自前往日本的千葉縣向其拜訪並進行口述訪談。其後再分析訪談內容文本時，如無法詳細理解或不懂其意思時，作者將會透過越洋電話再次進行訪談細節的澄清與脈絡釐清。

[11] 理由說明請詳見第四章第135頁註解20。

第六章　造福鄉里：
嘉義市社會事業的圖像

「沒有嚴霜，綠葉那會枯黃？沒有
秋風，黃葉那會飄零？」
——日治時期臺灣詩人 楊華
（A.D.1906 - A.D.1936）

6.1 嘉義市方面委員會與方面委員助成會

一、方面委員會制度的建立

　　日治時期社會福利工作統稱「社會事業」，其內涵係指實踐社會福利、保險社會安全、增進人民福祉的方法及工作體系（田子一民，1922）。又臺南州方面委員助成會（1926）定義社會事業為：（一）對社會上弱勢者的保護與引導事業。（二）以改善社會生活環境為目的的事業。（三）填補全體在社會中缺陷的事業。（四）社會中由公私兩方機關共同經營的社會事業。（五）與社會全體有共同關係的事業。（六）對達到生活標準有助益的事業。而關於嘉義市的社會事業內容，大致可分為六大類：第一類：一般社會類；第二類：慈惠救助事業；第三類：醫療救助事業；第四類：經濟保護事業；第五類：兒童及婦女保護事業；第六類：隣保教化事業（嘉義市政府，2002a）。

　　方面委員的制度主要來自日本早期的隣保制度，基於「隣保相扶」的精神，從事社會調查、社會救助等工作（小河滋次郎，1929）。所謂「方面」，是指區域劃分的單位（原來是大阪府將一地區稱為「一方面」），大約是一個小學校的通學區域，方面委員是由居住在該地區內的公民中選出，以社會奉獻的精神進行相關工作（生江孝之，1929）。

　　「方面事業」本來是由官方經營綜合的社會事業，同時也招攬民間有地位、聲望的熱心人士參與，結合官民力量，以地方自治的精神進行社會改造，可視為官民共營的社會福利事業（臺南州編，1942）。臺灣方面委員制度，創始大正12年（1923），當時臺北、新竹、臺中、臺南、高雄各州設有方面委員會，任命地方熱心人士為方面委員，調查辦理該地區的社會事業。其後由州推及市街庄，市街庄方面委員由州知事任命；方面事業之經費則來自募款或會費（嘉義市政府，2002a）。嘉義市方面委員會成立於大正14年（1925）6月17日，最初由臺南州經營，置聯合事務所於嘉義街役所內，由擔任嘉義郡役所嘉義街長真木勝太任命相關的方面委員，共計44人（作者不詳，1943；臺灣總督

府，1925）。方面委員與保正甲長一樣是名譽職，由市長或街庄長推薦，再由州知事或廳長委託擔任，任期兩年。昭和以後，設方面委員36人，其中15名日本人、21名臺灣人，分別負責甲區10區及乙區20區[1]（作者不詳，1937；嘉義市政府，2002a）。

　　方面委員主要的功能與業務為：諮詢指導、保健救療、兒童保護、周旋介紹、戶籍整理、給予補助金等。諮詢指導包括生活、育兒、衛生、戶籍、人事、家事等。保健救療則有探病、交付慈惠院診療、產婦嬰兒保護處理、行旅病人救助、負傷者救濟等。兒童保護則有入學勸導、保育委託、學費免除處理等。周旋介紹則有租借土地的仲介、職業介紹、婚姻斡旋等。戶籍整理包括出生死亡申請、無籍者、私生子處理，還有戶籍訂正事項、離婚申請等。給予補助有生活費、喪葬費、入院費之給予，另有米券之交付等等，各式各樣的工作（臺灣總督府文教局編，1926）。而關於方面委員會的業務處理事項，依據嘉義市役所在昭和8年（1933）至昭和14年（1939）出版的《嘉義市勢一覽》統計數字如表13：

---

[1] 昭和12年（1937）嘉義市方面委員會分有甲區10區及乙區20區。甲區：甲第一區（新高町、山下町、東門町、宮前町）、甲第二區（北門町、檜町）、甲第三區（榮町一、二、三、四丁目）、甲第四區（榮町五、六、七丁目、黑金町）、甲第五區（朝日町、堀川町）、甲第六區（元町、南門町）、甲第七區（西門町一、二、三、四、五丁目）、甲第八區（西門町六、七、八、九丁目、廣末町）、甲第九區（新富町）、甲第十區（玉川町、白川町）。乙區：乙第一區（新高町、豪斗坑）、乙第二區（山下町、檜町一、二、三、四丁目）、乙第三區（宮前町一、二、三、四、五丁目、山子頂一部）、乙第四區（東門町一、二、三、四、五丁目、朝日町一、二、三丁目）、乙第五區（東門町）六、七、八丁目、朝日町四、五、六丁目）、乙第六區（宮前町六、七丁目、北門町一、二、三丁目）、乙第七區（元町一、二、三丁目）、乙第八區（南門町一、二、三丁目、堀川町）、乙第九區（檜町五、六丁目、北門四、五、六丁目）、乙第十區（元町四、五、六丁目）、乙第十一區（南門町四、五、六丁目）、乙第十二區（檜町七丁目、北門町七丁目、榮町一、二丁目）、乙第十三區（元町七丁目、南門町七丁目、榮町一、二丁目）、乙第十四區（榮町三、四、五丁目、埤子頭、竹圍子、北社尾）、乙第十五區（西門町二、三、四丁目）、乙第十六區（新富町二、三、四丁目）、乙第十七區（新富町五、六、七、八丁目）、乙第十八區（榮町六、七丁目、西門町五、六丁目）、乙第十九區（黑金町、西門町七、八、九丁目）、乙第二十區（末廣町一、二、三、四、五丁目）（作者不詳，1937，頁26-27）。

表13｜方面委員處理事項統計表[2]

日期	前年度方面委員處理事項與件數
昭和8年（1933）	相談指導277件、保護救療2,141件、兒童保護38件、週旋介紹1,269件、戶籍整理8件、金品給與1,033件、其他1,721件。
昭和10年（1935）	相談指導441件、保護救療6,147件、兒童保護84件、週旋介紹2,508件、戶籍整理16件、金品給與1,303件、其他366件。
昭和11年（1936）	相談指導519件、保護救療4,418件、兒童保護135件、週旋介紹4,402件、戶籍整理36件、金品給與1,269件、其他9,710件。
昭和12年（1937）	相談指導571件、保護救療5,641件、兒童保護141件、週旋介紹753件、戶籍整理17件、金品給與1,335件、其他4,252件。
昭和14年（1939）	相談指導702件、保護救療5,426件、兒童保護155件、週旋介紹3,492件、戶籍整理44件、金品給與1,251件、其他697件。

資料來源：嘉義市役所（1933，頁8-10；1935，頁8-10；1936；1937；1939，頁6）

　　嘉義市方面委員會的服務宗旨主要為：改善嘉義市生活、增進醫療福祉、經濟保護等為目的（臺灣總督府文教局編，1935）。而自草創初期至昭和年間，連續10年以上擔任方面委員的人士，臺籍人士有黃德壽、陳福財，日籍人士有富山豐、原田泰能及平林庫吉（嘉義市役所編，1935）。例如昭和4年（1929）嘉義街方面委員則有23名，如下表14所示：

表14｜昭和4年（1929）嘉義街方面委員

嘉義街方面委員			
職業	姓氏	職業	姓氏
曹洞宗布教師	原田泰能	米商	張水連
貸地業	鄭作型	當舖	上田百合八
照相業	增田猛武	貸地業	徐乃庚
公學校校長	岸達躬	器械商	鈴木靖
醫師	陳宗惠	貸地業	黃德壽
米商	蘇孝德	雜貨商	吉川關助

2　統計之數據為前年度之數據。再者，因社會事業包含有公園、公會堂、市民館、市設水浴場、公設質舖、公設助產婦、人事相談所、慈惠院救養人員、方面委員處理、簡易宿泊所、釋放者保護、行旅病人救助護、行旅死亡人處理等事項，惟本處僅討論方面委員處理之業務。

嘉義街方面委員			
職業	姓氏	職業	姓氏
和服商	加土峰吉	鳳梨罐罐頭會社社長	陳福財
貸地業	黃明火	飲料水製造販賣	富山豐
鐵工業	平林庫吉	雜貨商	方展玉
信用組合主事	白師彭	新聞記者	小河內六一
街長	真木勝太	助役	庄野橘太郎
助役	賴尚文		

資料來源：作者不詳（1929，頁2）。

　　原則上在設置方面委員這個制度時，設計者即認為應由與民眾互動較多的熱心人士擔任。在臺灣的方面委員條件也貫徹這樣的原則。而陳福財之身分地位即符合此等資格考量。嘉義市設置方面委員五年之後，其對日治中期以來的社會事業實之貢獻顯而易見，有其推波助瀾之效。因為有方面委員對地方弱勢者的訪查與執行，才能讓諸多待辦的社會事業，得以落實（雷家驥總纂修，2009c）。

二、嘉義街西門方面及車店方面委員：以陳福財為例

　　草創初期至昭和年間，陳福財連續10年以上擔任方面委員（圖112）。他是嘉義市知名的仕紳，為南部實業界、嘉義地區金融界巨頭─陳際唐之長子，其二弟為陳福讚、三弟為陳添江。明治31年（1898）11月17日，陳福財誕生於嘉義市西門町一／一〇四的家中，大正3年（1914）3月畢業於嘉義公學校後，就在家中協助父親打理家族事業，一邊學習經商，一邊見習父親的交際手腕。此外，陳福財從小就機靈活潑，十分聰穎，完全承繼父親的優秀交際手腕，雖然只有公學校的學歷，但其日文書寫能力流暢無比，可說是一位武德兼修的社會事業家，且其敦厚篤實、待人謙虛有禮，除活躍於各種事業外，更奉行父親陳際唐的理念，積極投入公共事業的建設與社會救助不遺餘力[3]（大園市藏

---

[3]　大正12年（1923）25歲就當選嘉義購買利用組合理事。昭和5年（1930）當選市協議會員、昭和7年

編，1942；林璽堅、李添興編，1937）。

　　陳福財於大正14年（1925）6月17日，擔任首任嘉義街西門方面委員的職務（圖113），配合GIS（Geographic Information System）中「中央研究院嘉義百年歷史地圖WMTS服務」的資料庫地圖，從1935年「嘉義市街圖」，得知昔日西門亦即西門町之位置，其範圍東起今日之國華街東中段；西至嘉義公賣局前信義路。北起中正路北西段，南至延平街南段的區塊範圍內（邱麟翔，1986）。而陳福財擔任嘉義街西門方面委員，主要任務則是負責打理與協調西門內的相關社會事業[4]。方面委員會會定期召開會議，討論相關案件或須經委員會議決的議案，如嘉義市方面委員會在昭和11年（1936）6月18日下午7時半在公會堂舉辦總會並提出議案議決，如：（一）職業介紹法施行要點；（二）本島少年法施行要點；（三）州立精神病院設立要點；（四）日本人失業者的救濟要點；（五）打破迷信及寺廟祭典改善的根本策略等（臺灣日日新報，1936年6月18日），由此可知方面委員會對嘉義地區社會事業的推動與重視。

　　大正13年（1924）5月25日，在方面委員會尚未成立前，陳福財就曾前往日本內地，進行內地社會事業的考察，想瞭解何種公共事務的內涵是嘉義市所需要的，歸來深圖欲盡微力。其回臺灣時正逢臺灣雨季，行人早出晚歸，被雨淋濕的人不少，所以他打算提供數百支油紙雨傘及若干個提燈，放置於停車場及各派出所以供民眾取用。若有駕牛車者及騎乘自轉車的人，在途中遇到下雨或偶逢暗夜，也可借來使用，可說是十分便民（臺灣日日新報，1924年5月

（1932）任所得稅調查委員、昭和9年（1934）任市政土木委員、昭和10年（1935）任市會議員。再者，昭和11年（1936）嘉義商品倉庫利用組合監事，同年又任嘉義商業協會副會長、合資泉利商行代表社員等職。又昭和12年（1937）任羅山信用組合理事、嘉義市方面委員。因陳福財在社會事業上的表現傑出，被臺南州知事召見並表揚。昭和13年（1938）再任商工會議所議員，昭和14年（1939）又蟬聯市會議員，昭和16年（1941）任事參會員。而在昭和18年（1943）年時則擔任臺南砂糖卸商組合副組合長、皇民奉公會州支部委員、同嘉義市支會參與、臺南州植物性油配給組合副組合長、財團法人濟美會理事、國民劇場株式會社專務取締役、同州麥粉配給組合副組合長、阿里山國立公園協會理事、臺南州保甲協會聯合會副會長、燐寸賣捌人指定、煙草賣捌人指定、嘉義西門聯合會長、嘉義商品倉庫利用組合監事、東洋鳳梨會社社長等社會事業要職（大園市藏編，1942，頁248；林進發編，1931，頁566；林璽堅、李添興編，1937，頁90；興南新聞社編，1943，頁312）。

4　中央研究院嘉義百年歷史地圖WMTS服務，1935年「嘉義市街圖」。（http://gissrv4.sinica.edu.tw/gis/chiayi.aspx）。

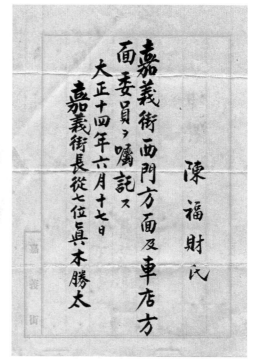

圖112▋ 陳福財玉照
資料來源：嘉義市役所編（1935）

圖113▋ 嘉義街西門方面及車店方面委員聘書
資料來源：作者自行收藏

25日）。由上可知陳福財擔任嘉義街方面委員會理事時，對社會事業的注重與
關心，他甚至應邀為《社會事業の友》撰寫發刊詞並順勢宣導方面委員會的作
用。且陳福財（1929）指出：現今社會的進步潮流，有賴從事社會事業的施行
及保護措施的建立。在臺灣的方面委員會制度從臺南等五市四街開始實行，實
行之成效卓越，其後其他地方將陸續跟進實行此制度。很榮幸貴刊物發刊，可
以透過本刊物將社會事業設施的重要觀念加以宣導與傳遞，以健全社會發展與
進步的思想，實在值得慶賀。

　　此外，昭和10年（1935）9月13日下午6時，由陳福財等十人至嘉義市西門
町的福德廟，協議該廟移轉，因該廟當時的所在地有礙市容觀瞻，且日後將擬
設立停仔腳（騎樓），而該廟的建築將會被拆除一個角落，故必須遷徙。當時

市內之廟宇尚有20餘間，皆躲藏許多流浪漢，希冀能徹底改善。對此川添市長提出建立有威望的綜合廟宇與一起祭拜的神祇之建議，期能美化市街場景。但反對者陳福財卻認為，建立綜合廟一起合祀眾神之案，在此過渡時期實現難度高，因為各廟財產不一，且考量廟公之生計，欲合併經營實有其難度（漢文臺灣日日新報，1935年9月11日）。由上述的新聞報導可知，擔任方面委員會委員的陳福財除了積極解決紛爭與問題外，更能為中下產階級的族群發聲，謀取權益與福利，上述的廟公生計乙案即為代表性。

同樣配合GIS（Geographic Information System）中「中央研究院嘉義百年歷史地圖 WMTS服務」資料庫地圖，從1936年「嘉義市職業別明細圖」得知，車店方面委員是指在白川町城外的車店庄，亦即位於嘉義市西南郊的位置。因為日治時期嘉義城與臺南府城間的生意往來均以該處為主要通道，運輸多以牛車為主，人車川流不息，所以該處也演變牛車轉運站，甚至在此經營修理牛車的店家也逐漸增加（各里幹事，1986），昔日的車店庄位於今日嘉義市重慶路與車店街交叉路口。大正2年（1913）6月因維護治安因素，以民宅設置簡易的派出所，而隨著往來的人潮增多與商業事務往來頻繁，而於昭和4年（1929）4月15日完成車店新派出所的設置（漢文臺灣日日新報，1929年4月17日）。

三、方面委員助成會評議員：以陳福財為例

方面委員助成會為方面委員會的輔助機構，由於「方面委員」業務範圍廣泛，包括與各種市業團體的聯繫、救濟金募款、救濟方法的檢討等，事務繁雜難以兼顧，故增設「助成會」以靈活運用方面委員制度。嘉義市方面委員助成會成立於大正14年（1925）8月1日，採會員制，會員500名以上，會址設在東門町。主要目的在支援方面委員會的活動，謀求社會事業的橫向聯繫與發展；組織設理事長1名、常務理事1名、理事5名、評議員20名（嘉義市役所編，1935）。而方面委員助成會第一任的理事長則由擔任嘉義郡役所嘉義街長暨臺南州州協議會員的真木勝太擔任之（臺灣總督府，1925）。

昭和5年（1930）4月嘉義市方面委員助成選出評議員為陳福財、富山豐等8名協助推動方面委員會事務（圖114、圖115），於16日午後3時在市役所，授予聘書（漢文臺灣日日新報，1930年4月19日）。又訂於昭和7年（1932）7月30日中午11時，在公會堂開會，討論前年度事項報告、收支決算及本年度事業計畫與預算等（漢文臺灣日日新報，1932年7月28日）。地方的方面委員助成會除了支援方面委員的工作外，其內部組織有時也會指導農作技術，以教導民眾學習一技之長（近現代資料刊行會編，2000），有些助成會甚至有自己的社會館，經費來自地方的仕紳捐款。

　　如昭和9年（1934）5月4日，臺灣日日新報的一則報導指出：嘉義市方面委員助成會在今年春時於嘉義市東門噴水池東南隅，興建一座全部木造的平房的「隣保館」共五棟十室，總計有172坪，於3月下旬竣工，訂於本月4日上午10時在館內舉行落成典禮。該館主要的功能包括：（一）人事相談（就業輔導中心）。（二）職業介紹。（三）乞丐容收。（四）巡迴產婆。（五）貧窮者的醫療。（六）教化風俗改善。（七）簡易宿泊。（八）授產所（職業訓練所）。（九）小兒的托育。（十）兒童保護等各種社會事業。上述的經費一年需要9千4百餘圓，而這筆經費的來源，主要來自市府的稅收補助金[5]、會費收入、指導農作收入等等。將來並打算募集5萬圓成立財團法人，訂於5月4日下午2時至9時開設事業展覽會，展示社會事業關係的宣傳單、標本、統計、結核砂眼、癩痢患者、生活改善、食衣住行等模型及嬰兒物品，供一般民眾參觀（臺灣日日新報，1934年5月4日）。

　　昭和10年（1935）擔任嘉義市方面委員助成會評議員的陳福財，參加第五回全國方面委員大會，出席社會事業視察團赴日本內地進行社會事業視察，回國後他有以下之感想：（一）日本內地社會事業內涵豐富多元，包括社會教育、社會教化、幫助貧民之保護設施及醫療現代化設備的建置，如設置托兒所與幼稚園供托育幼童、病院的完善設施、婦人有專門的生產院所、老人有專

---

[5] 擔任方面委員會委員及方面委員助成會評議員的陳福財極力贊成徵收稅收，因為本島教育文化的普及、交通便利、完備的衛生醫療設施，這些財源有賴官營事業的稅金收入做為國家建設的基石。繳納稅金是文明國家的象徵，人民有納稅的義務，為了使國民生活安定、社會福利健全、國民權益獲得保障，國家要適度的課予稅收，人民當然有完納稅收的義務（陳福財，1935b，頁79-80）。

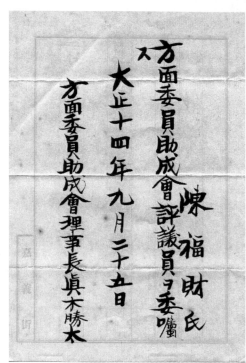
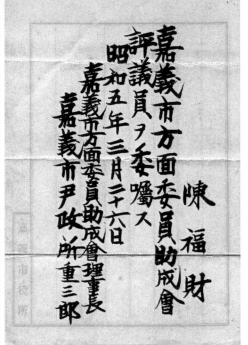

圖114▌ 方面委員助成會評議員聘書
資料來源：作者自行收藏

圖115▌ 方面委員助成會評議員聘書
資料來源：作者自行收藏

屬的養老院所等，營運觸角廣泛。（二）宗教團體對社會事業的的經營，除了神祇祭拜外，尚經營幼稚園、療養院等社會事業，例如東京有名的淺草觀音堂等。反觀，臺灣寺廟財源豐富，卻在社會事業之營運缺席，可以淺草觀音堂等先例作為從事社會事業的借鏡。（三）隣保館在市街上設置的必要，其主要功用在提供中下階層無力就醫的病患較低廉的診療，使其及早就醫，達成普及文化醫療的目的。（四）食衣住行是生活之必要，而衛生的改良是建設臺灣向上的重要議題。全島方面委員會在大會中，對臺灣社會事業協會提出「部落改良關聯的具體策略」的決議案，建議政府用低廉的資金借貸給市街庄，以進行社會事業的建設與計畫（陳福財，1935a）。由此可知陳福財積極的向東洋取經，希望透過參訪交流的經驗，將日本內地的社會事業體系與制度落實於臺灣

的社會事業中，讓臺灣的社會事業能造福更多人群。

　　雖然這些助成會在形式上是隸屬於「私設」的助成團體，但是其官方色彩仍濃厚，因為其辦公地點多半是街庄役場，且助成會會長（代表人）都是由街長、庄長擔任；因此可說是地方社會行政機關或方面委員制度的延伸，以徹底執行社會事業工作（劉晏齊，2005）。

6.2　嘉義隣保館的性質及其與方面委員、　　助成會間的關連性

一、嘉義隣保館創設理念

　　嘉義隣保館是隸屬於方面委員會及方面委員助成會下的財團法人組織，館址位於當時東門町6-32、33、36、37[6]，其實方面委員會的委員們積極想引進隣保館的系統，加上昭和10年（1935）年擔任方面委員會委員及方面委員助成會評議員的陳福財，出席社會事業視察團赴日本內地進行社會事業視察，回臺後即深刻體悟到隣保館在社會事業中的重要性。所以對於嘉義市隣保館的籌備馬不停蹄的推動；昭和9年（1934）6月12日下午7時，嘉義市方面委員會在公會堂的月例會中，提出共同決議明年度隣保館竣工後的運作事宜，並設置相關設施以為經營模式，初步規畫有：（一）人事相談所[7]（就業輔導中心）及職業介紹所。（二）婦人簡易的宿泊場所[8]。（三）乞丐收容所。（四）授產

---

[6]　配合GIS（Geographic Information System）中「中央研究院嘉義百年歷史地圖WMTS服務」資料庫地圖，從1940年「嘉義市內地圖」得知，嘉義隣保館舊址位於目前嘉義市光明路與和平路交叉的街角（圖116、圖117、圖118）。參見中央研究院嘉義百年歷史地圖WMTS服務，1940年「嘉義市內地圖」（http://gissrv4.sinica.edu.tw/gis/chiayi.aspx）。

[7]　人事相談所類似戰後的職業介紹所或是今日的就業輔導中心，為防止因失業而導致社會問題擴大，對失業者、未就業者即轉野者給予協助，透過介紹、斡旋使人重新回到工作崗位（岸達躬，1934b，頁22；嘉義市政府，2002a，頁450）。

[8]　嘉義婦人會設立「簡易宿泊所」，地址在嘉義市東門町6-34號，以川添美佐子為代表，由會員組織，以會費、捐款、補助金為經費，資產2,801圓，本所為紀念大正12年（1923）4月20日，日皇太子來臺而設者，以免費收宿貧窮旅行者（岸達躬，1934b，頁20；1934c，頁31；雷家驥總纂修，2009c，頁141）。

知識小學堂

　　放置在屋內高處的牌子，上面有工程名稱與上樑時間、業主、設計者等與建築相關的資訊。日本的棟札上面會寫神官請來庇佑的神明名諱。常見的上樑文有木製、銅製板子或石製碑刻，碑刻又稱為上樑文碑。

所[9]。（五）白天的保育及托育所。（六）兒童保護事業。（七）醫療事業等綜合性的經營模式，以讓社會事業的精神可以實現（岸達躬，1934a；臺灣日日新報，1933年6月8日；1933年6月14日）。

　　其實早在昭和8年（1933）12月28日已經初步規劃嘉義市隣保館的地點並加以建設，預計要在昭和9年（1934）2月10日正午時舉行將上樑式儀式，並在同年5月1日竣工，5月4日舉辦落成儀式，5月11日開始對外社會事業的營運（岸達躬，1934b）[10]。昭和9年（1934）2月11日，川添市長知悉恩賜財團[11]敬福理事長與嘉義市方面委員助成會捐助隣保館的建設費用1千5百圓後，致電表達感謝之意（臺灣日日新報，1934年2月11日）。同年3月11日時，嘉義市官方在下午7時召集方面委員，在嘉義公會堂舉辦磋商會，討論隣保館落成儀式及寄附金募集事項，會後決定以基本資產5萬圓設立為財團法人的計畫、入會寄附金的募集等事宜。東門公學校校長岸達躬在商量會上率先拋磚引玉先行寄附1千圓申請入會（臺灣日日新報，1934年3月13日；1934年3月16日）。

9　類似職業訓練所（圖119），主要教授無業貧民編製竹箒、檳榔樹皮之團扇及藤作品，售出後所獲價款，扣除原料及運費外，餘均分配貧民作為工資，讓他們可以自給自足，不要讓那些無業的遊民造成社會問題的隱憂，而且編製竹箒數量逐年增加（圖120），品質也愈來愈好，品項也逐漸多元化，如有熊手（竹制耙子）、藤椅子、檳榔葉團扇（檳榔的葉鞘所製而成）等（岸達躬，1934c，頁23-28；雷家驥總纂修，2009c，頁138；嘉義市政府，2002b，頁449）。例如昭和6年（1931）嘉義隣保館授產所為例，就業人數，臺灣人355人、日本人166人；產品數：竹掃帚4,158支、檳榔葉團扇700支（臺灣總督府文教局編，1933，頁109）。

10　原先計畫配合5月5日兒童節進行落成儀式，但因方面委員會與方面委員助成會的其他事務考量、臺南州知事的行程及儀式良辰吉時的規畫，故決議將預定於5月5日提前至5月4日舉行落成儀式，以利整個落成事宜順利進行。

11　此類財團乃以日本皇室捐款為慈善救助基金所設之團體，對於補助社會事業之業務，委託臺灣社會事業協會辦理。恩賜財團之組織方式，昭和5年（1930）為社團法人，昭和10年（1935）改為財團法人，會址設於總督府文教局內，以文教局長為代表。經費來源為國庫補助、皇室捐款、會費及其他捐款等（雷家驥總纂修，2009c，頁142）。

圖116▌現今嘉義隣保館舊址
資料來源：GOOGLE地圖

圖117▌現今嘉義隣保館舊址現況圖
資料來源：作者2016年5月1日攝於舊址

圖118▌現今嘉義隣保館舊址上的廟宇
資料來源：作者2016年5月1日攝於舊址

圖119▌嘉義市方面委員助成會授產場明信片（右邊招牌）
資料來源：作者自行收藏

圖120▌嘉義市方面委員助成會授產場製作竹掃帚明信片
資料來源：作者自行收藏

身為方面委員會委員的岸達躬（1934b）指出，隣保館是由嘉義方面委員會與方面委員助成會一起監督及經營的事業機構，以服務社會為宗旨，希望透過社會事業的綜合經營，為嘉義市民帶來生活便利及增進福祉，發揮互助的精神，進而有社會教化改善向上的功效與建設國家（田村菊三郎，1940；螺溪生，1934）。時任嘉義街助役的庄野橘太郎（1934）也指出，社會事業就應該秉持著薄利多銷的理念，人民在生活上才會受益，經濟才會發展，城市才會有建設，有建設才會繁榮進步，接踵而至的各項益處才能回饋到人民身上。

二、嘉義隣保館開幕與營業

　　當時全臺灣唯一一座設施完備的隣保館，在嘉義市的昭和9年（1934）5月5日的兒童節來臨前竣工並舉辦落成儀式。嘉義市方面委員會花費工資6千5百圓，在嘉義市東門噴水池東南隅建築嘉義隣保館並已竣工。預定在5日上午10時前，在館內托兒室舉行落成儀式，中午時開祝賀會，5日起連續三日，舉行社會事業展覽會、生活改善展覽會、優良幼兒選拔會（庄野橘太郎，1934；臺灣日日新報，1934年4月27日；1934年4月28日）。而原本預定於5月5日兒童節當日進行開幕儀式，後來提前改為5月4日午10時在館內舉行落成典禮[12]，臺南州今川知事、嘉義市長川添、陳福財等方面委員會委員及其他官員、仕紳200餘人一起共襄盛舉。儀式完畢後，集體在館前一同拍照留念。會後集聚在會議室中開設祝宴，直至中午時才散會。該館全部為木造的平房，5棟10室，室內清爽宜人，總計有172坪（圖121、圖122）。

　　嘉義隣保館主要的功能包括：（一）人事相談。（二）職業介紹；（三）乞丐容收。（四）巡迴產婆[13]。（五）貧窮者的醫療[14]。（六）教化風俗改

---

[12] 原因參見註解10。

[13] 昭和9年（1934）6月6日，設於隣保館內，以專任助產婦作市內巡迴，指導貧困妊娠婦女並處理生產事宜（岸達躬，1934c，頁28；嘉義市政府，2002a，頁452）。方面委員會指出，施行助產婦作市內巡迴對嘉義市的社會事業建設非常重要，因為可以協助貧窮家庭的妊娠婦女具備一般婦女教育常識，而且也可以順便作家庭衛生宣導及家庭育兒宣導（岸達躬，1934d，頁62），並且依據統計數字顯示，實施市內巡迴後大大降低市內嬰兒死亡率（田村菊三郎，1940，頁28-29）。

[14] 昭和10年（1935）4月1日，於隣保館第四分館（新富町6-14）設救療所，也是以收容窮民為主，窮民

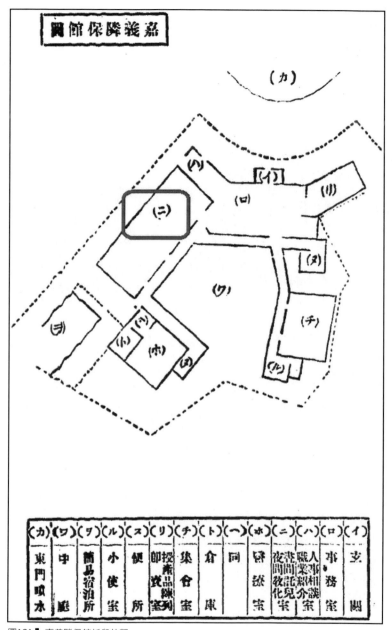

(カ)	(ワ)	(タ)	(ル)	(ヲ)	(リ)	(チ)	(ト)	(ヘ)	(ホ)	(ニ)	(ハ)	(ロ)	(イ)
東門噴水	中庭	簡易貸浴所	小使室	便所	即賣品陳列室	集合室	倉庫	同	授產室	夜間託兒室晝間教化室	職業紹介室人事相談室	事務室	玄關

圖121▍嘉義隣保館托兒外觀

資料來源：岸達躬（1934b，頁19）

圖122▌嘉義隣保館內部位置圖
資料來源：嘉義市役所編（1935）

善。（七）婦人簡易的簡易宿泊。（八）授產所。（九）小兒的托育。（十）兒童保護等各種社會事業。（十一）少年教護。（十二）癲癇隔離療養。（十三）研究調查。（十四）其他（岸達躬，1934b；臺灣日日新報，1934年5月4日；1934年5月6日）。經營隣保館的經費一年需要9千4百餘圓，而這筆經費的來源，主要來自市府的稅收[15]補助金、會費收入、指導農作收入等等。將來並

患重大疾病須入院治療而無力自費者，得由方面委員引介入院治療（嘉義市政府，2002a，頁444）。
[15] 方面委員會委員陳福財極力贊成徵稅，因為本島教育文化的普及、交通便利、完備的衛生醫療設施，這些財源有賴官營事業的稅金收入做為國家建設的基石。繳納稅金是文明國家的象徵，人民有納稅的義務，為了使國民生活安定、社會福利建全、國民權益獲得保障，國家要適度的課予稅收，人民當然有完納稅收的義務（陳福財，1935b，頁79-80）。

打算募集5萬圓成立財團法人，訂於5月4日下午2時至9時開設事業展覽會，展示社會事業關係的宣傳單、標本、統計、結核砂眼、癲癇患者、生活改善、食衣住行等模型及嬰兒物品，供一般民眾參觀（臺灣日日新報，1934年5月5日；1934年5月6日）。

接著，臺南州知事等人參加完嘉義隣保館進行開幕儀式後，於午後視察嘉義皮革會社、骨粉工廠、兒童遊園等地（臺灣日日新報，1934年5月8日）。原本嘉義市役所設立的就業輔導中心，一直設置在公設質鋪（公家當鋪）附近辦公，嘉義隣保館設立後，就在同年的5月10日搬遷至嘉義隣保館內辦公，服務項目不變，仍為：（一）就業輔導。（二）土地問題。（三）結婚離婚問題。（四）戶口或戶籍上的關係。（五）金錢借貸關係。（六）談親事。（七）家庭問題。（八）育兒問題等各種事務，且關於上述的諮詢均會保密（臺灣日日新報，1934年5月12日）。由此可知，嘉義隣保館的事業體系漸漸取代傳統各自獨立的組織，此時臺灣的社會型態整合發生變化，以組合社會功能或社會需要作為整合基礎的團體大量出現，這種現象提升臺灣傳統民間社會的自主性與組合性（陳紹馨，2004）。

三、三者間的關連性

隨著商業發展及人口量增加，嘉義隣保館的服務與業務也與日俱增，如嘉義市方面委員會統計嘉義隣保館的處理事件中，昭和9年（1934）年6月間辦理的事務有：植柑技術指導15件、保護救療770件、兒童保護6件、工作介紹44件、戶籍整理55件、其他34件，總計934件（臺灣日日新報，1934年7月11日）。除此之外，透過臺灣日日新報的相關報導可知悉，隣保館的業務屬性非常多元化且便民，甚至有托兒所的設置。嘉義市托兒所成立於昭和9年（1934）年6月6日（圖123、圖124、圖125），地址嘉義隣保館內[16]。主要功用是針對家計困難或幼兒養育不便的家庭，接受其託養工作代為日間照顧（臺

---

[16] 關於托兒所在隣保館內的配置位置，可見圖121嘉義隣保館內部位置圖，作者塗以紅圈圈之處。

圖123▌昭和11年嘉義隣保館正門前合照
資料來源：作者自行收藏

圖124▌昭和11年嘉義隣保館托兒所外面合照
資料來源：作者自行收藏

圖125█ 昭和12年嘉義隣保館托兒所屋內合照
資料來源：作者自行收藏

灣總督府文教局編，1935）。昭和9年（1934）至昭和12年（1937）間，臺灣
人的托兒數約40名，由一位保母負責照料即可，並提供教導他們基礎的日語、
日本文化的禮儀及簡單的手工藝品等保育照顧。但隨著托幼案件申請的逐年增
加，至昭和15年（1940）已經高達230名，需要由五位保母負責保育照顧（田
村菊三郎）。

　　再者，昭和9年（1934）6月13日，嘉義市方面委員召開月例會，在隣保館
內召開方面委員事務所。議決同意相關事項：（一）各委員提出自己近期遇到
的實際案例。（二）市內最必要性、急迫性需要被注重的社會事業建設為何？
（三）方面委員制度功能的增加等。（四）全臺社會事業大會舉辦（臺灣日日
新報，1934年6月13日）。隔月的11日嘉義市方面委員例會，又在嘉義隣保館
開會並議決幾件事項，如為市囑託助產婦派遣、推動遵守時間勵行、社會事業

大會的出席宿泊費用、方面委員助成會、調製行商臺車、貸與貧民之商行及其他事項的討論（臺灣日日新報，1934年7月11日）。

　　漸漸的，嘉義市內相關的社會事業被納入嘉義隣保館的事業體系下經營，透過方面委員會及方面助成委員會各司其職，有系統、有規劃的經營下，各類的社會事業組織均有穩定的運作與社會教化成效的展現，而由陳福財等人擔任要職的方面委員會及方面助成委員會可說是居功厥偉。而從上述相關臺灣日日新報的各項報導中，可以瞭解嘉義隣保館與方面委員會及方面委員助成會的關係密切，某些程度上嘉義隣保館的運作須通過兩者開會的決議，惟雷家驥總纂修（2009c）指出，表面上方面委員會下設方面委員助成會協助方面委員會的運作，但其業務僅協助方面委員之活動與小本貸款，昭和9年（1934）設嘉義鄰保館後，下設許多社會事業的組織如：乞丐收容所、授產所等，使鄰保館業務益繁，方面委員助成會因此成為經營主體，而嘉義鄰保館則成為業務主體，由此可知三者的關係密不可分。

6.3　財團法人嘉義濟美會

　　關於法人嘉義濟美會的設立沿革，肇起昭和13年（1938）由市長伊藤英三命派出所員警，通知轄區內各寺廟管理人齊聚於嘉義市役所會議廳（現今嘉義市中山路嘉義縣政府舊址），迫令全市70餘所寺廟廢合整理（賴彰能，1997）。

　　昭和14年（1939）8月25日，以市長大越隆三為首，率領數名議員：早川直義、陳福財、謝捷三、陳安恭、徐乃庚、梅獅等人赴法院並列名簽署與辦理登記後，由嘉義市役所教育課主管的財團法人嘉義濟美會正式成立，推派嘉義市長大越隆三為會長、石垣當次（教育課長）為常務理事，河野四郎（庶務課長）、野間鄰一（會計課長）、徐乃庚（三山國王）、梅獅（暗街仔廟）、陳福財（溫陵媽廟）（圖126）、謝捷三（地藏王廟）、陳安恭（開漳聖王廟）、賴淵平（南門王爺廟）等8名為理事，並立即召開理事會，討論相關事業辦理及對嘉義市寺廟廢合事宜作準備（方輝龍、賴柏舟，1961；賴彰能，

1997；雷家驥總纂修，2009a；臺灣日日新報，1939年8月28日）[17]。各寺廟之財產均屬神佛名義，不能移轉登記（圖127），乃以各寺廟內之主要居民為該寺廟權利者，將該寺廟委託管理人寄贈嘉義濟美會方式以手續登記，各寺廟之神輿、香爐、托燈、涼傘、大鑼、執事牌、桌椅、鐘、鼓等諸動產，皆集埤仔頭倉庫，嗣歸以500圓標售商人（方輝龍、賴柏舟，1961）。

　　財團法人嘉義濟美會成立後，展開業務執行，召開理事會後的決議如下：（一）聖廟、地藏庵及嘉義廟每年一次祭典，由濟美會隆重舉行，束邀各寺廟關係者五百人參加；（二）每屆年關，以現款資助各國民學校（戶稅免除戶）貧困學生為獎學金；（三）由濟美會撥款2萬圓協助興建新高國民學校。至於濟美會之事務檢查（包括會計檢查），每年由臺南州廳派員檢查一次（方輝龍、賴柏舟，1961；賴彰能，1997）。

　　再者，昭和15年（1940）6月14日中午10時前，財團法人嘉義濟美會於會議室內召開理事會，審查關於昭和15年度歲入歲出等五項文件，中午時會議結束。因整併後的濟美會擁有30餘萬圓的寺廟財產，關於其用途上應研究與討論如何審慎使用，方能符合該會之宗旨，其從事社會事業的教育、教化事業，積極的協助需要幫助的民眾。該年度訂定事項主要為：（一）模範教化區設置的成立。（二）國語講習所經營。（三）神棚普及並放置正廳之改善獎勵。（四）小、公學校貧困學童就學援助。（五）中等學校以上學資金貸與。（六）舉辦神社祭祀佛教講習會（臺灣日日新報，1940年6月15日）。再者，同年12月21日下午2時，該會又於市會議室召開理事會，將於近期公布學資金貸與的規定與成績優秀的貧困兒童，讓欲繼續升學之貧困兒童可以繼續向該會申請，確保資源在正確的管道上被妥善運用（臺灣日日新報，1940年12月24日）。

---

[17] 方輝龍、賴柏舟（1961，頁40）撰寫〈嘉義濟美會紀略〉乙文及雷家驥總纂修（2009a，頁303）編寫的《嘉義縣志・卷二・沿革志》中指出，川添修平為財團法人嘉義濟美會首任會長，應為記載錯誤，且賴彰能（1997，頁31）在〈嘉義濟美會面面觀〉乙文中提及的伊藤英三亦非財團法人嘉義濟美會首任會長。因作者查考臺灣總督府（1939，頁674）官方記錄，顯示昭和14年（1939）的市長應該為大越隆三，而非川添修平與伊藤英三，因昭和12年（1937）7月1日起，川添修平已經調任臺北州基隆市役所任市長（臺灣總督府，1937，頁400），而昭和14年（1939）7月1日起，伊藤英三調往臺中州任相關委員職務，也非任職於臺南州嘉義市役所市長乙職（臺灣總督府，1939，頁172、頁173、頁174、頁185、頁193、頁580），而臺灣日日新報（1939年8月28日）報導的〈嘉義市濟美委員會〉乙文，大越隆三為嘉義市長兼任財團法人嘉義濟美會首任會長方為正確記載。

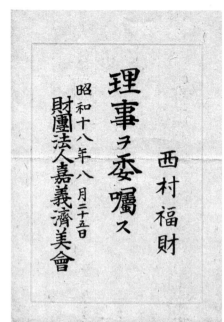

126 | 127

　　昭和16年（1941）4月1日，臺灣日日新報中再度登載財團法人嘉義濟美
會的教育宗旨等報導，再次強調，該會之宗旨主要是從事社會事業的教育、教
化事業，積極的協助需要幫助的民眾，讓民眾能獲取所需的資源，並確保實行
建設大嘉義的計畫。諸如關於國民學校貧困學童入學的援助資金、中等學校以
上學生之學貸、金貸的協助經費等，若有需要協助者可以透過申請的方式踴躍
申請之（臺灣日日新報，1941年4月1日）。由三則臺灣日日新報的報導內容可
知，屏除政治因素的影響外，財團法人嘉義濟美會的宗旨十分符合社會福利事
業的服務內容，舉凡補助國民學校貧困的兒童之學費或獎學金，甚至中等學校
以上的學童，亦可申請學資金貸款；除此之外，從報導中亦可得知該會的組織
運作有一定規範，透過召開理事會進行案件的議決或審查的程序，完成相關規
則的訂定[18]。

---

[18] 日治時期的財團法人嘉義濟美會則是現今「財團法人臺灣省私立嘉義濟美仁愛之家」（參見http://
　　www.jimei.org.tw/）最初的原型。日本戰敗後，光復初期關於財團法人嘉義濟美會的產權紛爭不

圖128▌財團法人私立嘉義濟美仁愛之家
資料來源：作者自行攝影

圖129▌嘉義濟美長期照顧養護大樓
資料來源：作者自行攝影

6.4　財團法人嘉義地方振興協會

　　日治時期以嘉義市為中心，客運巴士汽車經營者有：嘉義地方振興協會、交通局、嘉義自動車巴士、臺中輕鐵、大同自動車等客運巴士，交通網絡已十分完整（嘉義市政府，2002b）。而1930年代的嘉義市交通路線，已通車的客運巴士可達：嘉義市區、關子嶺、竹崎、梅山、北港、白河等地。分別由嘉義地方振興會巴士、交通局局營巴士、嘉義自動車巴士、臺中輕鐵巴士、大同自動車巴士所經營（雷家驥總纂修，2009b）。昭和12年（1937）嘉義地方振興協會在嘉義火車站前設置地方交通運輸站，經營路線分為：一、市內線：又分別為公園線、南門線、北尾社線；二、市外線：又分別為北港（經由月眉潭，往北港媽祖廟）線、北港（經由民雄）線、小梅線、竹崎線、關子嶺線、三條崙線、海口線、白河線等各一線（林璽堅、李添興編，1937；臺南州觀光案內社，1937）（圖130）。

　　其中又以嘉義地方振興協會對嘉義市（市內線與市外線）交通運輸系統的建立影響力最深遠[19]。

斷，詳細內容可參見賴彰能（1997，頁1-121）發表於《嘉義市文獻》第13期的〈嘉義濟美會面面觀〉乙篇文章或方輝龍、賴柏舟（1961，頁40-42）發表於《嘉義文獻》第1期的〈嘉義濟美會紀略〉乙篇文章，均有精闢的解說。該組織其後才漸漸轉型與更名，1972年更名為「財團法人嘉義縣私立濟美教濟院」，又1976年再次更名為「財團法人嘉義縣私立濟美仁愛之家」，最後在1990年改為現今之「財團法人私立嘉義濟美仁愛之家」（圖128、圖129）。

[19] 昭和17年（1942）日本政府以加強公司組織，集中業者的力量發展公路交通，實行「一地區，一業者」的民營公路政策，自昭和17年（1942）2月1日起，臺南州嘉義郡之嘉義、大同、東石、北港合興四家，加上臺灣交通株式會社等五個自動車株式會社合併，改組為「嘉義乘合自動車株式會社」（雷家驥總纂修，2009b，頁345）。而嘉義地方振興協會仍然獨自營業之，但卻持有相當高比例的「嘉義乘合自動車株式會社」股份（7,680股），僅低於林抱（7,683股），但高於臺灣交通株式會社（5,922股）、黃媽典（4,371股）、朱榮貴（3,396股）等大股東。嘉義地方振興協會，從原本的臺日合資性質，在法人清算後公股讓售民股，完全民營化，於1947年1月嘉義乘合自動車株式會社重新登記時，更名為現今通稱的「嘉義汽車客運股份有限公司」，亦即嘉義地方振興協會併入嘉義汽車客運股份有限公司（陳家豪，2013，頁206、頁208、頁253）。

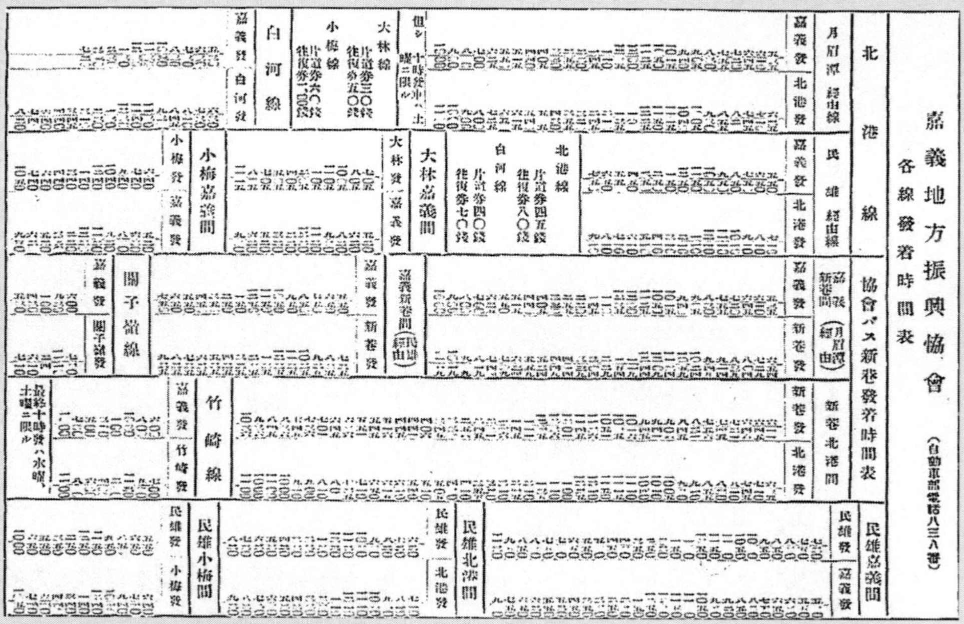

圖130 嘉義地方振興協各線發車時間表
資料來源：阿里山國立公園協會（1936，頁24）

一、嘉義市區與鄰近地區運輸網絡的建構

　　財團法人嘉義地方振興協會主要是籌備地方交通運輸（市內線與市外線）的相關社會事業，昭和10年（1935）6月26日，財團法人嘉義地方振興協會以法人的方式籌組設置，積極向臺灣總督府申請核准巴士經營權，由市役所營運之，並選任理幹事、爭取營業線讓渡的認可，預計於隔年2月過後開始營運。市長指出，嘉義地區在廳的時代，一市六郡，在行政上、經濟上與產業上聯繫無阻。但自廢廳後，失去了行政中心，市、郡連絡不便，故欲圖產業、經濟發達，必須先整頓交通機關，刻不容緩（臺灣日日新報，1935年6月26日）。由此可知，此交通運輸設施在行政區域發展上實為重要的樞紐，也是嘉義市交通中心再度崛起的關鍵。而由陳福財擔任理事的財團法人嘉義地方振興協會（圖131、圖132），則扮演著官方與民間的溝通橋樑。接著，嘉義地方振興協會預

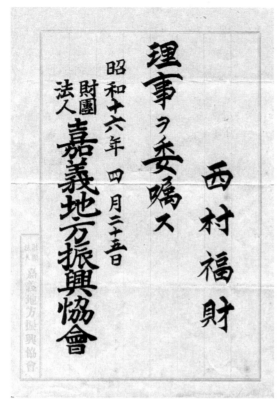

圖131▌財團法人嘉義地方振興協會理事聘書
資料來源：作者自行收藏
圖132▌火車站前的嘉義地方振興協會巴士轉運站
資料來源：嘉義市役所編（1935）

圖133▌嘉義地方振興協會工作人員應召出征
資料來源：臺南州自動車協會會報（1939，頁6）

計花費工資2萬2,000圓，選在嘉義車站前（圖133）之官有地約560坪，興建事務所及車庫，並設置修理工廠，且欲再買收北方的鄰地擴充之（臺灣日日新報，1935年7月12日）。

嘉義地方振興協會，對嘉義自動車株式會社、合資會社及合資會社之乘合自動車買收經營案，因遲遲無法獲得圓滿解決。後得嘉義署長伊東增雄著手幹旋，則依州調停案，昭和10年（1935）9月3日上午7時56分。伊東署長、協會長川添市長、自動車會社長林抱等三人，同赴臺南為最後決議。經營乘合車籌備完畢，購買新車，將在9月15日或最遲至20日交貨，並將在警察署前設立車庫供停放車輛。同年9月4日下午3時召開役員會，接著同月的20日再開一次總會並積極籌備，預計於10月初旬開始營運，招募運轉手（司機）20名，車掌男女各15名，近日將舉行招考，惟其預定招募運轉手20名、車掌男女生各15名，12日當日來應募者運轉手卻高達50人，男車掌50人及女車掌19人（臺灣日日新報，1935年9月5日；漢文臺灣日日新報，1935年9月12日；漢文臺灣日日新報，1935年9月14日）。

市內線而言，嘉義市內的乘坐經過邊緣的地段約要等15分或20分，加上運送費用一個人需要10錢[20]（圖134），價格不菲，導致市民搭乘意願低落，更使空車運轉無人可載運，經濟效益不彰。經過嘉義地方振興協會陳福財等理事開會研議後，找出解決之道，嘉義地方振興協會江口自動部長伊藤，要求車次增多，並增購十臺新車，且乘車費用調降至5圓，以提高乘載量（臺灣日日新報，1937年4月7日）。市外線而言，昭和11年（1936）7月5日上午10時，由嘉義地方振興協會與北港郡共同於三條崙海水浴場建築休憩場所業舉辦落成典禮（圖135）。關於乘合自動車的經營權將交由嘉義振興協會經營，當初為了要便利民眾可以直接前往海水浴場，曾申請路線延長至海水浴場，但未受許可。

---

[20] 參考嘉義市役所編（1936，頁66-67）、林覆堅、李添興編（1937，頁79-81）及臺灣旅行案內（1942，頁53）整理出，嘉義市內客運巴費用為10錢的地點：嘉義公園（包含兒童遊樂園、棒球場、龜碑、嘉義神社）（圖136、圖137）、紅毛井、嘉義座（圖138）、電氣館（圖139）、龍華寺、嘉義農林學校（圖140）、嘉義中學（圖141）、臺南州立農事試驗支場、法院嘉義支部、北白川宮殿御遺址所（圖142）、嘉義市役所（圖143）、嘉義警察署（圖144）、稅務出張所（圖145）、嘉義公會堂、檜御白疊樹、嘉義圖書館、博物館等。

當時齋藤助役前往臺南州交涉，將來嘉義小學校、少年團及青年訓練所，欲設置臨海學校於海水浴場附近，希冀可以獲得同意（漢文臺灣日日新報，1936年6月24日）。又如非常熱門的關子嶺線，常有民眾搭乘前往關子嶺溫泉場泡湯（圖146、圖147），因為該溫泉宣稱有治療胃腸病、婦女病、神經痛等療效，十分受到歡迎（いとう生，1937）。

嘉義市內バス
嘉義地方振興協會
市內十錢均一

布袋─義竹間
（嘉義乗合バス）

	布袋	運賃
大寮		10
後鎮	10	15
安溪寮	10	15	20
義竹	15	20	30	35

朴子─北港間
（六腳經由）
（嘉義乗合バス）

	朴子	運賃
六腳	20	
竹子腳	10	30
港尾寮	10	20	40
六斗	10	15	25	45
蔴藔寮	10	10	20	30	50
北港	10	10	15	25	35	55

嘉義─斗南間
（嘉義乗合バス）

	嘉義	運賃
後湖	10	
頭橋	10	15
民雄	15	20	25
三疊溪	15	25	30	40
大林	10	20	30	40	40
碑子橋	10	15	25	40	45	50
石龜溪	10	15	25	35	45	50	55
斗南	10	20	25	35	45	55	55	55

圖134 嘉義地方振興協會票價市內均10錢
資料來源：臺灣旅行案內社（1942，頁53）

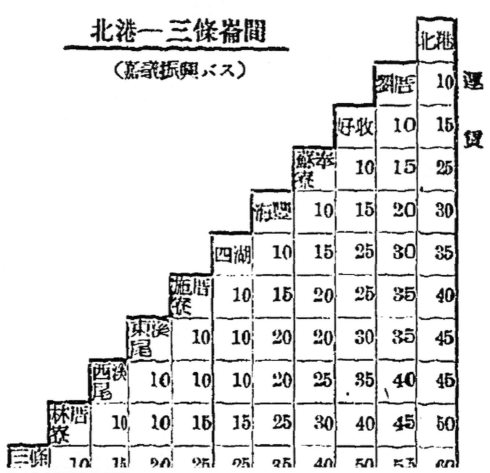

圖135▌北港至三條崙車資圖
資料來源：臺灣旅行案內社（1942，頁51）

142	143	圖142▌北白川宮殿御遺址所　　圖145▌稅務出張所
		資料來源：嘉義市役所編（1935）　資料來源：嘉義市役所編（1935）
144	145	圖143▌嘉義市役所　　　　　　圖146▌關子嶺溫泉
		資料來源：嘉義市役所編（1935）　資料來源：新營郡（1939）
146	147	圖144▌嘉義警察署　　　　　　圖147▌關子嶺溫泉全景
		資料來源：嘉義市役所編（1935）　資料來源：嘉義市役所（1933）

經過再三調整的交通運輸網絡，不僅要使搭客量激增，更要降低費用，使之成為民眾的交通工具之一，嘉義市役所（1939）統計了嘉義地方振興委員會的運客數為169萬3千228人，費用298萬3千384圓，相較同區域的臺中輕鐵株式會社、大同自動車合資會社、嘉義自動車株式會社等運輸業的運輸量與運輸所得都相較優異。由此可知，嘉義市的交通道路運輸密集度已經有一定的現代化規模，隨著島內外聯運業務的發展，臺灣交通體系進入另一個整合階段，不但使得臺灣島內的聯絡更為便捷，市場縱橫相通，也強化了週邊國家的經濟發展，擴大臺灣貿易市場，促進產業發展，彼此間的社會文化交流亦因而加快（蔡龍保，2004），所以財團法人嘉義地方振興協會的運作，對嘉義市內、外線交通運輸的推動與建設完備的路權貢獻良多。

二、阿里山區與嘉義市區運輸網絡的建構

阿里山地區的觀光，原來早在日治時期就被重視。考量發展觀光的社會產業，官方與嘉義地方振興協會亦有意願商討開拓阿里山路線之可能性。嘉義市齋藤助役與井尻土木課長共商由嘉義郡及嘉義地方振興協會籌資10萬圓，開鑿前往嘉義阿里山間之自動車道路。經昭和11年（1936）6月9日與市長川添與江口郡守磋商計畫之事項。預定為1年的計畫將變更為2年。第一年的工事自嘉義經番路觸口柑子宅至奮起湖間約400里，細項溝通內容與結果將於近日向臺南州報告，並向臺灣總督府申請補助，待道路修築完畢，將交予嘉義振興協會營運車權及貨物自動車事業。屆時登山客或是雜貨物資的進出將會變得十分便利（漢文臺灣日日新報，1936年6月12日）。同年6月14日下午2時，關於阿里山自動車道路開鑿向國庫申請補助金事宜，嘉義市長向臺灣總督府報告要開鑿觀光道路的情況，恰好與臺灣總督府的想法不謀而合：臺灣總督府本就積極鼓勵山地開拓及建設產業道路。預定2年需花費的40萬圓，分別是昭和12年補助21萬圓，昭和13年補助19萬圓，惟經討論後改以國庫補助三分之一的經費，其他三分之二由嘉義市郡與嘉義地方振興協會分攤支付，亦即嘉義地方振興協會須自籌7萬圓（臺灣日日新報，1936年6月15日；漢文臺灣日日新報，1936年6月16日）。

嘉義地方振興協會往能高阿里山國立公園的交通要道，僅只有行駛阿里山山線，因沿途的風景單調貧乏，常常受到旅客的不滿抱怨，觀光價值削減。所以當局決定強化阿里山道路，首要之務是縮短入山時間。再加上有鑑於先前嘉義奮起湖間的自動車道路開鑿失敗，嘉義郡當局更改步調，採漸進方式，第一步的設施，先行關閉阿里山道路，動用嘉義市昭和13年（1938）7千圓的補助款進行修護，接著在海拔千米的大坪間建設宿泊所，欲型塑旅客一出宿泊就可眺望美好的景色，讓前來遊玩的嘉義市民身都可以洗滌身、心靈，領略身心調劑的喜悅（臺灣日日新報，1938年2月24日）（圖148、圖149）。

圖148█ 阿里山雲海
資料來源：嘉義市役所（1933）。

圖149█ 嘉義地方振興協會巴士停站阿里山
資料來源：阿里山國立公園協會（1936，頁23）

6.5　小結

　　內地「社會事業制度」的引進，約在1920年代日本統治臺灣後，臺灣的社會型態整合發生變化，以組合或社會功能、社會需要作為整合基礎的團體大量出現，這種現象提升臺灣傳統民間社會的自主性與組合性（陳紹馨，2004）。

　　大正10年（1921）為了配合內地延長主義而制定「臺灣法令」（通稱法三號），希冀臺灣作為依特別法區域為情形能逐漸改變，使內地的法規得以漸次延伸至臺灣，而其中也包含了社會事業的立法，不過這些法案都是不完善的，因為統治者選擇性地不實行於臺灣，使得臺灣人民在這方面成為制度上的次等國民，所接收到的、理解到的近代社會福利制度因此殘缺不全（劉晏齊，2005）。但隨著日本人在臺人數的增加與移民，及仰賴臺灣經濟產業、工業發展的進出口，再加上臺灣議會為臺灣人發聲、更多民主思潮傳入後，更臻完備的社會事業體系與理念漸漸在臺灣成長茁壯。

　　日治的社會事業的公共福利制度一直以來都蘊含「預防」的前瞻性，不管是方面委員會、方面委員助成會、嘉義隣保館或財團法人嘉義濟美會，除了具備公益助人的功用外，更隱含「預防」社會問題的理念，從其經營與運作情形，可知悉這些社會事業的運作與發展皆與嘉義市的進步與繁榮息息相關。又如財團法人嘉義地方振興協會的建設，更是公民公共建設的實踐者。大體而言囊括了嘉義市的社會福利、社會教化、醫療保健、隣保制度、交通運輸等建設。上述的機構或組織可從歷史的推演，去瞭解社會事業對普羅大眾的重要性與必要性；而以史為鏡，身為當今社會的每一份子都應深入反思：立足於資源豐沛但社會階層落差極大的今日，你我該如何從社會的各個被忽視的角落出發，進而重振弱勢團體的尊嚴與權益，共謀美好社會的最大福祉，已成為現代公民必修的重要課題。

參考文獻

一、中文文獻

方輝龍、賴柏舟（1961）。嘉義濟美會紀略。嘉義文獻，1，40-42。

各里幹事（1986）。嘉義市型政區各里分期簡介之（一）—本期介紹48里。嘉義文
　　獻，1，147-165。

陳家豪（2013）。近代臺灣人資本與企業經營：以交通業為探討中心（1895-1954）。
　　未出版之博士論文，國立政治大學臺灣史研究所，臺北。

陳紹馨（2004）。臺灣的人口變遷與社會變遷。臺北：聯經出版公司。

雷家驥總纂修（2009a）。嘉義縣志・卷二・沿革志。嘉義縣：嘉義縣政府。

雷家驥總纂修（2009b）。嘉義縣志・卷七・經濟志。嘉義縣：嘉義縣政府。

雷家驥總纂修（2009c）。嘉義縣志・卷五・社會志。嘉義縣：嘉義縣政府。

嘉義市政府（2002a）。嘉義市志・卷四・社會志（下）。嘉義：作者。

嘉義市政府（2002b）。嘉義市志・卷四・經濟志。嘉義：作者。

嘉義市政府文化局（2011）。嘉義市歷史建築原嘉義城隍廟戲臺（林宅）修復再利用
　　計畫。嘉義：未出版。

漢文臺灣日日新報（1930年4月19日）。嘉義／助成委員。漢文臺灣日日新報，夕刊
　　4版。

漢文臺灣日日新報（1932年7月28日）。會事／嘉義市方面委員助成會。漢文臺灣日日
　　新報，夕刊4版。

漢文臺灣日日新報（1935年9月11日）。嘉市廟宇廿餘處建一綜合廟宇合祀／有以各廟
　　財產有異而反對者。漢文臺灣日日新報，夕刊4版。

漢文臺灣日日新報（1935年9月12日）。嘉義市乘合十月開業／現募運轉手。漢文臺灣
　　日日新報，8版。

漢文臺灣日日新報（1935年9月14日）。嘉義／超過定員。漢文臺灣日日新報，8版。

漢文臺灣日日新報（1935年9月5日）。嘉義振興協會經營乘合問題解決。漢文臺灣日
　　日新報，夕刊4版。

漢文臺灣日日新報（1936年6月12日）。阿里山車路開鑿變更。漢文臺灣日日新報，

　　8版。

漢文臺灣日日新報（1936年6月16日）。阿嘉義地方振興協會籌鑿阿里山自動車道。漢
　　文臺灣日日新報，夕刊4版。

漢文臺灣日日新報（1936年6月24日）。三條崙海浴建休憩所。漢文臺灣日日新報，
　　8版。

劉晏齊（2005）。從救恤到「社會事業」——臺灣近代社會福利制度之建立。未出版
　　之碩士論文，國立臺灣大學法律學研究所，臺北。

蔡龍保（2004）。日治時期公路運輸之興起與交通體系之變遷（1910-1936）。近代中
　　國，156，88-121。

賴彰能（1997）。嘉義濟美會面面觀。嘉義市文獻，13，1-121。

二、日文文獻

いとう生（1937）。嘉義市近郊の遊覽地を尋ねて／健康に最適な日歸り旅の卷。臺
　　灣婦人社，4(4)，84-86。

大園市藏編（1935）。臺灣の中心人物。臺北：日本殖民地批判社。

小河滋次郎（1929）。社會事業と方面委員制度。東京：巖松堂。

生江孝之（1929）。社會事業綱要。東京：巖松堂。

田子一民（1922）。社會事業。東京：帝國行政學會。

田村菊三郎（1940）。隣保館の仕事—嘉義隣保館—。社會事業の友，143，28-30。

庄野橘太郎（1934）。嘉義に於ける新社會事業施設。社會事業の友，69，26-29。

作者不詳（1929）。臺南州社會係及關係職員事務分掌。社會事業の友，3，1-2。

作者不詳（1937）。昭和十二年九月・臺南州方面委員要覽。臺南州：出版地不詳。

作者不詳（1943）昭和十八年度・臺南州方面委員要覽。臺南州：出版地不詳。

岸達躬（1934a）。嘉義隣保館設立に就て。社會事業の友，57，17-29。

岸達躬（1934b）。嘉義隣保館の創設と其事業施設。社會事業の友，69，17-25。

岸達躬（1934c）。嘉義隣保館の創設と其事業施設（承前）。社會事業の友，71，
　　23-34。

岸達躬（1934d）。嘉義隣保館の創設と其事業施設（完）。社會事業の友，75，58-77。

林進發編（1931）。昭和七年臺灣官紳年鑑（二）。臺北：民眾公論社。

林璽堅、李添興編（1937）。躍進嘉義近郊大觀。嘉義：臺灣時代嘉義支局。

近現代資料刊行會編（2000）。植民地社會事業關係資料集─臺湾編4臺湾社會事業総覽─社會事業要覽。東京：作者。

邱麟翔（1986）。尋根探源嘉義市發展史。嘉義文獻，1，51-93。

阿里山國立公園協會（1936）。嘉義地方振興協會バス御案內。新高阿里山，7，23-24。

陳福財（1929）。「社會事業の友」の發刊を祝す。社會事業の友，3，31。

陳福財（1935 a）。視察所感。社會事業の友，74，117-118。

陳福財（1935b）。所感。臺灣稅務月報，303，79-80。

新營郡（1939）。昭和十四年版‧新營郡要覽。臺南州：作者。

嘉義市（1936）。昭和十一年版‧嘉義市勢一覽。嘉義市：作者。

嘉義市（1937）。昭和十二年版‧嘉義市勢一覽。嘉義市：作者。

嘉義市（1939）。昭和十四年版‧嘉義市勢一覽。嘉義市：作者。

嘉義市役所（1933）。昭和八年版‧嘉義市勢一覽。嘉義市：作者。

嘉義市役所（1935）。昭和十年版‧嘉義市勢一覽。嘉義市：作者。

嘉義市役所編（1935）。嘉義市制五周年記念誌。嘉義：作者。

漢文臺灣日日新報（1929年4月17日）。車店警所落成，夕刊4版。

臺南州方面委員助成會（1926）。社會事業大意。臺南州：作者。

臺南州自動車協會會報（1939）。臺中輕鐵嘉義出張所に於て研究、完成近き木炭自動車。3(4)，5-6。

臺南州編（1942）。臺南州社會事業要覽。臺南州：作者。

臺南州觀光案內社（1937）。臺南州觀光案內。臺南州：臺南州觀光案內社。

臺灣日日新報（1924年5月25日）。地方近事／嘉義／社會事業。臺灣日日新報，7版。

臺灣日日新報（1933年6月14日）。社會事業嘉義隣保館の施設のかずく。臺灣日日新報，3版。

臺灣日日新報（1933年6月8日）。嘉義方面委員隣保館を設立／社會事業の實績を舉ぐるために。臺灣日日新報，3版。

臺灣日日新報（1934年2月11日）。千五百圓補助／隣保館上棟式。臺灣日日新報，3版。

臺灣日日新報（1934年3月13日）。嘉義／方委磋商。臺灣日日新報，8版。

臺灣日日新報（1934年3月16日）。義隣保館募寄附金經方委決定。臺灣日日新報，8版。

臺灣日日新報（1934年4月27日）。四日に嘉義の隣保館竣功式／盛大に擧行する。臺灣日日新報，3版。

臺灣日日新報（1934年4月28日）。嘉義／隣保館成。臺灣日日新報，8版。

臺灣日日新報（1934年5月12日）。嘉義職業紹介事務所移轉。臺灣日日新報，8版。

臺灣日日新報（1934年5月4日）。嘉義隣保館落成式兼選獎乳幼兒。臺灣日日新報，夕刊4版。

臺灣日日新報（1934年5月5日）。社會事業の殿堂嘉義隣保館成る／今川知事ら官民多數參更きのふ落成式擧行。臺灣日日新報，3版。

臺灣日日新報（1934年5月6日）。嘉隣保館落成誌盛／兩日開資料展。臺灣日日新報，夕刊4版。

臺灣日日新報（1934年5月8日）。嘉義／知事蒞嘉。臺灣日日新報，夕刊4版。

臺灣日日新報（1934年6月13日）。嘉義／方委月會。臺灣日日新報，夕刊4版。

臺灣日日新報（1934年7月11日）。嘉義／方委月例／方委件數。臺灣日日新報，夕刊4版。

臺灣日日新報（1935年6月26日）。嘉義市尹籌乘合車經得督府認可按二月後開辨營業。臺灣日日新報，夕刊4版。

臺灣日日新報（1935年7月12日）。嘉義地方振協／建設事務所／敷地在嘉驛前。臺灣日日新報，8版。

臺灣日日新報（1936年6月15日）。阿里山自動車道は工費四十萬圓見當內七萬圓は振興協會が更。臺灣日日新報，5版。

臺灣日日新報（1936年6月18日）。嘉義市方委の打合會けふ公會堂て。臺灣日日新報，5版。

臺灣日日新報（1937年4月7日）。十錢の乘車賃金を／五錢に引下げる／義地方振興協會の／自動車部の大英斷。臺灣日日新報，9版。

臺灣日日新報（1938年2月24日）。眺望絕佳の大坪に／宿泊所を建設／國立公園整美に拍車。臺灣日日新報，5版。

臺灣日日新報（1939年8月28日）。嘉義市濟美會委員會。臺灣日日新報，5版。

臺灣日日新報（1940年12月24日）。秀才に學資を貸與／嘉義濟美會で決定。臺灣日

日新報，4版。

臺灣日日新報（1940年6月15日）。模範教化區を新設／學生に學資金も貸與する／嘉義濟美會の事業。臺灣日日新報，9版。

臺灣日日新報（1941年4月1日）。臺日各地綜合版／秀才に學資を貸與嘉義濟美會の親心。臺灣日日新報，4版。

臺灣旅行案內社（1942）。臺灣乘合自動車運賃表（昭和十七年）。臺北市：作者。

臺灣總督府（1925）。臺灣總督府及所屬官署職員錄。臺北：作者。

臺灣總督府（1937）。臺灣總督府及所屬官署職員錄。臺北：作者。

臺灣總督府（1939）。臺灣總督府及所屬官署職員錄。臺北：作者。

臺灣總督府文教局編（1926）。臺灣社會事業要覽。臺北：作者。

臺灣總督府文教局編（1933）。臺灣社會事業要覽。臺北：作者。

臺灣總督府文教局編（1935）。社會事業要覽（嘉義市）。臺北：作者。

興南新聞社編（1943）。臺灣人士鑑。臺北：作者。

螺溪生（1934）。臺南州拜伺の餘談。社會事業の友，68，42-44。

▌史料特輯▌ 日治時期雲嘉地區教育、社會事業史料與舊照片

「人生是短促的，藝術才是永遠。」
——日治時期臺灣畫家 陳植棋
（A.D.1906 - A.D.1931）

日治時期雲嘉地區相關史料的來源

　　臺灣，有來自不同時期、不同地方的移民匯集於這塊土地，要透過重現臺灣歷史發展軌跡、常民生活文化及各時期國內外歷史暨民俗文化相關之文物，來述說這塊土地與人民的故事並不容易。最重要的原因是基於臺灣歷史的「物質證據」（material evidence）之群體蒐藏性的數量及內容，必須要達成影響群體的程度，才能視為物質證據（許美雲，2009）。而作者長年蒐集日治時期的教育相關文獻與文物已有近10年之久，過程中一直秉持著有緣的「文獻」會出現在懂得欣賞它的收藏者面前的信念（faith），因為收藏過程中有時能以「物超所值」的金額購得珍貴稀有的文獻或文物，有時卻也可能買到贗品或是假冒日治時期史料的文獻。作者在蒐藏的過程中曾有不少意外的驚喜收穫，例如臺灣歷史學家曹永和院士的弟弟「曹永裕」，畢業自士林公學校的卒業證書[1]、臺灣知名仕紳「吳秋微」醫師在日治時期擔任臺南長老教會中學校友會董事時的郵便局戶口印鑑票[2]等等（圖150、圖151），而藉由這些珍貴的文物，作者一一拼湊出屬於那個時代的歷史內涵與文化風貌，這正是蒐集歷史文獻與文物最令作者著迷之處。

　　史料是指過去人類思想行事所留下之痕跡，有證據留至今日者，史家可據

---

[1] 曹永和（1920年10月27日－2014年9月12日），生於臺灣臺北市士林，臺灣歷史學家，中央研究院院士，國立臺灣大學榮譽博士。以研究臺灣荷西統治時期與提出「臺灣島史觀」著名。曹永裕為曹永和之二弟，畢業於臺北商業學校（今臺北商業技術學院），至華南銀行上班。其妻蔡玉蘭為蔡萬春的妹妹，在蔡萬春邀請下，曾任十信副總，以及國泰人壽董事。兩人生下二子二女，曹麗明、曹昌祺、曹慧明及曹昌群。次子曹昌祺，娶陳守山的次女陳安慧為妻。相關資料請參照：維基百科（2016）。曹永和。2016年11月27日，取自https://zh.wikipedia.org/wiki/%E6%9B%B9%E6%B0%B8%E5%92%8C。中央研究院數位文化中心（日期不詳）。第六學年竹組學生。2016年11月27日，取自http://catalog.digitalarchives.tw/item/00/07/d4/01.html。鍾淑敏、詹素娟、張隆志訪問，吳美慧等紀錄（2010，頁7）。曹永和院士訪問紀錄。臺北：中研院臺史所。

[2] 吳秋微，澎湖人。1913年4月臺灣總督府醫學校畢業，後入彰化基督教醫院內科任職，1914年在臺南市開設壽生醫院，1931年又畢業於臺北醫學專門學校。在政治上他加入文化協會，曾任文協評議員；在宗教上，他關心故鄉澎湖的基督教傳道工作，組織後援會，為臺南青年會創設者之一。曾任臺南私立長榮中學董事長兼校友會會長、長榮女中理事會理事長、臺南醫師公會理事長。1968年因心臟病過世。相關資料請參照：臺南市政府文化局（2016）。臺南文史‧人物‧吳秋微。2016年11月27日，取自http://culture.tainan.gov.tw/form/index-1.php?m2=243&id=1267。

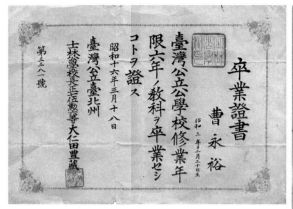

150 | 151

圖150▎曾永裕先生卒業證書
資料來源：作者自行收藏
圖151▎吳秋微先生印鑑票
資料來源：作者自行收藏

以為研究或證明歷史事實存在或不存在的資料。以資料產生的方式而言，區分為第一手史料（primary source）與第二手史料（secondary source）。前者是指接近或直接在歷史發生當時所產生，是當事人直接觀察、回憶之紀錄，可直接作為歷史根據的史料；後者是經過後人運用第一手史料所作的研究及詮釋（陳憶華，2009）。作者在本單元所呈現的文獻或文物絕大部分為一手史料，例如卒業證書、賞狀、舊照片、繪葉書、賀卡、履歷書、書信、證件、領收據、證明書、票單、徽章、物件等個人史料，陳憶華（2009）指出，個人史料乃是個人因參與廣泛的社會活動所留下的文件紀錄，雖屬私人性質，卻經常由於產生者的過去經歷、生活紀錄、工作職務、社會地位或特殊貢獻等因素，可透過其文件內容與形式忠實反應過去社會情勢與人物思維，且個人史料與公務文件相類，都具有原始資料的特性，有助於史料採擇、史實考訂與學術研究之進行。

例如日記或書信等資料，它可引領讀者從不同的角度去觀察記載的人物和其週邊的人、事、時、地、物，甚至去探索信中人物的互動交流與感情世界。再者，如寫真照片，「寫真」為「照片」之意，係指前人所拍攝所留下的靜態或活動影像記錄，除了經濟價值外，攝影的紀實功能，也是其他學科用以觀察記錄生活型態的最佳工具。從照片中記錄的先民體態、服裝、建築、聚落形式，對於研究以往的社會型態也具有相當大的貢獻（黃國正，2007）。照片史料是國家機關、社會組織以及個人在從事各種活動中，所形成對國家和社會具有保存價值、並按照一定原則和方法經過加工整理、集中保管起來的各種照片以及相應的文字說明材料（張國民，1997）。本單元亦會大量呈現各式稀有的個人或團體的舊照片，希冀透過圖片可以瞭解照片中的時代背景與歷史意義。

作者在上述的卒業證書、賞狀、寫真照片、繪葉書、賀卡、履歷書、書信、證件、領收據、證明書、票單、徽章、物件等個人史料的蒐集，來源相當多元：有些是作者進行田野調查或口述歷史訪談耆老時，他們大方贈送或廉讓；有些是透過管道在古董店或古玩玩家中購得；有些是與蒐藏家以物易物交流獲得；更有些是從舊書攤那些不識貨的人任意拋售之家中古物挖掘而得。這幾年的蒐藏經驗，作者一路跌跌撞撞，繳了許多「補習費」，雖花費不少冤枉錢但也從中學得許多寶貴經驗，例如作者曾經購得一批宣稱日治時期屏東高等女學校的照片，但透過史料的內部考證及外部考證，再加上請教研究日治時期高等女學校的大學教授與地方文史工作者後，並經由辨識服飾的款式及胸前的校徽，才發現這一批照片其實是日本內地的高等女學校，卻被魚目混珠，當成是「日治時期屏東高等女學校的照片」來出售。在接下來的「教育篇」與「社會事業篇」，作者將實體日治時期雲嘉地區教育、社會事業及其他相關文獻與舊照片檔案數位化呈現於本單元中[3]，並盡可能的透過現有的史料記載或說明，佐證各類文獻、史料或文物的歷史背景與作用，讓讀者可以跳脫抽象文字的框架，使數位化的文獻或文物以清晰明確的圖像呈現在讀者眼前，讓讀者感受身歷其境的氛圍與透物見史的意象。

---

[3] 因所呈現的資料種類部分性質雷同，如卒業證書、賞狀或校史變遷，將會於第一次說明時一併解釋，再次出現時則不再贅述該文獻之性質或屬性。

教育篇[4]

圖152▎阿里山東國民學校登山（左下鋼印－臺灣阿里山・岡本支店）

圖解▎

　　阿里山東國民學校創設於昭和16年（1941）4月1日，為現今嘉義縣香林國民小學。

　　此圖為阿里山東國民學校修學行到阿里山的合影留念（對高岳山頂涼亭）。由岡本阿里山支店寫真館拍攝，岡本寫真館為於當時的嘉義驛（嘉義火車站）前，主要營業項目為：攝影。服務範圍遠近不拘，服務時間24小時。岡本支店為其在阿里山的分店。

圖153▎水林公學校師生校園合影

圖解▎

　　水林公學校為現今雲林縣水燦林國民小學。其最早創設於大正5年（1916）年4月1日，稱北港公學校水燦林分校。大正9年（1920）4月1日，改稱水燦林公學校。大正10年（1921）4月24日，改稱水林公學校。昭和16年（1941）4月1日，又改制水林國民學校。

　　此圖為昭和14年（1939）水林公學校師生在日式建築及花圃前的拍照合影留念。

---

[4]　因為求內文論述清晰與排版便利，文中之文字說明之參引資料不出現於內文中，惟作者有將該引用之文獻羅列於最後的參考文獻中。

圖154┃嘉義尋常高等小學校運動會第二名賞狀

圖解┃

嘉義尋常高等小學校創設於明治33年（1900），是專為日籍囝仔設立的初等教育機構，僅有少數臺灣囝仔可以進入就讀，直到昭和11年（1936）以前均稱為嘉義尋常高等小學校。而後在昭和12年（1937）改稱旭尋常高等小學校。又昭和16年（1941）改制為嘉義市旭國民學校。日本戰敗後廢校，由原本在現今嘉義市省立華南商職校址的東門國民學校（現今民族國小）遷入接收。

此圖為嘉義尋常高等小學在運動會中競賽表現成績良好的第二名空白賞狀。

圖155┃臺南州旭尋常高等小學校師生合影照

圖解┃

此圖為昭和15年（1940）臺南州嘉義旭尋常高等小學校三年級師生合影照。由學生的日式和服穿著可以清楚辨別出是尋常小學校的學生。

圖156▐ 臺南州嘉義第二尋常小學校校長賀卡
圖解|

　　臺南州嘉義第二尋常小學校創設於昭和11年（1936）。昭和12
年（1937）更名臺南州若葉尋常小學校，昭和15年（1940）新增高
等科，再次更名為臺南州若葉尋常高等小學校。昭和16年（1941）
又改制為臺南州嘉義市若葉國民學校。日本戰敗後廢校，由幸國民
學校（現今嘉義市垂揚國民小學）遷入現址。

　　此圖為臺南州嘉義第二尋常小學校之校長中村芳衛寄發給他人
之賀卡。

圖157▐ 臺南州若葉尋常高等小學校師生合影照
圖解|

　　此圖為昭和15年（1940）臺南州若葉尋常高等小學校在校園內
校舍前所拍攝之師生團體照。照片中可以看到這些日籍的男女囝仔
全都穿著傳統日本和服，與公學校臺籍囝仔的服飾形成強烈對比。

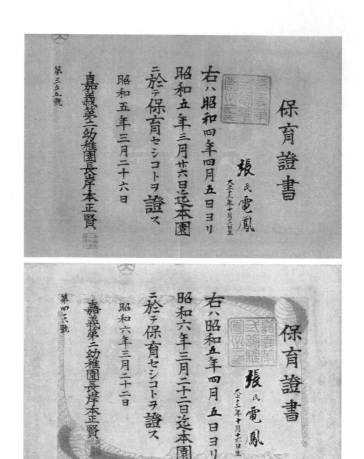

圖158、圖159 ▌嘉義第二幼稚園保育證書
圖解 ｜

　　臺南州嘉義第二幼稚園是專門提供臺籍兒童就讀的幼教機構。嘉義幼稚園初創時為私立性質，大正10年
（1921）5月16日頒布「臺灣公立幼稚園規則」後，嘉義街次年依法將嘉義幼稚園變更為公立幼稚園，並於原址同時
設立第一幼稚園及第二幼稚園，分別提供日籍與臺籍幼童就讀。

　　臺南州嘉義第二幼稚園草創時期，嘉義人對幼稚園抱持著觀望態度，大正11年（1922）時，臺籍幼童僅有27
位，其中以男团仔居多，之後3年內人處仍然維持在20幾人左右。終於在大正14年（1925）突破了30人，並於昭和1
年（1926）人數來到60人之多，高於日籍幼童的33人，但到了昭和8年（1933）嘉義第二幼稚園奉令廢除後，嘉義
幼稚園又恢復以日籍幼童為主的幼稚園，臺籍幼童頓失受教的機會。而圖158及圖159為女团仔張電鳳的保育證書，
可以說是十分珍貴。

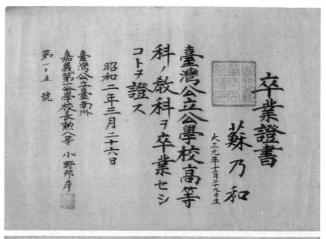

圖160、圖161┃嘉義第一公學校卒業證書
圖解┃

　　臺南州嘉義第一公學校最原始的雛型為明治29年（1896）9月1日的嘉義國語傳習所，後於明治31年（1898）9月30日改稱嘉義公學校，大正8年（1919）3月31日又改稱為嘉義第一公學校。接著昭和7年（1932）4月1日再次更名玉川公學校。又1941年實施國民學校令，將原本小學校及公學校雙軌制一律改為日治後期所稱的「國民學校」，昭和16年（1941）4月1日又再度改制為玉川國民學校，也就是現今嘉義市的崇文國民小學。

　　卒業證書，即是現今通稱的「畢業證書」，對當時的臺灣囝仔來說，是日治時期求學階段圓滿達成的象徵。而這兩張文獻（圖160及圖161）分別是蘇乃和就讀嘉義第一公學校六年制及高等科制的卒業證書。高等科的學制類似今日的初中學制，是為了讓修讀完六年初等學校（包含小學校、公學校及國民學校）的學生，萬一無法順利考取中等學校或師範學校時，繼續修讀的一種兩年制的過渡學制，通常學生程度有一定的水準。簡言之，高等科（等同公學校補習科）是在基礎教育之後又施予較高等級的教育知識。

　　公學校的高等科是一種「補習科」的公學校學制，它是規範於臺灣總督府的公學校行政規則中。其就讀原則是必須要完成六年的公學校課程，也是提供公小學校畢業生，作為考取師範學校、中等學校、專科學校等的跳板，透過這兩年的補習加強課業，以利在來年能順利考取師範學校、中等學校、專科學校等。

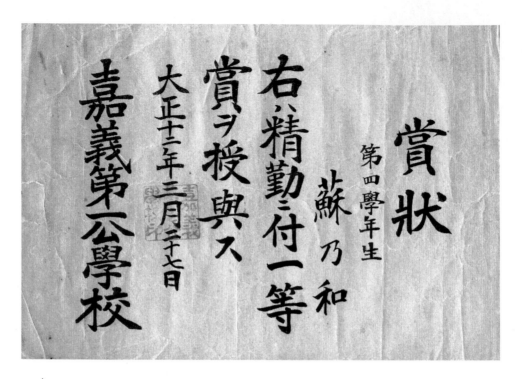

162 | 163

圖162 ▌ 嘉義第一公學校賞狀
圖解 |
　　蘇乃和就讀嘉義第一公學校四年級時，在學年中勤勉而接受一等賞表揚的獎狀證書。

圖163 ▌ 嘉義女子公學校訓導心得月俸證書
圖解 |
　　大正10年（1921）時沈香吟任職臺南州嘉義女子公學校擔任訓導心得的月俸證書，其後轉任職於臺南州大林公學校、小梅公學校。而訓導心得的職稱為代用教師之意，因日治時期除了公學校臺日籍教師職稱有所不同外，正式教師與代用教師亦有所差異。
　　關於代用教師的種類與職稱演變。明治31年（1898）至大正6年（1917）年分為：囑託（日籍教師）、雇（臺籍教師）。大正7年（1918）至大正10年（1921）分為：教務囑託、助手、教諭心得（日籍教師）與訓導心得（臺籍教師）。大正12年（1923）至昭和15年（1940），一律稱教員心得。昭和16年（1941）至昭和20年（1945），一律稱助教。且每一個時期，不同性質的正式臺日籍教師均有其區分之工作範圍。
　　此外，關於正式教師的種類與職稱演變。明治31年（1898）至明治41年（1908）年分為：公學校教諭（日籍教師）與公學校訓導（臺籍教師）。明治42年（1909）至大正11年（1922）分為：公學校甲、乙、丙種、專科教諭（日籍教師）與公學校訓導（臺籍教師）。大正12年（1923）年至昭和15年（1940）年分為：公學校甲、乙、丙種本科、專科正教員（日籍教師）與公學校甲、乙種准教員（臺籍教師）。昭和16年（1941）年至昭和20年（1945）分為：國民學校訓導、初等科訓導、專科訓導、養護訓導（日籍教師）與國民學校准訓導、初等科准訓導（臺籍教師）。同樣地，每一個時期，不同性質的臺日籍代用教師均有其專職負責之工作範圍。

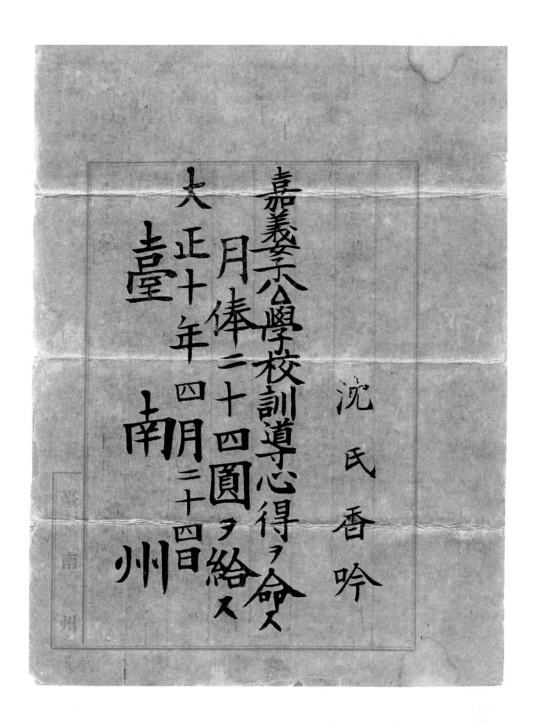

嘉義委示公學校訓導心得ヲ命ス

月俸二十四圓ヲ給ス

大正十年四月二十四日

臺南州

沈氏香吟

臺南州嘉義市
玉川町12番地
臺南州嘉義市
玉川國民學校
三女
王氏靜子
昭和五年二月五日生
血液B型

圖164▌空襲辨識章
圖解｜

　　進入戰爭時期後，常常要躲空襲，所以家人會替家中正在就讀國民學校的囝仔，於衣服左胸縫上簡易的空襲辨識章。內容包括住址、學校名稱、家中排行、姓名、出生年月日、血型等。

　　此空襲辨識章作用有三：第一，是該區依據居民所屬的町庄街，分配疏散(躲空襲當時用法)的地點，避免因躲藏空襲地點不明確而兵荒馬亂，發生推擠踩踏的流血事件。第二，註明血型之主因是怕當時受傷的人若需要輸血，可以馬上知道該員血型而進行輸血搶救，規劃相當縝密細心。第三，註明學校名稱、學生之姓名、地址、家中排行等個資，主要是提供家屬做為「認屍」之用。戰爭殘酷無情，死亡的威脅如影隨形，而註明個人的相關資訊是協助家屬辨識的最佳做法。

　　這一件王靜子的空襲標示章，背後還藏著一段與日本囝仔中村典玉的溫馨故事。日治末期王靜子的母親在中村典玉家擔任幫傭，因為中村典玉的父親是嘉義郡役所的中階官員，為了幫妻子分擔家務，所以聘請王靜子的母親到家中幫忙，那一年王靜子已經公學校六年級，而中村典玉才小學校四年級，足足小她兩歲之多，但兩個人常常玩在一起，中村典玉雖然比靜子小，但卻總是像哥哥般呵護照顧她，日本囝仔歧視台灣囝仔的場景從未出現過，講到這裡，靜子阿媽的眼眶含著淚光（王靜子大女兒轉述），因為那種情感就跟親手足一樣濃厚深刻。

　　到了二戰末期，嘉義常常發生空襲，王靜子的母親為中村典玉與王靜子縫製兩人的空襲標示章，當中村典玉將專屬她的空襲標示章拿給王靜子時，王靜子忍不住哽咽落淚，因為中村典玉對她說：「不要怕，弟弟會保護你的，空襲時你記得拉著我的手跟我走。」這一句話讓當時的王靜子感到恐懼，瞬間體悟到戰爭的殘酷可怕。有一次空襲王靜子跑錯方向，中村典玉竟背著媽媽偷偷回頭去拉王靜子回來，不久後王靜子看著天上的轟炸機劃過天際，往剛剛的方向投下許多燒夷彈，頓時火舌四竄，方才所經之處立即被火海吞噬，王靜子這才意識到自己剛剛跟死神擦身而過（王靜子大女兒轉述）。在躲空襲的二年多時間裡，中村典玉的存在成為王靜子最大的精神支柱，而這份情誼也在患難與共的革命情誼中逐漸超越了友情與親情。日本戰敗後，兩人被迫分隔兩地，「他」就像一般的灣生一樣，曾飛來台灣尋根，而「她」也因思念的情懷，飛往日本相聚，且這60-70年間兩個人的越洋電話與賀年卡從未間斷，直到2014年初，中村典玉的兒子來電告知父親因病過世，靜子阿媽忍著傷悲直到2015年5月也因病過世（王靜子二兒子轉述）。據王靜子的女兒說：媽媽其實長年有氣喘，又加上心臟不好，但是她都堅強的活著，因為一直希望有機會能見到中村典玉這位弟弟一面。或許這就是支撐王靜子努力生活的動力與信念。或許你可能會好奇靜子阿媽的丈夫是否會誤會或吃醋呢？其實靜子阿媽的丈夫都了解內情，知道中村典玉是阿媽的救命恩人，因為她的丈夫是中村典玉小學校高等科少年團（童子軍）的學長，兩個人也相識，甚至王靜子與她老公結為連理也是中村典玉促成的（王靜子大女兒轉述），所以中村典玉是他們兩個人的好朋友，甚至是恩人。

圖165、圖166▌玉川公學校帽子
圖解｜

　　臺南州嘉義市玉川公學校男學生的帽子。圖166可以清楚的看到帽沿固定緞帶的釦子有上下「台」字的符號，有些公學校會在帽子的正中間放置該校的帽徽，而玉川公學校則無。公學校男學生的帽子有制帽與略帽兩種，制帽近似中等男學生所使用的海軍型樣式，略帽則多是大甲帽或是林投帽，於夏季時所使用；略帽上裝飾用的緞帶顏色則由各校自行決定。

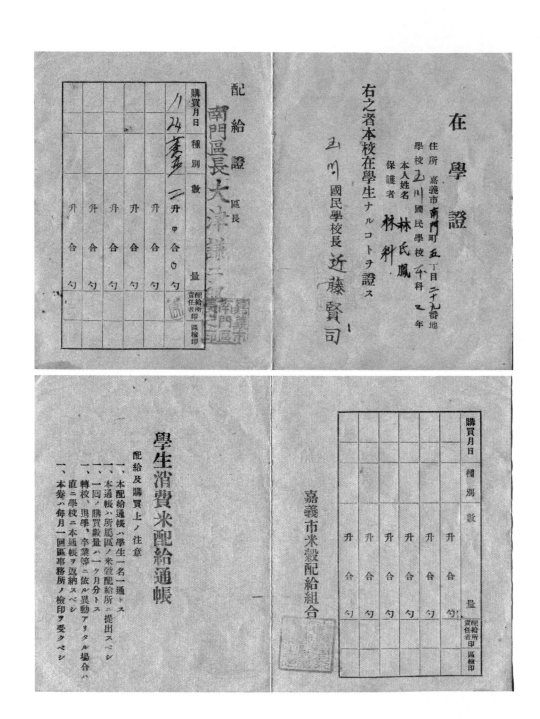

164

165 | 166

167 | 169 | 170
168

圖167、168┃在學證‧配給證（正／反面）
圖解┃

　　日治後期學生進入戰爭管制期，所有物資均需接受管制，柴米油鹽甚至是家庭用燐寸（火柴）也都列入管制。購買物資的配給證由地方區長核發，學生依據在學證明申請，並要遵守「學生消費米配給通帳」之規定購買民生相關用品。圖167、168為就讀臺南州嘉義市玉川國民學校的學生林鳳之在學證。

圖169、圖170┃臺南州嘉義市玉川公學校參加神社慶典女囡仔
圖解┃

　　圖中兩位精心打扮的女囡仔均為臺南州嘉義市玉川公學校的女學生。她們被挑選於嘉義神社慶典中「獻舞」，從照片中的裝扮可發現，參加神社獻舞的兩位女囡仔需著日本傳統和服，並戴上華麗的裝飾帽，手拿扇子或是花束以表莊嚴。關於日治時期嘉義神社相關的慶典，依據嘉義在地耆老回憶指出，幾乎是全國上下總動員的慶祝與祭拜。祭典迎神送神，懸燈結綵，鑼鼓喧天，好不熱鬧。參加節慶的人都頭綁白巾，眾抬神轎，當兩頂轎子相遇時，會顛顛歪歪親密碰撞，如膠似漆般。男學生以抬神轎出巡居多，而女學生則以獻舞，跳迎神舞居多。

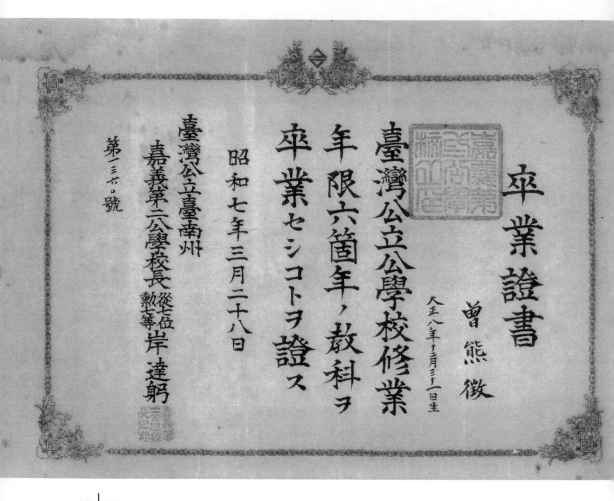

卒業證書

臺灣公立公學校修業

年限六箇年ノ教科ヲ

卒業セシコトヲ證ス

曾熊徵

大正八年十二月三十一日生

昭和七年三月二十八日

臺灣公立臺南州

嘉義第二公學校長 從七位 勳七等 岸達郎

第一三六〇號

圖171 嘉義第二公學校卒業證書
圖解

　　嘉義第二公學校是現今嘉義市民族國民小學。其創設於大正8年（1919）4月1日，是從嘉義公學校所分設出來的公學校，昭和7年（1932）4月1日改稱東門公學校。1941年實施國民學校令後，又於昭和16年（1941）4月1日改制為東門國民學校。圖171為嘉義第二公學校的卒業證書。

圖172、圖173 嘉義第二學校賞狀
圖解

　　圖172及圖173為陳金炭於大正15年（1926）就讀嘉義第二公學校時，於四年級獲得的勤勉賞狀與學業、操行優等的賞狀。這兩張賞狀的特別之處在於年代的轉換，因大正15年（1926）12月25日以前是大正15年（1926），12月26日開始則為昭和元年，兩張賞狀恰巧記錄了西元1926年中大正與昭和兩年代並存的特殊情形。

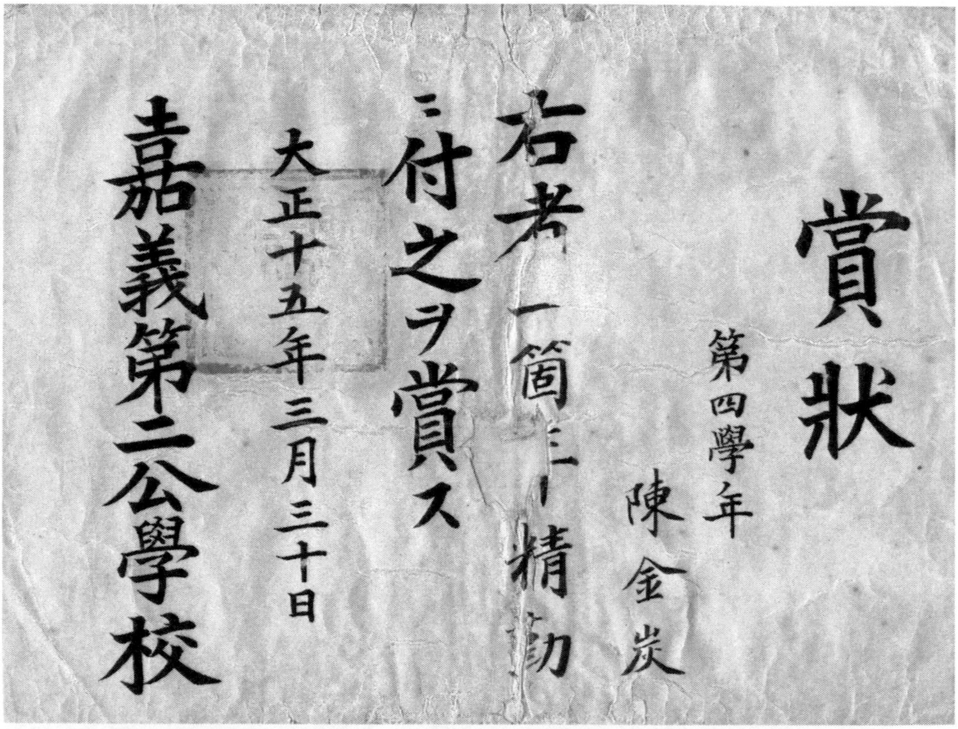

賞狀

第四學年

陳金炭

右者一箇年精勤

ニ付之ヲ賞ス

大正十五年三月三十日

嘉義第二公學校

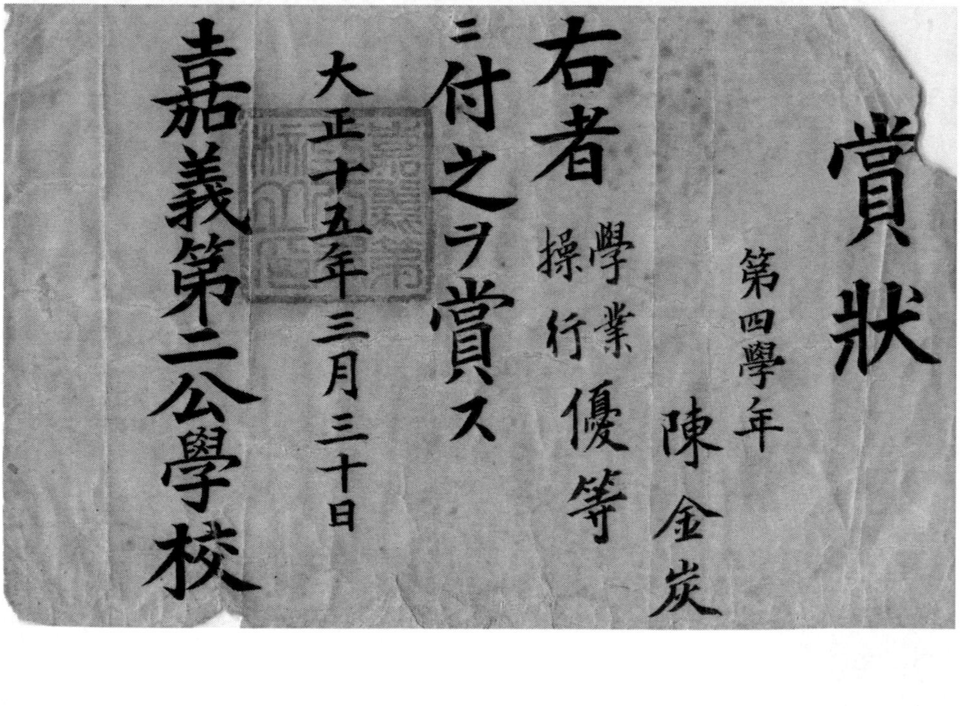

賞狀

第四學年

陳金炭

右者學業操行優等

ニ付之ヲ賞ス

大正十五年三月三十日

嘉義第二公學校

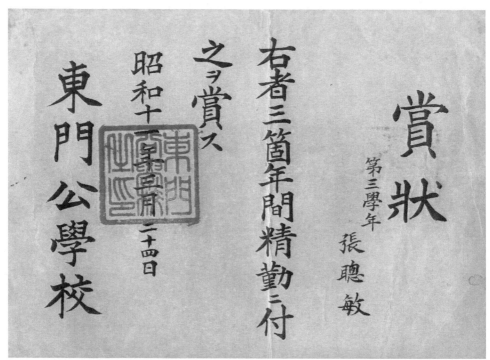

賞狀

第三學年

張聰敏

右者三箇年間精勤二付之ヲ賞ス

昭和十一年三月二十四日

東門公學校

圖174、圖175▌東門公學校賞狀及級長證書

圖解▏

　　圖174及圖175為張聰敏於昭和11年（1936）就讀東門公學校一年級及二年級時的賞狀及擔任副級長的證書。或許大家會覺得疑惑，為什兩張文獻都是昭和11年（1936），但是一張是三年級，另一張卻是四年級。原因很簡單，日治時期的公學校學制採三學期制，原則上，第一學期為4月至8月；第二學期為9月至12月；第三學期為翌年1月至3月。所以由此可知賞狀這張文獻為三年級第三學期結束時頒發的，而副級長證書為四年級第一學期開學時所頒發。

　　張聰敏是一位醫師，大正5年（1926）出生於嘉義，昭和8年（1933）就讀於嘉義市東門公學校，後考取臺南州立嘉義中學校，不久後國民政府來臺，但他持續完成了嘉義中等學校的學業，因其天資聰穎且勤奮好學，以優異成績畢業於嘉義中學，並順利考上臺灣大學醫學院，專攻耳鼻喉科。民國42年（1953），自臺灣大學畢業。役畢隨即返回母校臺大醫院擔任耳鼻喉科住院醫師。

　　民國51年（1962）10月，以「利用組織培養法培養羊膜代用粘膜在耳鼻科上之應用」論文，取得西德醫學博士學位，並於民國52年（1963）初通過西德耳鼻喉科專科醫師考試，追隨恩師武斯坦教授行醫，成為他的第一助手。

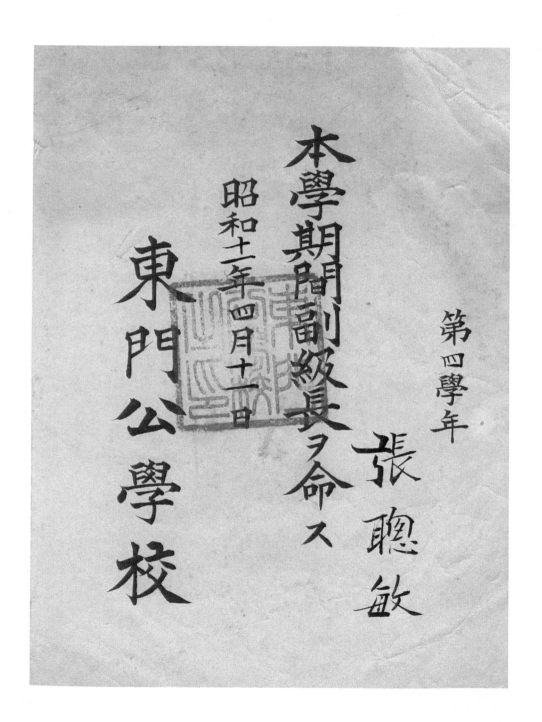

第四學年

本學期間副級長ヲ命ス

昭和十一年四月十一日

張聰敏

東門公學校

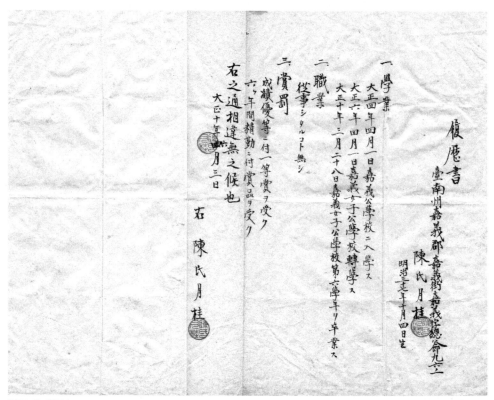

圖176 履歷書

圖解

　　日治時期的履歷書即現今之履歷表，在日治時期的臺灣扮演著重要的角色。日本的民族性講求形式上的證書主義、論功行賞作為表現等等，所以履歷書中常會出現求學時期的賞罰，這些都是求職或是升學的重要依據。履歷書詳細記載了求學的經歷過程，以利雇主判別該員的專長及學歷。履歷書中的陳月桂大正10年（1921）嘉義女子公學校畢業後，於大正11年（1922）任職於嘉義郵便局，該份文件應該是應徵嘉義郵便局的履歷書。

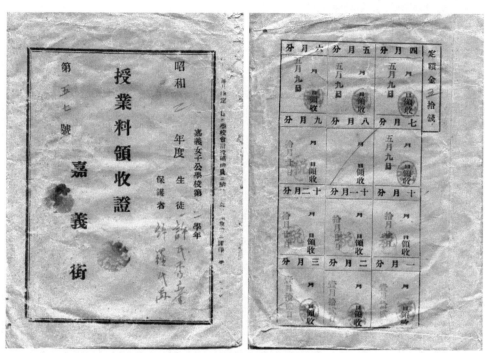

圖177、圖178 ▌ 嘉義女子公學校授業料領收證（正／反面）
圖解 ▕

　　圖177及圖178為昭和2年（1927）嘉義女子公學校的高等科一年級授業料領收證袋（正／反面），授業料領收證亦即收費收據證明，由圖178反面的記載可以知悉，當時的學費是按月收費，每月費用為50錢。

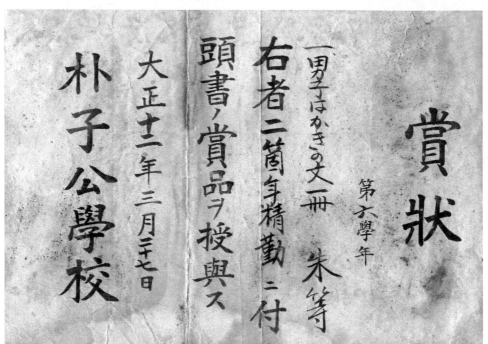

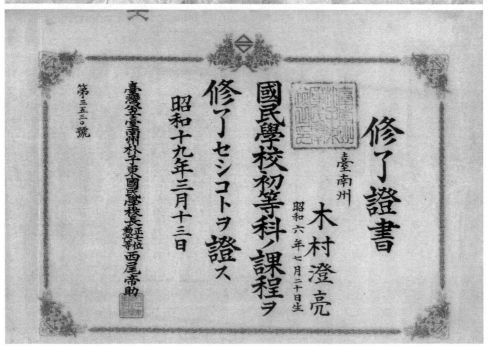

圖179、圖180 ▌朴子公學校賞狀、朴子東國民學校初等科修了證書

圖解｜

朴子公學校為現今嘉義縣朴子國民小學。明治31年（1898）6月28日分設嘉義國語傳習所樸仔腳分教場。明治31年（1898）9月30日獨立為樸仔腳公學校。又大正10年（1921）4月24日改稱朴子公學校。昭和16年（1941）4月1日改制為朴子東國民學校。

圖179為大正12年（1923）就讀於朴子公學校六年級的朱等因勤勉學習而獲表揚的賞狀。另外圖180為木村澄亮於昭和19年（1944）年修畢國民學校初等科課程的修了證書。

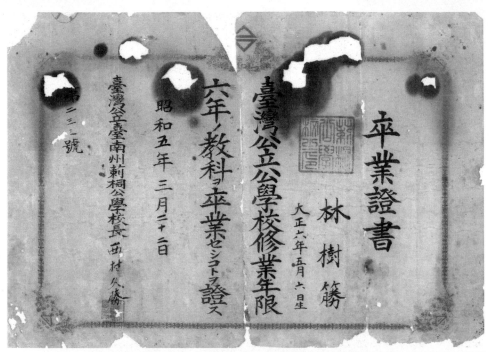

卒業證書

臺灣公立公學校修業年限

六年ノ教科ヲ卒業セシコトヲ證ス

昭和五年 三月二十日

臺灣公立臺南州莿桐公學校長 西村久僑

第二三二號

林 樹籐

大正六年五月六日生

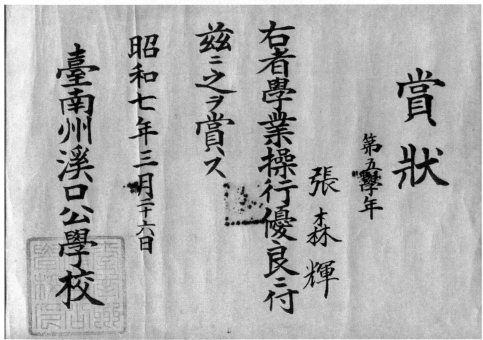

賞狀

第五學年

右者學業操行優良ニ付

茲ニ之ヲ賞ス

昭和七年三月二十六日

臺南州溪口公學校

張 森 輝

181
182

圖181 ▌ 莿桐公學校卒業證書
圖解 |

　　莿桐公學校為現今雲林縣莿桐國民小學。1920年（大正9年）4月1日分設西螺公學校莿桐巷分教場。
1921年（大正10年）4月24日獨立為莿桐公學校。又昭和16年（1941）4月1日改制為莿桐國民學校。

圖182 ▌ 溪口公學校賞狀
圖解 |

　　溪口公學校公學校為現今嘉義縣溪口國民小學。1902年（明治35年）8月6日設立雙溪口公學校。1921
年（大正10年）4月24日改稱溪口公學校。又昭和16年（1941）4月1日改制為溪口國民學校。

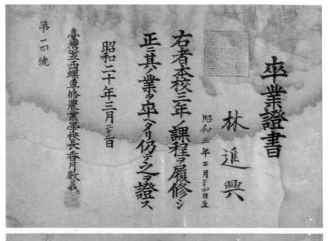

圖183▌西螺公學校卒業證書
圖解│

　　西螺公學校為現今雲林縣文昌國民小學。明治33年（1900）7月17日創設西螺公學校，明治34年（1901）4月18日，借用媽祖宮（今日之福安宮現址）為臨時教室，舉行開學典禮並開始授課。明治38年（1905）7月1日，新建校舍竣工，結束無校舍之過渡時期。又昭和16年（1941）4月1日改為西螺西國民學校。

圖184▌西螺專修農業學校卒業證書
圖解│

　　西螺專修農業學校為現今雲林縣國立西螺高級農工職業學校。昭和13年（1938）3月17日創設西螺專修商業學校為三年制乙種實業學校，於4月1日開始招生。昭和17年（1942）因臺灣總督府的政策改變，急需增產糧食，所以非常需要農業人才，因此將原本的西螺專修商業學校在昭和17年（1942）的第二學期改為西螺專修農業學校，但此一破天荒的做法，卻致使第五屆畢業生以商入學竟以農畢業，也使得該張卒業證書別具意義。

圖185▋ 昭和16年斗六西國民學校第一學年紀念照
圖解｜

　　斗六西國民學校最原始的雛型為明治29年（1896）9月11日的雲林國語傳習所，後於明治31年（1898）10月1日
改稱斗六公學校。又昭和16年（1941）4月1日又改制為斗六西國民學校，也就是現今雲林縣的鎮西國民小學。此圖
為昭和16年（1941）斗六西國民學校第一學年紀念所拍的照片，從照片中左邊的服飾應該為日籍校長大里七郎，但
旁邊的教師則無法明確辨認出是哪位老師。

圖186▋ 斗南公學校級長狀
圖解｜

　　斗南公學校為現今雲林縣斗南國民小學。明治33年（1900）7月設立他里霧公學校。接著大正10年（1921）4月
24日改稱斗南公學校。又昭和16年（1941）4月1日改制為斗南國民學校。此圖為許炎興在昭和11年（1936）就讀三
年級時擔任級長（班長）的級長證書。

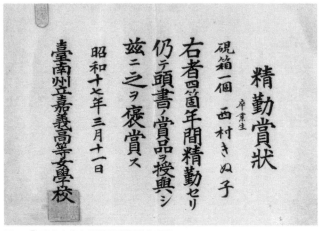

精勤賞狀

卒業生
西村きぬ子

硯箱一個

右者四箇年間精勤セリ

仍テ頭書ノ賞品ヲ授與シ

茲ニ之ヲ褒賞ス

昭和十七年三月十一日

臺南州立嘉義高等女學校

圖187▌嘉義高等女學校舉行運動會照片
圖解

　　嘉義高等女學校為現今嘉義市嘉義女子中學。嘉義高等女學校創設於大正11年（1922）4月1日，為四年之學制。首屆學生50名，臺籍學生僅有2名。

　　創校校長為日籍根津金吾先生。此張照片為嘉義高等女學校在昭和16年（1941）11月10日上午9時在校園內舉行紀元2600年慶祝運動會。

圖188▌臺南州嘉義高等女學校精勤賞狀
圖解

　　此賞狀為昭和17年(1942)西村きね子就讀臺南州立嘉義高等女學校四年期間勤勉不懈，表現良好並獲頒硯箱一個作為獎勵的賞狀證書。

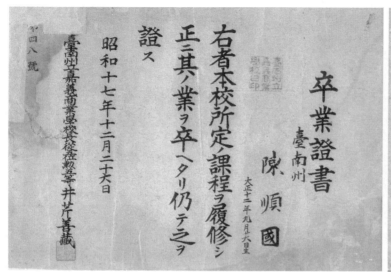

189 | 190

圖189▎臺南州立嘉義商業學校卒業證書
圖解189 |

　　臺南州立嘉義商業學校為現今嘉義市嘉義高級商業職業學校。臺南州立嘉義商業學校創設於昭和13年（1938）4月1日，為五年之學制。同年11月19日舉行開學典禮及入學儀式。創校校長為日籍井芹善藏先生，第一屆學生錄取兩班100人。昭和19年（1944）4月1日臺南州立嘉義工業學校成立，嘉義商業學校與嘉義工業學校合併，嘉義商業學校停止招生。光復後才復校並定名為臺灣省嘉義商業職業學校，亦即今日的嘉義高級商業職業學校。此為合併前2年之臺南州立嘉義商業學校的卒業證書。

圖190▎臺南州立嘉義中學校學級委員狀
圖解190 |

　　臺南州立嘉義中學校為現今嘉義市嘉義高級中學。臺南州立嘉義中學校創設於大正13年（1924）4月1日，為五年之學制。同年4月25日於嘉義街教場116號暫時校舍舉辦開學典禮及入學儀式。第一屆學生錄取兩班112人，大正13年（1924）5月1日起暫借嘉義商業專修學校的教室上課。大正15年（1926）6月7日嘉義市山子頂的第一期校舍竣工後，則前往使用，即現今之嘉義高級中學之現址。

　　此為昭和16年（1941）林鴻德任級長乙職的任命狀，級長即今日之班長，通常以「級長」稱呼之。該張文獻的特殊之處在於使用日式的用法「學級委員」而非「級長」，有別於一般學校的稱呼。

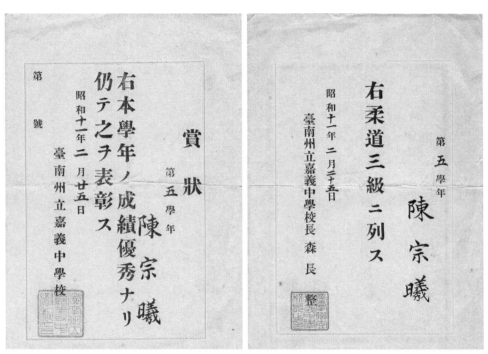

圖191、圖192 臺南州立嘉義中學校學賞狀及柔道檢定證書

圖解

　　陳宗曦醫師於昭和11年（1931），就讀臺南州立嘉義中學校成績優秀及柔道三級檢定通過的證書。陳宗曦醫師是北港人，從小就認為臺灣囝仔很優秀，一點都不輸日本人，所以在校期間，允文允武，不只學業成績優秀，體育方面也表現卓越，尤其柔道是他的強項，曾一舉通過柔道三級的檢定。畢業後他順利考取東京醫學專門學校，赴日就讀並專攻眼科，畢業後短暫在東京都立深川病院眼科擔任醫局員，隨即返回臺南州北港郡開業，並創立明仁堂診療所（現今雲林縣北港鎮中正街上），為北港鄉親服務。

　　日治時期的中等學校非常注重學生的身心體格，所以廣泛的將劍道、游泳及柔道納入課程中，因為他們認為柔道的基礎動作，可以教育並涵養武道精神，鍛鍊出更強健的體魄。而鍛鍊身心的根本精神－是以神聖嚴正的法則，來砥礪肉體與精神，藉由加諸學生此種修練的課程，不僅能鞏固學生的國民觀念，還能延續並灌輸原有的武士道觀念，以達成增進健全國力的目的。所以陳宗曦能文善武的表現在當時臺灣囝仔不易出頭的情況下實屬難得。

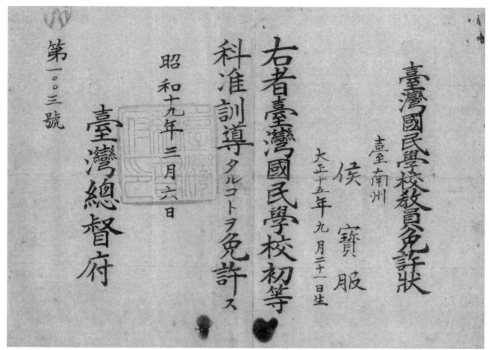

臺灣國民學校教員免許狀

臺南州

侯　寶　服

大正十五年九月二十一日生

右者臺灣國民學校初等
科准訓導タルコトヲ免許ス

昭和十九年三月六日

臺灣總督府

第一〇三號

圖193 臺灣國民學校教員免許狀

圖解

　　侯寶服於日治時期的臺灣國民學校教員免許狀（類似今日之教師證書），其任職於蒜頭北國民學校，擔任准訓導乙職。蒜頭北國民學校為現今嘉義縣蒜頭國民小學。明治44年（1911）4月設立蒜頭公學校，又昭和16年（1941）4月1日改制為蒜頭北國民學校。臺籍老師稱准訓導，而日籍老師稱訓導。

圖194 ▌ 旭尋常高等小學校南門少年團的師生團體合照
圖解│
　　少年團的組織，也就是現在我們通稱的「童子軍團」。全臺最早的少年團組織是在大正4年（1915）6月17日於
臺北成立之「少年義勇團」，此組織也就是臺灣少年團之嚆矢，共招集小學校高等科的在學生170人為團員。
　　日治時期嘉義市共有四個少年團：東門公學校的春日少年團、玉川公學校的玉川少年團、白川公學校的白川少年
團及旭尋常高等小學校的南門少年團。圖194為嘉義市旭尋常高等小學校南門少年團的師生團體合照，其成立於昭和
7年（1932）10月30日，因旭尋常高等小學校位於南門町內，故成立之少年團以南門命名之。從圖中可以明確知悉少
年團的服飾及配件與現今的童子軍團很類似，且當時要入選少年團除了需有不錯的家庭背景外，流利的日語能力也是
入選少年團的資格之一。

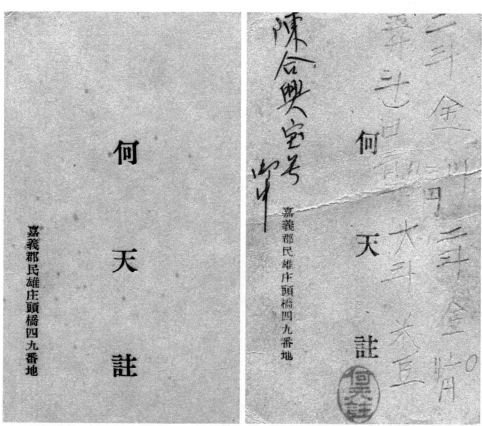

圖195、圖196 ▍何天註的擔任准教導時名片及開農場的名片

圖解▏

　　日治時期何天註擔任教職時的名片及辭掉教職，返家務農後開設農場的名片。名刺（めいし）指的是名片，上面印有姓名、職業、地址、電話等等，是與他人初次交往時必備的工具，也是擴大社交圈的重要管道，與人初次見面時遞交及交換名片是基本的社交禮貌。日本在明治維新後名片開始流行，「名片交換會」是日本人新年的習俗之一，明治39年（1906）1月30日的舊曆元旦正午，臺南150餘名臺灣人，即在臺南俱樂部舉行「名片交換會」，明治38年（1905）元旦，新竹廳已有元旦祝賀會，新竹公學校等各校聚集學生行祝賀典禮和名片交換會。

　　何天註（1895-1975），嘉義縣民雄鄉人，明治28年（1895）9月7日生。天註係民雄頭橋樸實農家出身，父何載，母張舜，均為典型的勤勞農民。自幼聰敏好學；及長，進入臺南師範學校就讀。畢業後，大正5年（1916）分發到番社公學校前大埔分校（現今臺南市東原國民小學）任教，不久調回臺南州江厝店公學校（現今嘉義縣興中國民小學）擔任准訓導。嗣後，由於家中耕種大片土地，因此乃辭掉教職，返家務農。天註個性溫和敦厚，又是知識分子，遂被當局任命為頭橋保正處理村莊事務，其為人熱心公正，甚得村民敬重。天註勤勞耕作，農穫豐厚，乃購進許多田地，開闢為「興農農場」，並以科學的方法來經營，收穫更豐。後來又擔任大林糖廠頭橋及塗樓兩區的原料委員，對於產糖外銷，爭取外匯，貢獻甚大。

　　光復後，民國47年（1958），當選嘉義縣第四屆縣議員。其後又蟬連第五、六屆縣議員。擔任議員期間，天註努力問政，認真為民服務，積極爭取朴子溪堤防及頭橋段土地重劃，並開鑿塗樓段深井工程，使「看天田」土地，成為每年能二至三穫的良田；又替無田耕作的佃農爭取公地放領，真正落實「耕者有其田」政策，造福農民甚大。

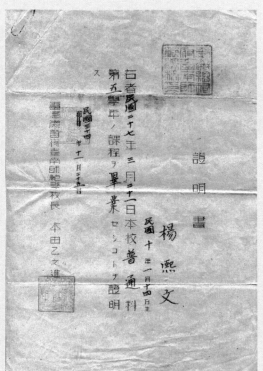

圖197、198 ▌ 楊熙文之臺南師範學校普通科及研究科的證明書

圖解 |

　　楊熙文自臺南師範學校普通科畢業後（圖197），昭和15年（1940）至17年（1942）分別任教於臺南州海口公學校（現今雲林縣臺西國民小學）、臺南州鹿麻產國民學校（現今嘉義縣鹿滿國民小學）。後昭和18年（1943）又返回臺南師範學校研究科就讀，昭和19年（1944）完成研究科學業（圖198），從成績單上可知道其成績十分優異，且有一科為滿分100分。

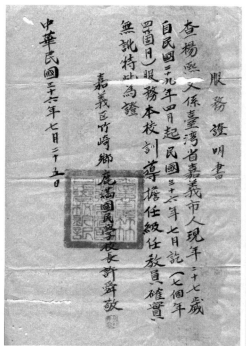
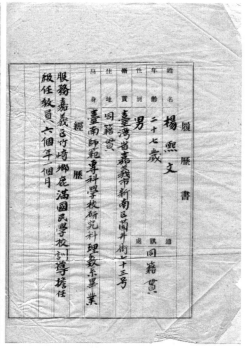

圖199、圖200 ▌ 楊熙文在光復後的履歷書及服務證明書

圖解｜

　　楊熙文在光復後的履歷書及服務證明書。楊熙文是白色恐怖受難者，民國39年（1950）楊熙文經陳顯富介紹參加組織，隸屬「中共臺灣省工委山地工作委員會」，初受老朱領導，旋改由臺南小朱領導，至本年3月又受陳顯富領導，並介紹黃垚、高鈺鎧、林登茂參加組織，並擔任臺北與嘉義間之聯絡員工作，聯絡吳鳳鄉教員廖圳、林良壽及朱家鄉各地教員，組織三人小組及開闢阿里山工作。後因情治關係被偵破，陳顯富等人被循線逮捕，楊熙文後判處死刑，褫奪公權終身，其財產除酌留其家屬必需之生活費外，其餘全部沒收。

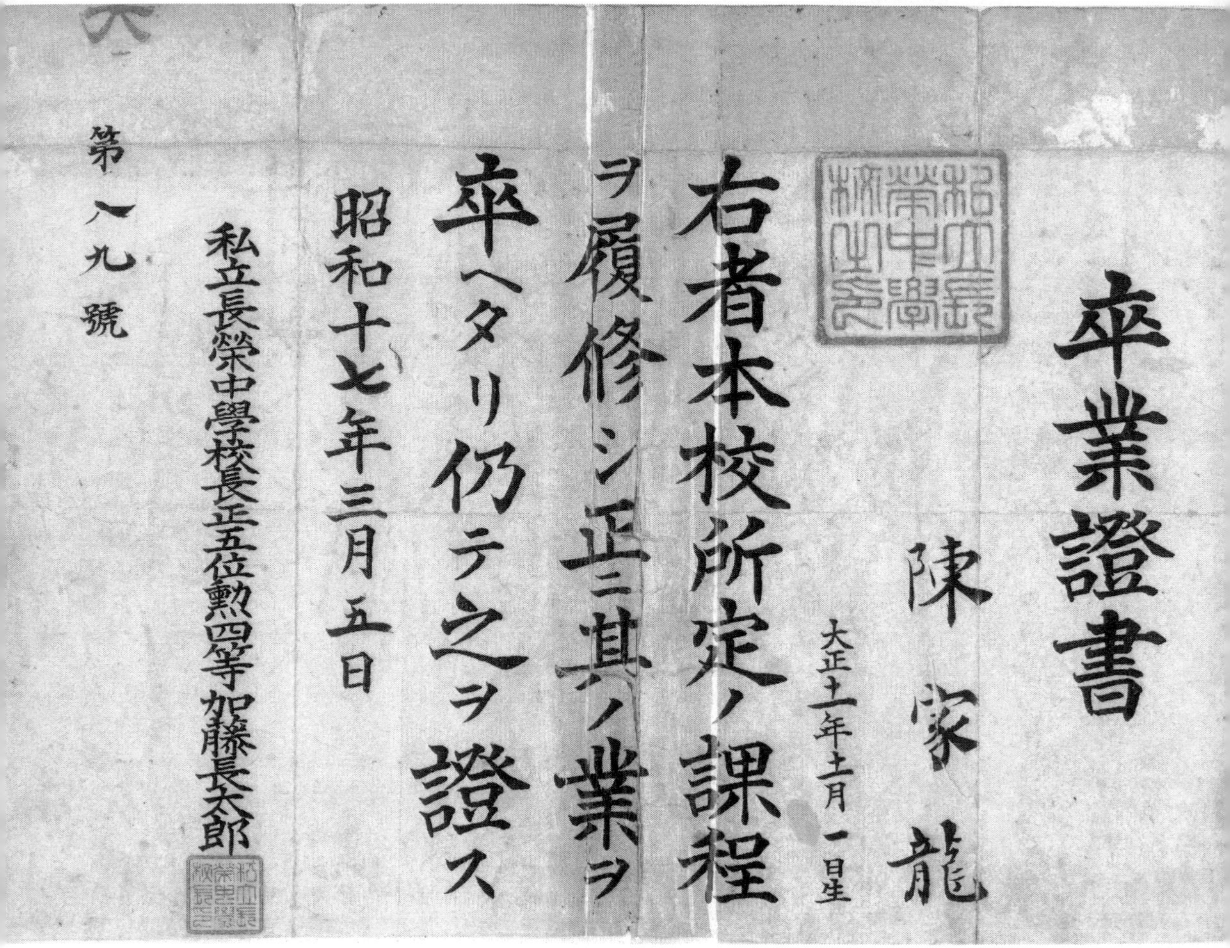

卒業證書

陳家龍

大正十一年十二月一日生

右者本校所定ノ課程ヲ履修シ正ニ其ノ業ヲ卒ヘタリ仍テ之ヲ證ス

昭和十七年三月五日

私立長榮中學校長正五位勳四等加藤長太郎

第八九號

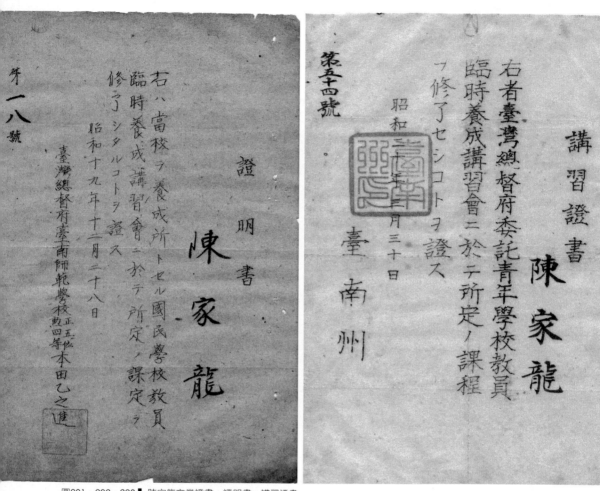

圖201、202、203▎陳家龍卒業證書、證明書、講習證書

圖解▎

　　圖201為昭和17年（1942）3月陳家龍畢業於私立長榮中學的畢業證書，因當時國民學校師資缺乏，所以先被暫時聘用於臺南州梔梧國民學校（雲林縣口湖鄉文光國民小學）擔任助教乙職（圖202），後於昭和19年（1944）12月參加臺灣總督府委託臺南師範學校辦理國民學校教員臨時養成講習會，並取得臨時教員資格。

　　再者，圖203為陳家龍昭和20年（1945）3月又參加臺灣總督府委託青年學校教員臨時養成講習會之證書。而關於青年學校，其最主要是因昭和10年（1935）公布青年學校令，許多公學校內要設青年學校，而青年學校性質類似青年訓練所或皇民鍊成所，都是灌輸皇民化思想的場所，為被徵召青年之預備學校，主要目的在灌輸忠軍愛國等服兵役的義務，以做好至前線作戰的準備。

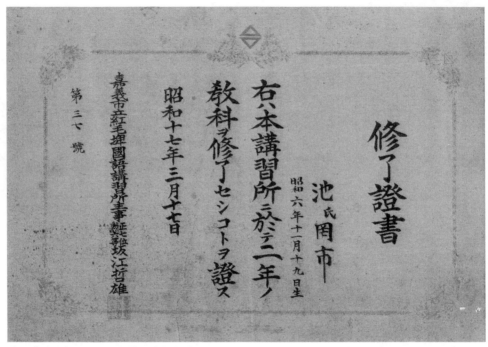

圖204 ▌ 嘉義市立紅毛埤國語講習所修了證書

圖解 ▏

　　國語講習所乃是昭和5年（1930）起各州廳以未入學公學校之臺灣民眾為對象、以教授日語為主而設置的教育設施。在臺灣總督府的推動下，昭和5年（1930）起臺灣各地先後設置修業年限1至4年的國語講習所、1至3個月的簡易國語講習所，大規模地對臺灣民眾推動日語教育。此為池岡市女士於昭和16年（1941）在嘉義市立紅毛埤國語講習所完成2年課程的修了證書。

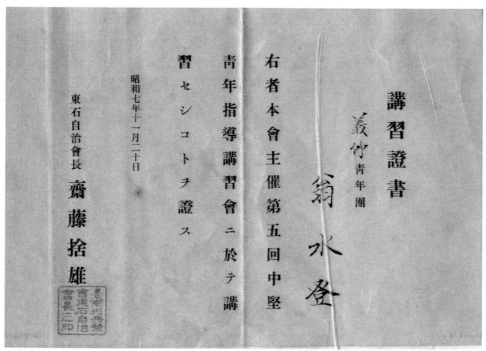

圖205▌青年指導講習會證書
資料來源：作者自行蒐藏
圖解│

　　青年團顧名思義為一青年團體，此組織乃從日本的「若者制度」傳統村落青年組織而來，傳入臺灣後，此組織的成員主要是來自公學校畢業生，也有一些滿15歲以上、30歲以下的男女青年。青年團的組織其實是日本霸權為了鞏固其在臺灣統治政權能長治久安的一種治臺策略，透過學校的組織來對社會、國家進行「勞務奉公」。

　　到了日治後期（1941-1945），實施皇民化後，臺灣總督府為了強化人民的思想控制，不斷透過街庄舉辦青年指導講習會，用以掌控臺灣人民思想，進而報效國家。圖205為東石郡義竹青年團的團員翁水登，參加第五回中堅青年指導講習會之證書。

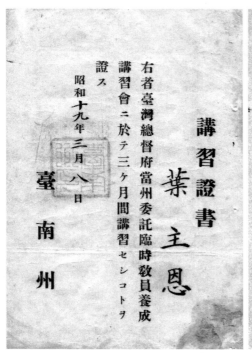

圖206▎臨時教員養成研習會研習證書
圖解▎

　　日治後期（1941-1945）因為日本大量的徵召臺籍日本兵遠赴戰場，國民學校的臺日籍教師也難逃被徵召的命運。此時教員短缺，所以大量啟用中等學校畢業的男女學生擔任國民學校教員。當時很多剛畢業的中等學生參加臺灣總督府委託各州廳辦理臨時教員養成講習會後，就可以以「助教」職稱的代用老師任職於國民學校中以彌補國民學校師資的不足。此為葉主恩參加昭和19年（1944）臺南州辦理的臨時教員養成講習會的講習證書，此文獻可窺見當時因戰爭造成正式師資的匱乏，而需仰賴臨時訓練的「助教」遞補的歷史背景。

圖207▎臨時賞與發令通知令
圖解▎

　　查閱《臺灣總督府職員錄》，蕭木生為受聘於嘉義市役所會計課的雇員。而圖207之臨時賞與發令通知令為嘉義市教育會所發予。教育會主要目的在管理書房及推動公學校教育，成員大多以臺人士紳及書房教師為主，地方當局事先透過教育會聯絡書房教師，尋求改良書房與推動新教育之共識，並宣導相關規定及措施，以漸進方式落實書房義塾管理規程；同時，督促書房及士紳子弟入公學校就讀，影響所及，地方政府得順利落實書房管理政策，不少書房教師轉任公學校教師，甚至率領私塾子弟轉入公學校就讀。由該文物可知，新教育推展之初，地方教育會扮演關鍵的中介角色，發揮溝通官民之功能。

圖208 ▌國語學校嘉義同窗會發會式紀念攝影

圖解 ▏

　　臺灣總督府國語學校嘉義同窗會的首次聚會，於大正7年（1918）8月18日下午2點於嘉義銀行樓上開會後，6點在樓下拍照留念的照片。此次聚會由幹事陳茂如大力協助與聯繫，當日共有來自嘉義廳下115名同校畢業生中的61名出席。

　　此次聚會由張幹事開場致詞，簡幹事報告同窗會創立經過，之後陸續由蔡幼庭、鄭沙棠、葉青泉三氏各自發表5分鐘的演說，在中場休息時間則穿插安排古樂器演奏等其他餘興活動。　　此外，此張照片另一珍貴之處，就是照片中第二排第七位是知名畫家陳澄波，這張照片是他自臺灣總督府國語學校公學師範部乙科畢業後，服務於嘉義第一公學校時的照片，從中可窺見他早期較青澀的樣貌，可說是十分珍貴。

圖209 ▌ 昭和14年嘉義郡教育會總會記念[5]

圖解 ▕

　　昭和14年（1939）5月7日在嘉義公會堂召開教育會總會後，在戶外所拍攝的留念照片。此類的教育總會會議通常討論的事項為當年度廳或郡教育相關事業的經費決算、報告與審核下年度的經費預算的討論議案。通常討論完後，會由舉辦單位的官員帶往嘉義神社參拜，並祈求武運長久。

---

[5]　圖208及圖209之照片為目前作者蒐藏之文獻，亦及擁有該文獻之所有權及影像權。惟「典藏臺灣」之數位典藏與數位學習國家型科技計畫宣稱著作權人或智慧財產權授為其所有，作者已經去電告知該所有權及影像權為作者所有，請該單位註銷兩份惟文獻之公開權。

社會事業篇

圖210、211▌有限責任羅山信用組合
　　　　　 出資證券（正／反面）
圖解｜

　　「有限責任羅山信用組合」（今
日之嘉義第一信用合作社）是大正5
年（1916）11月26日，由嘉義地方仕
紳、商界文人陳際唐召集地方仕紳自
行籌組的本土信用組合金融機構。計
有吳開興、吳嚴卿、劉發、陳德輝等
地方仕紳369名熱心人士同名聯署。
大正6年（1917）獲准成立，同年3月
18日正式營業，推舉陳際唐為該組合
長（理事主席）。本社初創時參加社
員369人、股金總額62,650圓。認繳
股金18,555圓。該信用組合之設立由
本島人發起，以嘉義、臺斗坑、水上
三第區為主要營業範圍。

　　此為大正6年（1917）楊象淹投
資有限責任羅山信用組合第一年的出
資證券（正、反面）。

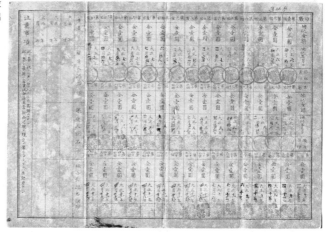

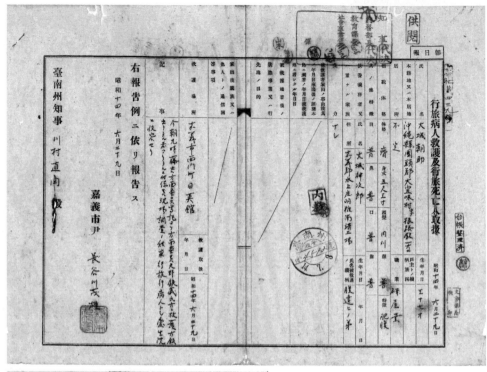

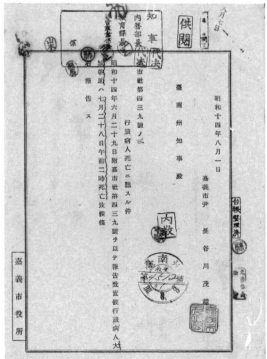

圖212、圖213 行旅病人救護及行旅死亡取扱相關文件

圖解

　　所謂行旅病人，係指行旅中因病或其他因素，無法繼續行動且無救助途徑而需急救協助者；而行旅死亡者常有身分不詳且無人認領知情況。明治29年（1896）6月24日，臺灣總督府公布〈行旅病人及死亡處理規定〉，救濟項目有遣送還鄉、醫療救護和死亡埋葬，所需費用由各地地方政府負擔，而揆諸法條內的規定，最大的影響就是針對在行旅中死亡或是生病的人給予救助，其經費來源有了法源依據。

　　此為日籍沖繩人大城朝助的「行旅病人救護及行旅死亡取扱」文件，文中載明今早9點方面委員藤吉向方面委員天野鐵藏委員提出救護委託單，並附上現場調查的結果，內容為旅行病人在嘉義市西門町日英館被救護，並送往愛生院收容，惟在昭和14年（1939）7月28日該人不治死亡，後則由嘉義市尹及臺南州知事出具行旅病人死亡證明。

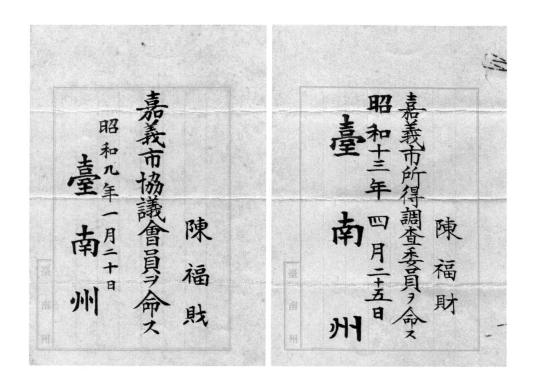

214 | 215

圖214▌嘉義市協議會員聘書
圖解丨
　　陳福財於昭和9年（1934）擔任嘉義市協議會員乙職的聘書，協議會員的職務，主要是協助官方治理地方。大正9年（1920）年9月，臺灣總督府施行新的地方自治制度，將地方行政區分為五州二廳，下轄三市和郡，郡再下轄260街莊，州市設有州會與市會，街庄設有協議會，州市會議員與街庄協議會員，不過其中的市會議員與協議會員都是官方派任，完全沒有民意機關的功能，只能說是統治者單方設立的象徵性自治機關，並無民意參與。
　　昭和10年（1935）11月22日舉行的第一次臺灣殖民地的民主選舉—「第一屆市會及街庄協議會員選舉」，嘉義市的臺籍參選人梅獅、劉傳來及陳福財均全數當選，陳福財即是其中一位民選的臺南州嘉義市會議員。

圖215▌嘉義市所得調查委員聘書
圖解丨
　　陳福財於昭和13年（1938）年擔任嘉義市所得調查委員乙職的聘書。所得調查委員的職務，主要是調查嘉義市內各街庄的民眾徵稅調查。又分為「固有」和「委任」兩種性質，例如徵稅，既是委任事務，也是固有事務，因為課徵國稅、州稅來自政府和上級團體的委託，屬於「委任事務」；課徵庄稅作為該庄收入，與該庄之存立息息相關，屬於「固有事務」。
　　再如街庄事務基礎調查，本來應屬「委任事務」，但調查所得構成街庄自治的基礎資料，不但是街庄長重要施政參考，更是街庄對外交涉、或向國家爭取資源時不可或缺的依據。因臺灣各地郡街庄繁多，故不可能皆由日本官吏親自調查各稅收，所以借重地方仕紳或各區長、街庄長等地方官吏協助，以利臺灣總督府清楚掌握臺灣稅收的狀況。

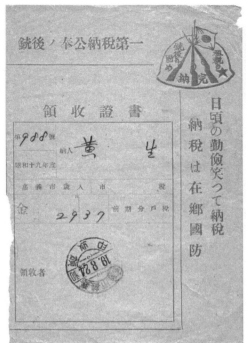

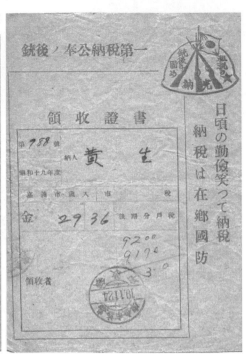

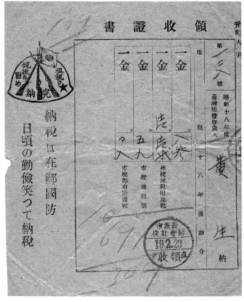

圖216、217、218▋嘉義市歲入領收證書

圖解｜

　　日治時代基本稅收有三類：國稅、州稅與庄稅。付稅的基準取決於土地及該戶的生產額，前者的稅目有地租、地租附加稅、地租割，後者則為戶稅與戶稅割。例如一般家庭而言會有家屋稅、家屋附加稅；做生意的會有所得稅、所得稅附加稅、營業稅、營業稅割等、雜種稅、雜種稅割等各種稅收項目。

　　例如昭和15年（1940）3月16日的《嘉義市報》第301號，羅列了嘉義市稅務項目分有：地租稅、營業稅、家屋稅、特種營業稅、雜種稅、都市計畫稅等。圖216、圖217及圖218為嘉義市歲入領收證書，由此可窺見當時稅收的名目與規劃。

圖219 ┃ 大日本婦女會嘉義市支會年末賞及發令通知書
圖解 ┃

　　大日本婦女會嘉義市支會年末賞及發令通知。大日本婦女會嘉義市支會是一種以嘉義市婦女團體為主導性的社
團，組成份子以高官夫人為主，嘉義廳時期愛婦會已經在嘉義市活動。明治44年（1911）嘉義廳直轄區域內已有日
本會員257名、臺人會員714名；大正7年（1918）設立愛婦會臺灣支部嘉義幹事部，成為「愛國會嘉義市分會」的
前身。嘉義市分會活動內容相當廣泛，例如：昭和9年（1934）設立嘉義幼稚園，昭和10年（1935）為嘉義飛行隊
建設經費與嘉義相撲協會主辦的兒童相撲比賽募款等。

圖220 ┃ 年末賞與發令通知書
圖解 ┃

　　臺南州農業會嘉義市支部擔任雇員蕭木生的年末賞與發令通知書。昭和14年（1939）起實施「臺灣米穀移出管
理」，規定臺米輸出由政府統一進行。同年並實施〈米穀配給統制規則〉，規定糧食生產者只能保留經官方核准數量
的食米，其餘需全數由政府收購，並轉賣給臺灣食糧營團，由該營團負責米的配給。所收購之米除配給予民眾以及
供應軍糧外，其餘全部輸出至日本本土。但是隨著戰爭的擴大，食糧管制成為必要，因而於昭和18年（1943）頒佈
〈臺灣食糧管理令〉。根據此令而設的「臺灣食糧營團」，開始食糧管制與配給。至此，臺灣人首次經驗食糧的嚴格
管制與不足。

圖221、圖222 嘉義市役所發給臨時賞與發令通知書

圖解

　　服務於嘉義市役所會計課的雇員蕭木生，於年終時由嘉義市助役（副市長）發給的臨時賞與發令通知書，臨時賞之性質類似績效獎金之獎勵，從圖221、圖222可以清楚看到兩張分別為昭和17年（1942）上半年6月及下半年12月所發給的臨時賞與發令通知書。

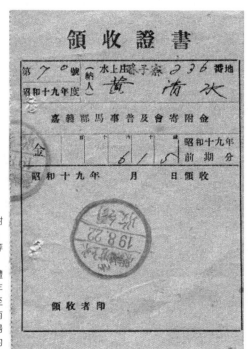

223
──
224

圖223▎馬事普及會寄附金領收證書
圖解│

　　日治時期，日本人就把賽馬的休閒活動引入臺灣，對他們而言，這不僅是一種體育休閒運動，更帶有「博奕」成份。而嘉義市日治時期也成立過愛馬會、嘉義產馬會等組織。

　　嘉義的賽馬始於昭和4年（1929）春季，主辦團體為嘉義產馬協會，代表者為真木勝太。賽馬場在昭和4年（1929）是位於公園內空地，至昭和5年（1930）則改至堀川町的常設競馬場，昭和12年（1937）開始改由臺南州畜產組合聯合會主辦，會長為臺南州知事州村直岡。場地從昭和七年開始即在桶盤町的常設馬場舉行，嘉義市的賽馬，昭和13年（1938）為2圓，至昭和15年（1940）後改為5圓，而嘉義郡馬事普及會亦是其相關的體育休閒團體推廣組織，當時在堀川町內的競馬場，其舊址大約是今日嘉義家商前面，自宅街的範圍中。

圖224▎財團法人嘉義博愛會年末賞及發令通知書
圖解│

　　財團法人嘉義博愛會成立於昭和10年（1935）為一服務性社團，其與隣保館也有水平的相關連性，兩者主要功用均包括救貧、兒童保護、醫療、社會教化、改善風俗等綜合性社會福利事業。日治時期的財團法人嘉義博愛會，即是今日財團法人臺灣私立嘉義博愛仁愛之家的前身。

辭令

雇員 李明棟

月俸 五拾五圓ヲ給ス

昭和十九年一月一日

臺灣畜產興業株式會社

雇員 李明棟

嘉義骨粉工場勤務ヲ命ス

昭和十九年九月七日

臺灣畜產興業株式會社

225 | 226

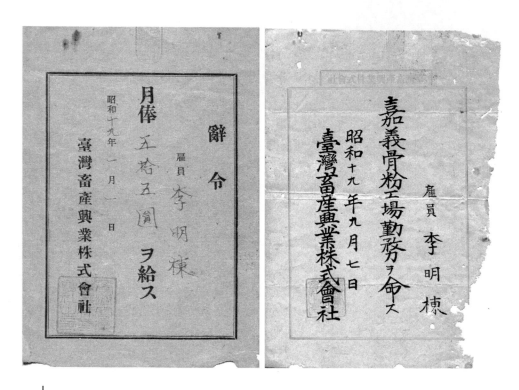

圖225▍臺灣畜產興業株式會社辭令

圖解｜

臺灣畜產興業株式會社成立於昭和13年（1938）3月29日，總社位於臺北市北門町（臺北市開封街區域）。其主要功能在於管制臺灣的畜產事業，與戰時肉品配給相關。營業項目有肉品加工、肉品冷藏冷凍處理、家畜交易、畜產養殖、飼料調製配給、乳品、皮革、骨粉製造、鯊魚皮革工廠及海外事業。此為昭和19年（1944）臺灣畜產興業株式會社發給李明棟的辭職證書。

圖226▍臺灣畜產興業株式會社聘令

圖解｜

骨粉加工物是使用動物的骨頭磨成粉並加工，將其製作成各類型的肥料。而當時隸屬於臺灣畜產興業株式會社下的骨粉工場有5間，分別於臺北、高雄（2間）、彰化、嘉義等，國民政府來臺後，臺灣畜產公司接管日產畜產企業，將多數骨粉工場裁撤，僅留嘉義廠。日治時期嘉義骨粉工場的住址為臺南州嘉義市竹圍子6番地（現今嘉義市西區竹圍里與下埤里的區域）。

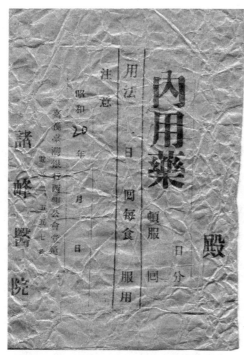
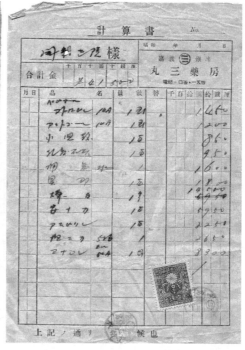

227 | 228

圖227 ▌ 諸峰醫院內用藥藥袋
圖解 ▏

　　圖227的諸峰醫院是由張錦燦（長谷武峰）醫師創立，舊址是在目前嘉義市合作金庫嘉義分行位置。與出身雲林西螺望族的才女，張李德和（嘉義詩人、畫家）在大正1年（1912）時共結連理，隔年大正2年（1913），張錦燦畢業於臺灣總督府醫學校，所以兩人於嘉義廳鹽水港支廳菁藔區菁寮庄（現今臺南市後壁區內）開設了「諸峰醫院」。

　　而後在大正5年（1916）醫院遷到嘉義區嘉義街（今嘉義市）開業，醫術精湛在嘉義十分有名。昭和4年（1929）改建成洋樓。改建後醫院的二樓成為夫婦起居讀書的空間，號為「琳瑯山閣」，屋後庭園則名為「逸園」，常於此舉辦詩會。由於張錦燦在嘉義創立不少文藝聚會和結社，因此在嘉義藝文界有不小的影響力。也曾任嘉義市方面委員等職務，更成立私立嘉義產婆講習、私立諸峰醫院附屬助產所推動相關的社會事業，頗有建樹。

圖228 ▌ 嘉義・三丸藥房計算書
圖解 ▏

　　許多人都會把嘉義銀座誤認為嘉義座（為嘉義戲院，位於現今文化路上的聖保羅烘焙花園的地址），其實銀座係指繁華的街道，當時元町是嘉義市熱鬧的街道其中之一，當地人都稱該地為銀座，就是當時東市所在地附近（即現今的中正路、忠孝路、共和路及光彩街的範圍內）。三丸藥房就是位於該地段內，此圖是三丸藥房計算書，也就是客戶向三丸藥房購買醫療藥物的帳單或清單。

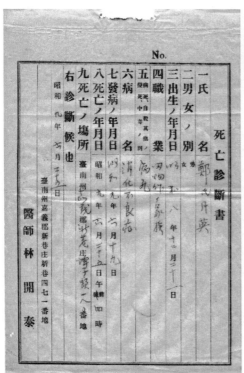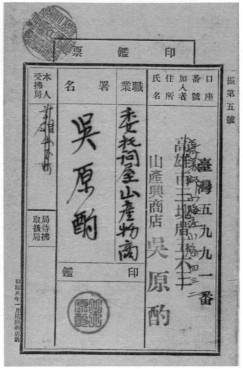

229 | 230

圖229 ▍死亡診斷書
圖解 ┃
　　日治時期昭和9年（1934）由北港庄林開泰醫師所開立的死亡診斷書，內容明確記載了姓名、性別、出生年月、職業、死因、病名及死亡年月日及處所，與今日的死亡證書無異。林開泰為「雲門舞集」創辦人林懷民的祖父，畢業於臺灣總督府醫學校，是位詩人醫生，閒暇喜吟詩自娛，遇有患者無錢就醫，常免費為之醫治，仁心仁術，甚得鄉人敬重，在地方上有一定的影響力。

圖230 ▍印鑑票
圖解 ┃
　　印鑑票為郵便局戶頭（口座）證明票卡。左上方蓋有「臺灣總督府交通局總長之印」的機關官章。圖中的資料顯示該印鑑為吳原酌所有，他曾經於高雄市三塊厝（現今高雄市三民區西側）經營山產興商店（即現今的雜貨店），後遷居到嘉義郡小梅庄（現今嘉義縣梅山鄉），其後仍在當地繼續經營山產興商店，印鑑票的背後有落款為昭和16年（1941）變更的。

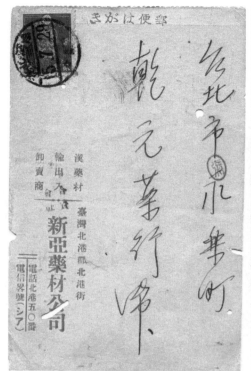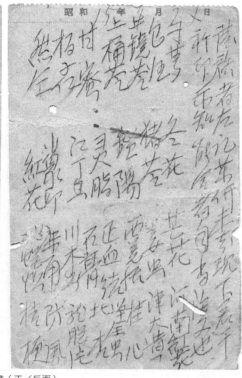

圖231、圖232 ▍ 北港郡北港街新亞藥材公司所寄之繪葉書（正／反面）
圖解 ▍

　　明信片稱為「葉書」（はがき），圖像明信片稱為「繪葉書」（えはがき）。「繪」是「畫」或「繪畫」之意。「はがき」是從「はしがき」，也就是「端・書き」演變而來，原本是指寫在紙片上的備忘錄或紙片本身。明信片，一張既不折疊也不密封的紙片，正面具信封格式，背面相當於信箋，但內容公開，無隱私可言，故稱為「明信」。

　　圖231及232的繪葉書是北港街新亞藥材公司，向日治時期臺北市知名乾元藥行採購各類藥材的通知明細。而新亞藥材公司據當地耆老表示，是屬於金長味家族所擁有，因日治時期金長味家族大多以經營中藥材或開設醫療診所為主，例如日治時期畢業於臺北帝國大學附屬醫學專門部的蔡孔雀醫師也是該家族的成員，後在北港開業，診所取名「金長味」。該名稱之典故來自於日治時期，臺灣總督府為了限制購買鴉片地點，指定少數藥店可販售鴉片，蔡醫師之曾祖父所開設的中藥店就是其中之一，店名就叫金長味。「味」指的應該是鴉片味道。而他開設診所，也沿用祖先的店名，象徵傳承意味。

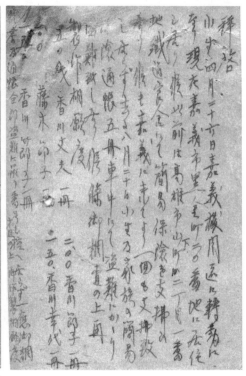

圖233、圖234▋投保簡易保險之通知繪葉書（正／反面）

圖解｜

　　嘉義市寄給高雄市簡易保險課主任的繪葉書，簡要的述說家族保險帳冊的一些狀況。特別的是這張繪葉書是在昭和20年（1945）9月13日從嘉義寄出（嘉義戳章），昭和20年（1945）9月17日又蓋了高雄的戳章，可見郵便局並不受戰爭影響照常運作。換言之，雖然日本已經戰敗，日籍人需等待引揚回內地，但臺灣島內許多機關運作仍一如往常，例如郵便局的郵件、繪葉書投遞等。

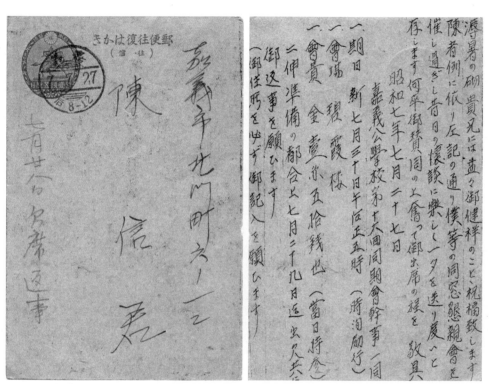

圖235、圖236 ▍嘉義公學校第16回同期會開會通知（正／反面）
圖解 ▎

　　繪葉書內容主要是要通知嘉義市北門町的陳信在昭和7年（1932）7月30日，前往嘉義市元町知名臺灣料理的碧霞樓舉行嘉義公學校第16回同期會。

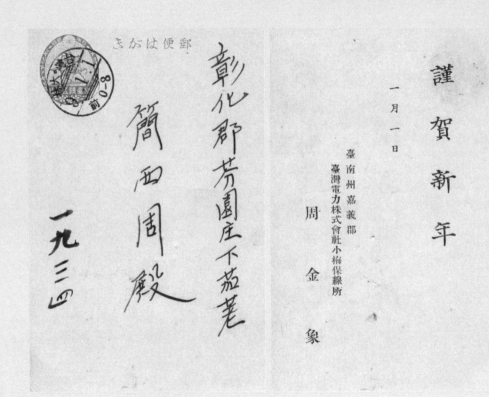

謹　賀　新　年

一月一日

臺南州嘉義郡
臺灣電力株式會社小梅保線所

周　金　象

郵便はがき

彰化郡芳園庄下荔苍

簡西周殿

一九三四

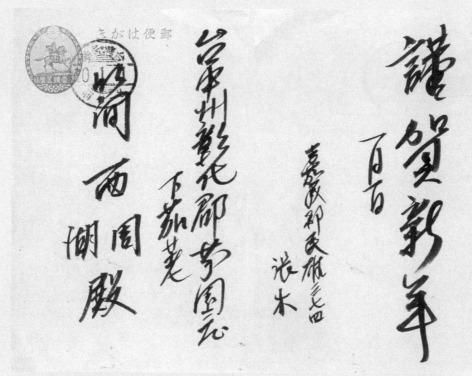

圖237、圖238、圖239、圖240▌寄之謹賀新年繪葉書（正／反面）

圖解▏

　　臺灣人在新年時原就有寫賀年信或卡（年賀狀）的習慣，然而開始在新曆元旦寫賀年卡，大多是給互相交際的日本人交換名片相賀，此一行為稱「賀正」或「拜正」，亦可看出臺灣人逐漸接受新曆新年的程度。

　　從圖中可看出是由住在臺南州嘉義郡臺灣電力株式會社小梅保線所服務的周金象及嘉義郡民雄的張木，分別寄給臺中州彰化郡芬園庄的簡西周及簡西湖，表達祝賀新年的繪葉書。

圖241 ▌ 北港街宮前通繪葉書
圖解 ┃
　　坐落在北港街上的北港媽祖廟自清代以來一直是北港地區民眾的信仰中心。此繪葉書為北港街上北港媽祖廟正門
及門前兩排房子的圖貌，街貌整齊劃一、井然有序，加上近似日式都市建築的風格及寫滿日文的店家招牌，突顯出濃
厚的日本味。

圖242▌廣葉杉造林地繪葉書
圖解▕

　　水社寮位於現今嘉義縣竹崎鄉仁壽村的水社寮聚落。日治時期推廣種植杉木進行造林作業，從北門車站往阿里山一帶的聚落，如竹崎、木屐寮、樟腦寮、獨立山、水社寮、奮起湖等，在林地中種植廣葉杉等植被，此為嘉義市出張所水社寮種植廣葉杉三年後的成長結果，被拍攝並製作成繪葉書。

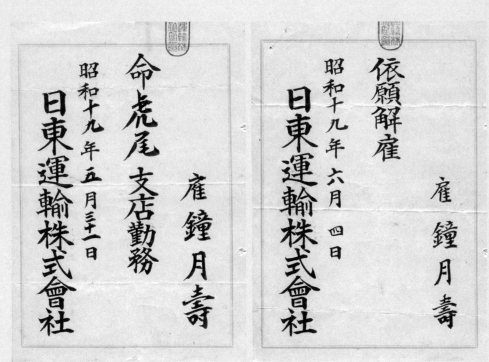

圖243、244 日東運輸株式會社雇員聘書

圖解

　日治時期由於日本人想將臺灣作為統治大東亞共榮圈的補給站，所以積極的建設島內，在運輸產業上，臺灣島內戰敗前擁有日本通運株式會社、臺灣倉庫株式會社、日東運輸株式會社、臺灣運輸株式會社、丸一組運輸株式會社等五大運輸會社經營海陸運的運輸作業。

　圖243為鐘月壽受聘僱於日東運輸株式會社虎尾支店的受聘書，而圖244為鐘月壽自願解僱的聘書，兩份史料較有趣的地方則為圖243為昭和19年（1944）5月31日聘任日東運輸株式會社虎尾支店，惟圖244為昭和19年（1944）6月4日就自願解僱，推測可能是鐘月壽被徵召入伍去當臺籍日本兵，所以才被迫於受聘後的短短5天就去職。

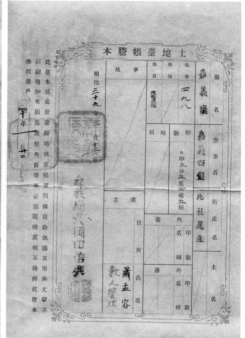

245 | 246

圖245▎肥料輸移入單據

圖解｜

　　由昭和8年（1933）臺南州嘉義市埤子頭的肥料輸移入空白單據，由肥料買賣業者陳子恭所出示，文獻中記載了購買的肥料名稱、數量、價格、備註等項目。該文獻特別之處在於左邊蓋上臺南州知事的官職章，在當時連民間的肥料販賣亦需經過州廳的把關，顯見當時政府單位的管制相當嚴謹。

圖246▎土地臺帳謄本

圖解｜

　　在依照舊慣例施行土地法制之時期，臺灣總督府對於臺灣地籍資料之搜尋與整理相當用心，除派員向臺灣人民訪查及四處搜尋資料外，並將燹餘之清賦冊籍殘卷，加以整理，但仍無所獲。因此，臺灣總督府認為應盡速編造土地臺帳，以利土地買賣、讓與、出典等情事之進行，使其有所證明，且土地臺帳之編造，對臺灣的開發及財政之確立，也有很大幫助。臺灣總督府為實施土地調查事業，乃於明治32年（1899）公布〈臺灣地籍規則〉（律令第13號）及〈臺灣土地調查規則〉（律令第14號）以為詮定地目，設置地籍圖冊之依據。土地臺帳之編制，可以稱為是臺灣歷史上第一份有關土地權利，大規模由官方記錄之產權證明。

　　此為明治39年（1906）3月12日由嘉義廳長岡田信興發給嘉義廳嘉義西堡北社尾庄的一份土地臺帳謄本。持有人為葉孟容等數人共同管理。

▎史料特輯▎　日治時期雲嘉地區教育、社會事業史料與舊照片　269

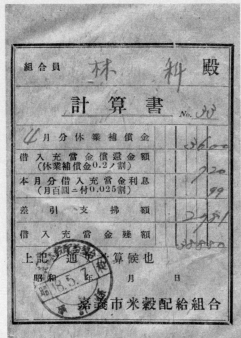

圖247、圖248▌計算書及臺灣食糧營團臺南州支部嘉義支所發令通知書（正／反面）
圖解｜

　　昭和14年（1939）臺灣實施〈米穀移出管理令〉，開始實施米穀收購配給，收購米穀的納入組合體制，由米穀納入組合系統執行。發放「家庭用米穀配給券」，一般家庭購買配給米的頻率大約一個月兩次。昭和16年（1941）12月臺灣與日本同時實施企業許可令，臺灣實施〈米穀緊急措置法〉；昭和18年（1943）日本與臺灣實施〈食糧管理令〉，而成立臺灣食糧營團，開始食糧管制與配給。昭和20年（1945）6月日本、臺灣、朝鮮同步實施的〈戰時緊急措置法〉等。

　　嘉義市米穀配給組合在昭和17年（1942）5月1日實施消費米的買賣配給，熟稔日語的家庭可以購買到較多的配給，相反的，對日語不熟的家庭能購買之配給較少。主要是透過這樣的制度推廣學習日語及使用日語。

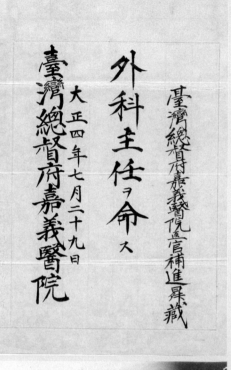

臺灣總督府嘉義醫院醫官補進昇藏

外科主任ヲ命ス

大正四年七月二十九日

臺灣總督府嘉義醫院

圖249 臺灣總督府嘉義醫院醫官補證書

圖解｜

　　日籍的進昇藏於大正4年（1915）任職於臺灣總督府嘉義醫院醫官補擔任外科主任的派令證書。進昇藏於明治32年（1899）畢業於東京慈惠醫院醫學專門學校後，於日本內地的東京開業，其後進入軍隊服役並擔任醫官，後輾轉來到臺灣以陸軍三等軍醫正八位勳六等任職臺灣總督府嘉義醫院醫官補勤務。依據《臺灣總督府職員錄》記載進昇藏曾與畢業於臺灣總督府醫學校的賴和於大正4年（1915）同時服務於嘉義醫院並擔任同事。

　　日治時期醫療院所的配置其職員由醫長、醫官、醫官補等組成。早期醫長、醫官的管理階層主要由日本內地國內大學畢業的醫師擔任，醫專畢業者則擔任醫官補。後期醫官補的職缺大量採用臺籍人士擔任。1920年代中期，臺灣總督府招聘日本國內官公私立醫專畢業生擔任醫官補，其後「臺灣總督府醫學專門學校」畢業生逐漸增加，因此積極採用該校畢業生擔任醫官補，迅速派遣適合的醫師前往人員不足的醫院。由此可知進昇藏任醫官補的職缺是在臺籍醫官補人數尚未量產之前期。

圖250 嘉義市元町街庄上國民保健體操

圖解｜

　　嘉義市元町街庄上國民保健體操，開始每日播放收音機體操是自昭和4年（1929）4月開始，4月1日起臺北放送局（代號JFAK）於每日中午12:40及下午6:50起各十分鐘播放收音機體操。昭和2年（1927）10月，正式將其命名為「國民保健體操」。隨著戰爭局勢的發展，日本政府更期待透過收音機體操提升國民體力，並培養共同心。

　　1930年代的部落振興運動中，除了在各村莊設置集會所、國旗揭揚臺之外，收音機也成為部落的基本配備。藉由收音機體操，提升村民體能，甚至是改良娛樂的活動。昭和12年（1937）8月開始國民精神總動員運動，收音機體操被賦予新的期待，發揮戰爭動員的協力功能。此時期大量出現各式各樣的集團體操，強調集團性、均一性，乃至日本性，同時也加強運動量，以提升體力，企圖以收音機體操強化精神與身體兩方面的效能，以符應戰爭動員的要求。

圖251 ▎臺南州嘉義市新高國民學校教師出征合影
圖解 ▎

　　臺南州嘉義市新高國民學校為現今嘉義市林森國民小學，其創設於1939年（昭和14年）4月1日，稱臺南州新高公學校，又1941年（昭和16年）4月1日改制為臺南州嘉義市新高國民學校。此為服務臺南州嘉義市新高國民學校的朝田龔太郎教員被徵召入伍服役時，與學校教師及學生共同留念的合影。

圖252▌臺南州嘉義市幸國民學校教師出征合影
圖解｜

　　臺南州嘉義市幸國民學校為現今嘉義市垂楊國民小學，其創設於1941年（昭和16年）4月1日。此為服務臺南州
嘉義市幸國民學校的中村吉男教員，其被徵召入伍服役時，與學校教師及學生合影共同留念的合影。

圖253 三位臺籍日本兵被徵召入伍同窗合影

圖解

　　關於臺灣總督府徵召臺灣人出征打仗可分為三個時期：第一，大正12年（1923）至昭和12年（1937）志願軍時期，接受少數臺籍日本兵擔任翻譯。第二，昭和12年（1937）至昭和17年（1942）軍署動員時期，昭和12年（1937）7月中日戰爭開戰，臺灣總督府招募不具軍人身分的臺灣人投入前線物資運輸即前往軍隊所佔領之區域，從事建設農工業建設。第三，昭和17年（1942）至昭和20年（1945）志願徵兵時期，大東亞戰爭爆發，加上臺灣實施皇民化有成，為了共赴國難，臺灣總督府與臺灣軍司令部正式宣布，臺灣志願兵制度於昭和17年（1942）開始在臺灣實施。此為三位畢業於臺南州立嘉義商業學校的同窗（同學）在昭和19年（1944）同時被徵召入營時的合影照。

圖254┃ 徵召入伍前家族合照

圖解┃

　　此為在嘉義市檜町的阿里山合同運送株式會社工作的日籍員工鈴木勝二，在昭和18年（1943）被通知徵召入營後，與親友所拍攝的大合照。

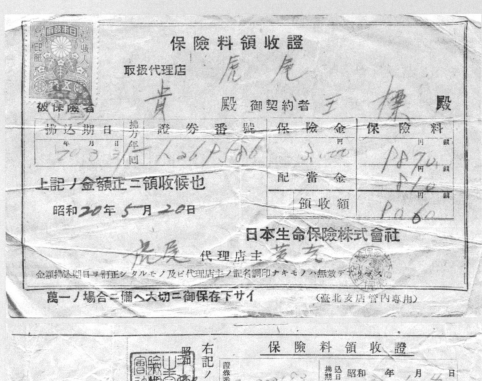

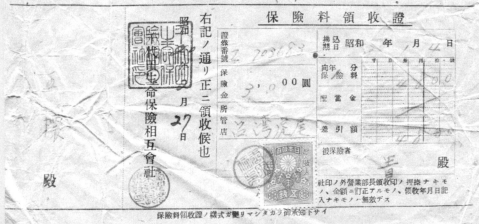

圖255、圖256 ▍保險料領收證

圖解｜

　　昭和2年（1927）10月1日臺灣總督府引進簡易生命保險制度在臺灣實施，直至昭和20年（1945）第二次大戰結束，臺灣共招攬了500,794件契約。簡易生命保險共分三種：終身、養老及小兒保險。簡易生命保險中的社會理念部分源自社會福利概念，主要是國家為補足資本主義社會的缺陷，以「互助共濟」的精神，非營利國家獨占經營方式來照顧薪資微薄的勞動階層民眾。

　　圖255及圖256為王標的保險料領收證。王標為臺灣仕紳，其出生於明治37年（1904）7月21日，自臺中州臺中第一中學校肄業後進入南滿中學堂（1923）、南滿醫學堂（1927）修習課程並畢業，執業於臺南州虎尾街，曾擔任過虎尾郡大屯子公學校校醫及慈濟醫院、內外耳鼻咽喉科醫生等。

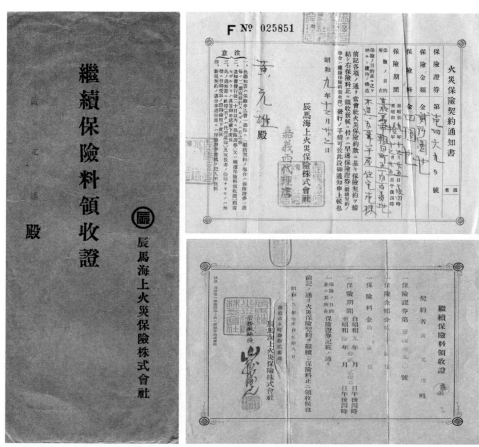

圖257、圖258、圖259 ▌火災保險契約通知書（信封及資料）、繼續保險料領收證

圖解 |

馬辰海上火災保險株式會社（1919年創立）為東京海上關係會社。早期的火災保險是用在辦理指定儲倉貨物的倉庫保險，而未將家屋範圍納入火險投保。而隨著明治43年（1910）後臺灣各都市區改正計劃與家屋改造的推行，火災保險的需求也隨之增加。

圖258為馬辰海上火災保險株式會社嘉義西代理店所開立的火災保險契約通知書，由契約通知書內容可得知，要保物是一間座落在嘉義市朝日町的木造平房，每年保險費4圓，倘該木造平房遭逢融時，可以獲得2,000圓的理賠金。圖259則為圖258繼續保險的保費繳納收據，。按圖257及圖259的脈絡推論，該平房應原來就有投保火災保險，但保險期限已到，由馬辰海上火災保險株式會社開立圖258的火災保險的通知書，在投保人完成繳費後，給予繼續保險料領收證。

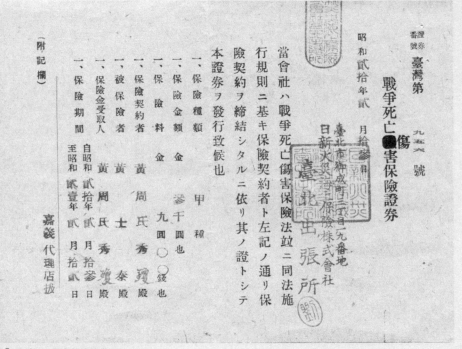

圖260▌戰爭死亡傷害保險證券

圖解▏

　　昭和18年（1943）4月24日通過實施〈戰爭死亡傷害保險法〉及〈爭死亡傷害保險法施行規則〉，亦即被徵召的人可以投保戰爭死亡傷害保險。

　　此戰爭死亡傷害保險券，由日新火災海上保險株式會社嘉義代理店辦理。該份合約中被保人為黃士泰，投保人為周秀瓊（應為黃士泰之妻子），保險受領人亦為周秀瓊。從投保的年份來看為昭和20年（1945）2月，已經到日治後期，也是臺灣總督府對臺強力徵召臺籍日本兵出征的時期，所以被徵召的臺灣人擔心萬一自己上戰場如果一去不回，妻兒就可能無依無靠，所以通常都會投保戰爭死亡傷害保險，據耆老回憶有時候同一人甚至會跟不同的保險公司，投保兩份以上的保險。

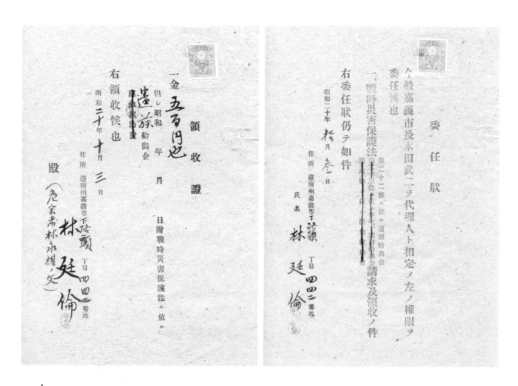

圖261▌戰時災害保護法請求及領收證
圖解｜

　　昭和17年（1942）8月18日，以敕令第629號公布〈戰時災害保護法朝鮮、臺灣及樺太施行令〉，共計5條。隨後昭和18年（1943）及昭和19年（1944）又有條文內容更迭與修正。而圖261為昭和20年（1945）10月兒子林廷倫依據〈戰時災害保護法〉規定領收父親林永棋死亡遺囑給予金的領收證，此時日本政府已經戰敗。

圖262▌戰時災害保護法請求及領收委任狀
圖解｜

　　此為受委託兒子林廷倫依據〈戰時災害保護法〉第22條遺囑給予金請領及領收的委任狀。遺囑給予金發放人為嘉義市長本田武二代理日本政府發放。

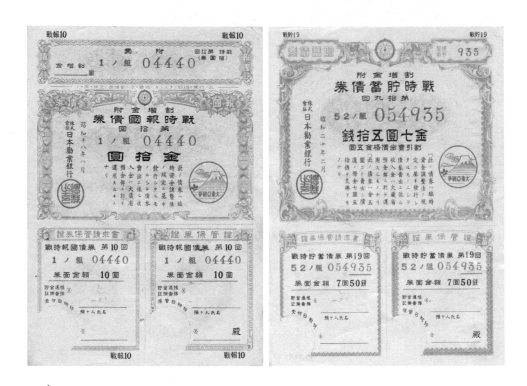

263 | 264

圖263▌戰時報國債券
圖解

此為昭和18年（1943）8月發行的第十回戰時報國債券。在日本大藏省記錄在案的戰時債券，共分六種，由日本勸業銀行（國民政府時期改制為土地銀行）發行，分別是戰時儲蓄債券、戰時建設儲蓄債券、戰時報國債券、報國債券、戰時軍票及臺灣產業金庫發行的奉公債券。這六種債券或軍票均由大藏省委託銀行在國內外公開發行。據史料紀載「大東亞戰爭」共耗費軍費總額為2,220億日元，其中近85%是用政府公債（戰爭準備基金）。

圖264▌戰時儲蓄債券
圖解

圖264是昭和20年（1945）2月發行的第十九回戰時儲蓄債券。同樣是透過戰時儲蓄的信念，形塑人民與國家共赴國難的一致性。此外，有些債券有附割增金，也就是溢價金，比原債券金額多出幾圓的金額，多的部分為附票，作為回饋民眾的投資獎金，但民眾不一定能拿到附割增金的金額，政府發還金額時，會以抽籤方式回饋給民眾，如有中籤則發放溢價金（附割增金）。

圖265、圖266、圖267┃電信為替原符・虎尾、中埔、嘉義匯日本內地
圖解┃

　　昭和20年（1945）8月14日，由昭和天皇親自宣讀並錄音，8月15日通過日本放送協會（NHK）正式對外廣播
「玉音放送」，日本宣布投降。日本戰敗後，緊接著就是遣送日人回內地，惟依據行政長官公署規定〈日俘日僑歸國
攜帶行李辦理案〉、〈日僑返國鈔票首飾處理案〉、〈日僑返國每人攜帶物品規定〉等相關規定，限制日人回內地僅
能攜帶現鈔1,000圓為限，其他貴重物品一律不准攜帶，例如：黃金、白銀、相關動產等，且一開始也限制每人僅可
以攜帶隨身行李30公斤，後來基於人道主義立場，取消限重30公斤規定。

　　而對於在臺灣的高級官員或是有錢的商人，最頭痛的就是手上或戶中的現金，所以昭和20年（1945）後期，
日人大量的以電信為替原符的電匯方式暗渡陳倉的將臺灣的財產「合法化」的匯回日本內地，而為了不引人耳目，以
每筆一千圓的方式匯回日本的各地親戚戶頭中。依據昭和18年（1943）11月1日的《臺灣總督府報》中提及，郵便局
處理電信為替的費用為：100圓以下費用1.2圓；300圓以下費用2.4圓；500圓以下費用3.6圓；1,000圓以下費用4.8
圓。但若是至急電報，則加倍收費。在日本尚未戰敗前，電信為替也是許多在臺灣工作的日本人將錢匯回日本內地
給親人的管道之一，所以仍可見到匯款金額常常都是幾十元或幾百元的金額。圖265、圖266、圖267分別從臺灣的虎
尾、中埔、嘉義匯日本內地的電信為替原符。

小結

　　人類的生命只能在歷史的時間軸上短暫的停留，但文獻、古冊、文物、照片等等，或許會破損、髒污，但保存得當可橫跨時代的鴻溝，見證物換星移的變遷。本單元一共羅列了100多件一手文獻，作者認為這些文獻包含了兩個面向，分別為「文物面」及「歷史面」：文物面是針對物品的材料、本質性的體現；歷史面則是物件的歷史價值，而作者的收藏取向則是偏向後者。因為物品經歷時光淘洗後，可以看出該時代的政治、經濟、社會、教育、文化、制度等面向，若能充分體現某個事件、人物的細微特徵與枝微末節，這個物件本身的價值就無法單純以金錢來衡量。

　　作者認為臺灣史料的蒐集不是一蹴可及，一方面要費神做功課研究，二方面更需要資金挹注加以收購。因此個人的蒐藏更是不易，因為缺乏國家或是相關政府機關的經費補助，蒐藏的規模與保存方式就無法如臺灣文獻館或中央研究院等政府單位來得縝密與完備，加上若文獻或文物單價昂貴，個人也心有餘而力不足，只能望文物興嘆。此外，作者發現國內部分年輕一代的臺灣史料蒐藏家，只喜歡在言談中炫耀自己的收藏，卻不願將其收藏交流分享，導致許多珍貴的史料都無法撥雲見日，更遑論被詳細的研究與考據，甚為可惜！作者認為文物的收藏應該重現其歷史價值，提供交流的平臺，因為蒐藏不是一種佔有，更不是閉門造車且孤芳自賞，當公諸大眾的藏品不只限於觀賞，還可供其學習或研究之用時，該項收藏便突破個人把玩的狹隘框架，而躍升成為具有學術價值與貢獻的「教育文化財產」。

　　以作者的經驗而言，要針對一個議題研究或考據時，需要有大量的一手史料外予以佐證，其多元性也非常重要，以作者自身為例，近期撰寫乙篇〈日治時期臺灣公學校教師的種類、職稱演變及教師檢定之探討〉論文，使用了個人收藏的15張文獻（包含：有免許狀、事務格別勉勵金證書、月俸證書、聘用書、講習聘書、公學校家庭通信簿、檢定證書）及其他單位提供的3張文獻，完整的還原日治時期臺灣公學校教師的種類、職稱演變及教師檢定的歷程，讓

這些論述不只是紙上談兵、搬弄文字，更有真正的史料圖像供讀者驗證，以達到「透物見史」的最終目的。

爰此，作者試圖結合文字與多元的文獻作為本書的內涵，期許讓讀者可以體會「透物見史」的閱讀經驗，屏除艱澀的學術文字與專家學者的專門語言，以圖文並茂的內涵重新詮釋學習臺灣史的脈絡歷程，因為國立臺灣大學歷史系教授周婉窈（2016）深中肯綮的指出，臺灣人無法學習臺灣歷史是一百年的事情：1898-1997，從日本在臺設立公學校到國中有「認識臺灣」課程。這個影響是很深遠的，除去日本時代不談，就戰後來說，現在掌握臺灣政治、社會、文化、學術、經貿、媒體、演藝大權的領導層成員，都不曾在課堂上學習過臺灣歷史，反而是接受以中國民族主義和中華文化為核心的「國文」和歷史教育。又如中央研究院院士李壬癸（2016）以他的親身經驗指出：我小學四年級才開始學國語。過去我們所學的歷史、地理都是關於中國的，沒有臺灣的。我開始對臺灣有一些認識，是在我對臺灣人種和語言進行研究之後才逐漸累積起來的。所以作者認為瞭解自己身處的土地—臺灣，對現在的臺灣囝仔來說是非常重要的，也希冀透過《走出閨房上學校——日治時期臺灣雲嘉地區的女子教育與社會事業圖像》這本書的出版，為臺灣的歷史文化與價值盡棉薄之力，更為所有的臺灣囝仔打開認識臺灣歷史的一扇窗。

參考文獻

一、「日治時期雲嘉地區相關史料的來源」及「社會事業」參考文獻
中文文獻

中央研究院數位文化中心（日期不詳）。第六學年竹組學生。2016年11月27日，取自
http://catalog.digitalarchives.tw/item/00/07/d4/01.html

李壬癸（2016）。我們對臺灣知道的有多少？。臺灣學通訊，96，27。

周婉窈（2016）。普及臺灣史知識的必要與作法。臺灣學通訊，96，28。

張國民（1997）。照片檔案的組成及保護。檔案學通訊，4，65-66。

陳憶華（2009）。個人史料的採集、整編與描述——以國史館為例。檔案季刊，
8(2)，56-77。

黃國正（2007）。用老照片閱讀臺灣歷史——國立中央圖書館臺灣分館藏寫真帖之利
用價值。臺灣學研究，3，57-65。

維基百科（2016）。曹永和。2016年11月27日，取自https://zh.wikipedia.org/wiki/%E6%
9B%B9%E6%B0%B8%E5%92%8C

臺南市政府文化局（2016）。臺南文史·人物·吳秋微。2016年11月27日，取自http://
culture.tainan.gov.tw/form/index-1.php?m2=243&id=1267

蔡元隆、黃雅芳（付梓中）。日治時期臺灣公學校教師的種類、職稱演變及教師檢定
之探討。市北教育學刊，58。（預計2017年12月刊登）

鍾淑敏、詹素娟、張隆志訪問，吳美慧等紀錄（2010）。曹永和院士訪問紀錄。臺
北：中研院臺史所。

二、「教育篇」參考文獻【引用文獻未列於文中】
（一）中文文獻

中央研究院社會學研究所（日期不詳）。歷史典藏品·典藏編號：001158（楊熙文）。
2016年12月21日，取自http://ndweb.iis.sinica.edu.tw/TWM/Public/

西螺鄉公所編印（2016）。新修西螺鎮誌·第06篇教育沿革與發展。雲林：作者。
李力庸（2009）日本帝國殖民地的戰時糧食統制體制：臺灣與朝鮮的比較研究

（1937-1945）。臺灣史研究，16(2)，63-104。

李志殷（2009）。土地登記制度變遷之研究。國立政治大學法學院碩士在職專班碩士論文，未出版。

李佩瑄（2011）。從漢文讀本看日治時期公學校漢文教育的近代化。國立臺灣師範大學臺灣文化及語言文學研究所碩士論文，未出版。

李若文（2003）。日治臺灣的自治行政（1920-1934）──以小梅庄為例淡江人文社會學刊，13，53-95。

李淑珠（2011）。陳澄波的「言」與「思」──從陳澄波文物中的「家書明信片」談起。2011年10月13-14日於嘉義市立文化局舉辦之「檔案‧顯像‧新『視』界」國際研討會。

林玉茹（2014）。過新年：從傳統到現代臺灣節慶生活的交錯與嫁接（1890-1945）。臺灣史研究，21(3)，1-43。

張淑媚、蔡元隆、黃雅芳（2014）。圖解臺灣教育史。臺北：五南。

許佩賢（2015）。日治時期臺灣的收音機體操。臺灣學通訊，85，15-17。

許美雲（2009）蒐藏臺灣土地與人民的故事──國立臺灣歷史博物館的蒐藏。檔案季刊，8(2)，18-33。

連克（2014）。從代理店到保險會社──臺灣商人的損害保險經營（1862~1947）。國立成功大學歷史系研究所碩士論文。，未出版。

陳怡芹（2008）。日治時期臺灣郵政事業之研究（1895-1945）。未出版碩士論文，國立中央大學歷史研究所。桃園。

陳若蘭（2015）。臺灣初次地方選舉：日本殖民政府的制度性操作。臺灣史研究，22(3)，139-175。

黃靜宜（日期不詳）。蔡孔雀醫師專訪。2016年10月20日，取自http://www.hwe.org.tw/award_winners_15_2.asp

鈴木哲造（2014）。日治時期臺灣醫療法制之研究──以醫師之培育與結構為中心。未出版之博士論文，國立臺灣師範大學歷史學系研究所，臺北。

雷家驥（2009）。嘉義縣志‧卷十二‧人物志。嘉義縣：嘉義縣政府。

嘉義市政府（2002a）。嘉義市志‧卷三‧經濟志。嘉義：作者。

嘉義市政府（2002b）。嘉義市志‧卷六‧教育志（上）。嘉義：作者。

嘉義市政府（2002c）。嘉義市志‧卷六‧教育志（下）。嘉義：作者。

嘉義市政府（2002d）。嘉義市志・卷四・社會志(上)。嘉義：作者。

嘉義市政府（2002e）。嘉義市志・卷四・社會志(下)。嘉義：作者。

維基百科（2011）。臺籍日本兵。2016年12月21日，取https://zh.wikipedia.org/wiki/%
E5%8F%B0%E7%B1%8D%E6%97%A5%E6%9C%AC%E5%85%B5content/story/
collectable.jsp?pk=1158

臺灣總督府文教局編（1935）。社會事業要覽（嘉義市）。臺北：作者。

蔡元隆、朱啟華（2010）。臺灣日治時期初等學校課後補習經驗初探。嘉大教育研究
學刊，25，95-117。

蔡元隆、張淑媚、黃雅芳（2013）。日治時期臺灣的初等教育：校園生活、補習文
化、體罰、校園欺凌及抗拒殖民形式。臺北：五南。

賴兩陽（2002）。臺灣社區工作的歷史發展與功能轉型。社區發展季刊，100，69-80。

戴月芳（2014）。蔣渭水VS林獻堂——兩位臺灣民族運動先驅。臺北：五南。

戴振豐（2003）。日治時期臺灣賽馬的沿革。臺灣歷史學會通訊，16，1-17。謝明如
（2010）。日治初期臺灣地方教育會之研究。臺灣師大歷史學報，43，231-272。

藤森智子（2011）。1930年代國語講習所教科書《新國語教本》之分析。臺灣學研
究，11，1-32。

（二）日文文獻

三屋恕（1907）。學校管理法。臺灣教育，59，3-9。

作者不詳（1942）。昭和十七年十一月・臺灣畜產興業株式會社要覽。出版單位不詳。

新高新報社（1937）。臺灣士紳名鑑。臺北：作者。

新高新報社編（1937）。臺灣紳士名鑑。臺北市：作者。

嘉義市報（1940年3月16日）。嘉義市報第301號・嘉義市告示第五號。嘉義市：作者。

臺灣日日新報（1918年8月22日）。地方近事・嘉義・國語學校同窗會。臺灣日日新
報，4版。

臺灣日日新報（1940年11月10日）。嘉義高女の奉祝體育會。8版。

臺灣日日新報（1942年4月28日）。お米の廻賣實施／嘉義市で五月一日から。4版。

臺灣總督府（1943）。臺灣總督府報第122號。興南新聞社編（1943）。臺灣人士鑑。
臺北市：作者。

史地傳記類　PC0647　讀歷史66

走出閨房上學校
──日治時期臺灣雲嘉地區的女子教育與社會事業圖像

作　　者／蔡元隆、黃雅芳
責任編輯／徐佑驊
圖文排版／楊家齊
封面設計／楊廣榕

發 行 人／宋政坤
法律顧問／毛國樑　律師
出版發行／秀威資訊科技股份有限公司
　　　　　114台北市內湖區瑞光路76巷65號1樓
　　　　　電話：+886-2-2796-3638　傳真：+886-2-2796-1377
　　　　　http://www.showwe.com.tw
劃撥帳號／19563868　戶名：秀威資訊科技股份有限公司
　　　　　讀者服務信箱：service@showwe.com.tw
展售門市／國家書店（松江門市）
　　　　　104台北市中山區松江路209號1樓
　　　　　電話：+886-2-2518-0207　傳真：+886-2-2518-0778
網路訂購／秀威網路書店：http://www.bodbooks.com.tw
　　　　　國家網路書店：http://www.govbooks.com.tw

2017年8月　BOD一版
定價：420元
版權所有　翻印必究
本書如有缺頁、破損或裝訂錯誤，請寄回更換

國家圖書館出版品預行編目

走出閨房上學校：日治時期臺灣雲嘉地區的女子教育與社會事
業圖像 / 蔡元隆, 黃雅芳著. -- 一版. -- 臺北市：秀威資
訊科技, 2017.08
　　面；　公分. -- (史地傳記類；PC0647)(讀歷史；66)
BOD版
ISBN 978-986-326-452-1(平裝)

1. 臺灣教育　2. 婦女教育　3. 教育史　4. 日據時期

520.933　　　　　　　　　　　　　　　　106013776

讀者回函卡

感謝您購買本書，為提升服務品質，請填妥以下資料，將讀者回函卡直接寄回或傳真本公司，收到您的寶貴意見後，我們會收藏記錄及檢討，謝謝！
如您需要了解本公司最新出版書目、購書優惠或企劃活動，歡迎您上網查詢或下載相關資料：http:// www.showwe.com.tw

您購買的書名：_____

出生日期：_____年_____月_____日

學歷：□高中 (含) 以下　　□大專　　□研究所 (含) 以上

職業：□製造業　□金融業　□資訊業　□軍警　□傳播業　□自由業
　　　□服務業　□公務員　□教職　　□學生　□家管　　□其它_____

購書地點：□網路書店　□實體書店　□書展　□郵購　□贈閱　□其他

您從何得知本書的消息？

　　□網路書店　□實體書店　□網路搜尋　□電子報　□書訊　□雜誌

　　□傳播媒體　□親友推薦　□網站推薦　□部落格　□其他_____

您對本書的評價：(請填代號　1.非常滿意　2.滿意　3.尚可　4.再改進)

　　封面設計____　版面編排____　內容____　文／譯筆____　價格____

讀完書後您覺得：

　　□很有收穫　□有收穫　□收穫不多　□沒收穫

對我們的建議：_____

_____

_____

_____

11466
台北市內湖區瑞光路 76 巷 65 號 1 樓

秀威資訊科技股份有限公司　　　收

BOD 數位出版事業部

....

（請沿線對折寄回，謝謝！）

姓　　名：＿＿＿＿＿＿＿＿＿　年齡：＿＿＿＿　性別：□女　□男

郵遞區號：□□□□□

地　　址：＿＿＿＿＿＿＿＿＿＿＿＿＿＿＿＿＿＿＿＿

聯絡電話：(日) ＿＿＿＿＿＿＿＿＿＿＿ (夜) ＿＿＿＿＿＿＿＿＿＿＿

E - m a i l：＿＿＿＿＿＿＿＿＿＿＿＿＿＿＿＿＿＿＿＿